ROLAND HOEDERATH

Großbritannien und das internationale Rheinregime

Schriften zum Völkerrecht

Band 69

Großbritannien und das internationale Rheinregime

Die Rolle Großbritanniens bei der Ausgestaltung der internationalen Rechtsordnung für den Rhein und die Entwicklung der britischen Rechtsstellung im Rahmen dieser Ordnung

Von

Dr. Roland Hoederath

DUNCKER & HUMBLOT / BERLIN

D 6

Gedruckt 1981 bei Buchdruckerei Bruno Luck, Berlin 65
Printed in Germany
ISBN 3 428 04927 6

Meiner Frau

Vorwort

Die Anregung zu der vorliegenden Untersuchung erhielt ich durch die Beschäftigung mit Fragen des internationalen Rheinschiffahrtsrechts. Dabei fiel mir auf, daß über die Rechtsstellung Großbritanniens zum internationalen Rheinregime unklare Vorstellungen herrschten, ohne daß die völkerrechtliche Lage Großbritanniens einer eingehenden Prüfung unterzogen worden wäre. Man begnügte sich mit der Feststellung, daß Großbritannien in der Zentralkommission für die Rheinschiffahrt mitarbeitet, daß aber eine völkerrechtliche Bewertung schwierig sei.

Die Rechtsposition Großbritanniens konnte nur geklärt werden an Hand der historischen Entwicklung des internationalen Rheinregimes selbst, von seinen Anfängen auf dem Wiener Kongreß bis in unsere Tage. Erst vor dem Hintergrund der Verhandlungen über die Ausbildung der internationalen Rechtsordnung für den Rhein im Verlauf der letzten 150 Jahre wird die Rechtsstellung Großbritanniens zum internationalen Rheinregime deutlich.

Für den Zeitraum bis zum Ende des Ersten Weltkrieges ist das Quellenmaterial weitgehend veröffentlicht. Durch die Herabsetzung der Sperrfrist sind nunmehr die ungedruckten britischen Akten der Zwischenkriegszeit und der ersten Jahre nach dem Zweiten Weltkrieg zugänglich. Für die Zeit zwischen den beiden Weltkriegen sind auch die Unterlagen des Auswärtigen Amtes über die Verhandlungen, die von dem Sonderreferat Schiffahrt unter der Leitung der Gesandten Dr. Seeliger und Dr. Martius geführt wurden, fast vollständig vorhanden.

Ich möchte an dieser Stelle den Damen und Herren des Public Record Office, London, der Abteilung Archives et Documentation du Ministère des Affaires Etrangères, Paris, und des Politischen Archives des Auswärtigen Amtes, Bonn, meinen Dank für die hilfreiche Unterstützung sagen, mit der sie mir den Zugang zu ihren Archivalien eröffnet haben.

Die vorliegende Arbeit stützt sich in ihrem letzten Teil für die Zeit nach 1957 teilweise auf die Einsichtnahme vertraulicher und schwer zugänglicher Dokumente sowie auf Gespräche mit beteiligten Persönlichkeiten, durch die ich Kenntnis von bisher unbekannten Tatsachen erhalten habe. Diese Quellen sind auf Wunsch der Befragten und aus im Einzelfall wohlerwogenen Gründen nicht kenntlich gemacht worden.

Wenn zu bestimmten Fragen veröffentlichte und unveröffentlichte Quellen benutzt wurden, sind in der Regel nur die ersteren angegeben worden. Dieses Verfahren wurde auch dann angewandt, wenn festgestellt werden konnte, daß die in die Tagespresse gelangten Einzelheiten mit den unveröffentlichten Quellen übereinstimmten. Trotz gründlicher Bemühungen, alle Vorgänge aufzuhellen, mögen an einigen Stellen Lükken geblieben sein oder sich meine Beurteilung der Fakten später als unzulänglich erweisen. Dafür trage ich allein die Verantwortung.

Allen Damen und Herren, die durch Gespräche sowie durch ihre Bereitschaft, mir Einsicht in vertrauliche Dokumente zu gestatten, oder durch die Beschaffung der Literatur zum Gelingen dieser Untersuchung beigetragen haben, möchte ich an dieser Stelle meinen Dank aussprechen.

Die Arbeit wurde im Sommer 1978 abgeschlossen und von der Philosophischen Fakultät der Westfälischen Wilhelms-Universität zu Münster als Dissertation angenommen. Zu besonderem Dank verpflichtet bin ich Herrn Professor Dr. G. A. Ritter, der die vorliegende Untersuchung verständnisvoll betreut hat, sowie meinem verstorbenen Vater, der mir schon in jungen Jahren das Verständnis für historische Zusammenhänge und den Zugang zu der historischen Forschung eröffnet hat. Herrn Professor Dr. Hildebrand und Herrn Professor Dr. Rengeling verdanke ich redaktionelle Vorschläge und Anregungen für die Drucklegung. Herrn Professor Dr. Broermann danke ich für die Aufnahme in seine Schriftenreihe, Herrn Oberstudienrat Jakobs für das Lesen der Korrekturen.

Danken möchte ich schließlich meiner Frau und meinen Kindern, die durch besondere Rücksichtnahme und Verständnis sowie Verzicht auf gemeinsame Freizeit die Abfassung dieser Untersuchung ermöglicht haben.

Roland Hoederath

Inhaltsverzeichnis

Einleitung

Die internationale Rechtsordnung für den Rhein ist im Verlauf ihrer Geschichte durch die tragenden Ideen der jeweiligen Epoche sowie durch den Wandel der politischen, wirtschaftlichen und technischen Verhältnisse nachhaltig beeinflußt worden.

Schon frühzeitig versuchten die europäischen Großmächte, selbst wenn sie nicht zu den Flußanliegern gehörten, Einfluß auf die Ausgestaltung und Durchsetzung der Rechtsordnung für den Rhein zu nehmen.

So erlangten mit dem Westfälischen Frieden Frankreich und Schweden als Garanten des Vertrages von Münster und Osnabrück ein Recht auf Intervention zugunsten der im Vertrag in gewissen Grenzen verbürgten Schiffahrtsfreiheit auf dem Rhein.

In jüngerer Zeit waren es Großbritannien und die Vereinigten Staaten, die sich die Möglichkeit einer Einflußnahme sicherten. Während die Vereinigten Staaten in ihrer Eigenschaft als Siegermacht des Ersten und des Zweiten Weltkrieges bei der Formulierung des Friedensvertrages ihren Einfluß geltend machten und zeitweilig in die Zentralkommission für die Rheinschiffahrt eintraten, hatte Großbritannien schon bei der Neuordnung Europas auf dem Wiener Kongreß die Möglichkeit genutzt, seine Interessen bei der Ausarbeitung der Grundsätze eines internationalen Flußschiffahrtsrechts und einer internationalen Rechtsordnung für den Rhein wahrzunehmen und im Laufe der darauffolgenden 150 Jahre zu einer unanfechtbaren Vertragspartnerschaft auszuweiten.

Waren britische Staatsmänner und Diplomaten auch an der Gründung und weiteren Ausgestaltung des internationalen Rheinregimes beteiligt, so herrscht noch heute, rd. sechzig Jahre, nachdem Großbritannien in der Zentralkommission für die Rheinschiffahrt vertreten und fünfzehn Jahre, nachdem es Signatar des geltenden Rheinregimes geworden war, in der britischen Öffentlichkeit weitgehende Unkenntnis über die Bedeutung des internationalen Rheinstatuts und mangelndes Verständnis für das Engagement Großbritanniens am Rhein. Noch Mitte 1975 fragte ein britischer Unterhausabgeordneter den Minister für Auswärtiges und Commonwealthfragen, wie lange Großbritannien noch beabsichtige, einen Vertreter in die Zentralkommission zu entsenden und was eigentlich dessen Aufgabe sei[1].

Der Rechtsstatus Großbritanniens war lange Zeit — wenn man von den deutschen Bemühungen absieht, die Stellung der Nichtuferstaaten in der Zentralkommission für die Rheinschiffahrt von derjenigen der Uferstaaten zu unterscheiden — ohne Relevanz. Er fand verstärkte Beachtung erst, als nach Gründung der Europäischen Gemeinschaft für Kohle und Stahl und der Europäischen Wirtschaftsgemeinschaft Differenzen über die Zuständigkeit für den Rhein zwischen den verschiedenen internationalen Organisationen auftraten. Mit Hinweis auf die unterschiedlichen Partner der internationalen Rechtsordnung für den Rhein einerseits und der Europäischen Verträge andererseits wurde der Versuch unternommen, nicht nur die Anwendung einer gemeinsamen Verkehrspolitik auf dem Rhein zu verhindern, sondern auch eine Abänderung des internationalen Rheinstatuts zu blockieren, durch die eine gleichgerichtete Verkehrspolitik für alle im Vertragsgebiet der Europäischen Gemeinschaft tätigen Verkehrsträger ermöglicht werden sollte. In diesem Zusammenhang wurde jedoch die Rechtsstellung Großbritanniens, die ebenso wie die Rechtsstellung der Schweiz umstritten war, nicht geklärt. Während die Rechtsstellung der Schweiz — namentlich von Schweizer Autoren — immer wieder erörtert wurde und Anlaß zu wissenschaftlicher und politischer Kontroverse gab[2], ist die Rechtsstellung Großbritanniens zur internationalen Rheinordnung weder in Großbritannien noch in der kontinentalen Öffentlichkeit diskutiert worden. Zwar waren sich die britischen Vertreter in der Rheinzentralkommission wie auch das Foreign Office bewußt, daß die Rechtsstellung Großbritanniens bis zur Unterzeichnung und Ratifikation der sogenannten „kleinen Revision" der Rheinschiffahrtsakte in den Jahren 1963/65 nicht eindeutig war, doch vermieden sie sorgsam eine öffentliche Erörterung, um eine Klärung zu vermeiden, die ihren Interessen nicht entsprochen hätte. In den übrigen Mitgliedstaaten der Rheinzentralkommission wollte man aus unterschiedlichen politischen Erwägungen die Rechtsstellung Großbritanniens nicht öffentlich in Zweifel ziehen, obwohl man sich über die mangelnde Eindeutigkeit der britischen Rechtsposition im klaren war. Derartige Gründe sind nunmehr fortgefallen und gestatten eine Untersuchung sine ira et studio.

Diese Studie stützt sich auf die internen Aufzeichnungen und offiziellen Dokumente des britischen Außenministeriums, die hinsichtlich der Ausbildung des internationalen Rheinregimes nicht in der wünschenswerten Vollständigkeit erhalten sind. Gleichwohl beleuchten die

[1] Hansard H. C., Written Answers Nr. 143, Bd. 894, S. 43.

[2] *Müller:* Die Rechtsstellung der Schweiz in bezug auf die revidierte Rheinschiffahrtsakte vom 17. Oktober 1868, S. 153 ff. *Hoederath:* Die Rechtsstellung der Schweiz zu der Mannheimer Rheinschiffahrtsakte und den Verträgen zur Gründung der Europäischen Gemeinschaft für Kohle und Stahl sowie der Europäischen Wirtschaftsgemeinschaft, S. 137 ff. mit weiteren Hinweisen.

vorhandenen Bestände schlaglichtartig die verschiedenen Stadien der Entwicklung und ermöglichen es, den Prozeß der Meinungsbildung bis ins einzelne zu verfolgen. Dabei läßt sich feststellen, daß mit den sich verdichtenden Beziehungen Großbritanniens zur internationalen Rechtsordnung für den Rhein das wirtschaftliche Interesse nicht in gleichem Maße wuchs. Beim Studium der Akten stößt man in den einzelnen Stadien der Fortentwicklung immer wieder auf Äußerungen, die erkennen lassen, daß dem wirtschaftlichen Interesse an der Rheinschiffahrt keine allzu große Bedeutung beigemessen wurde[3]. Es müssen demnach andere, politische Überlegungen gewesen sein, die den Ausschlag für das britische Engagement gaben. Die zunehmende Beteiligung Großbritanniens an der internationalen Rechtsordnung für den Rhein findet ihre Erklärung in der Mittlerstellung und Maklerfunktion, die Großbritannien im internationalen Rheinregime anstrebte und die ihm durch die Gunst der Umstände in zunehmendem Maße zufielen[4].

Die britische Rheinpolitik war in der ersten Phase gekennzeichnet durch die Zusammenarbeit mit Preußen. In der Zeit zwischen den beiden Weltkriegen war sie geprägt durch die Bindung an Frankreich, an der Großbritannien trotz der Abneigung gegenüber der eigenwilligen Politik des französischen Verbündeten grundsätzlich festhielt. Je länger sich jedoch die Verhandlungen über ein neues Rheinstatut hinzogen, um so mehr war die britische Politik auf einen Ausgleich mit Deutschland bedacht und bestrebt, die auch in Großbritannien als ungerecht empfundenen schiffahrtsrechtlichen Bestimmungen des Versailler Vertrages durch eine gleichberechtigte Partnerschaft zu ersetzen. Selbst als das Dritte Reich mit dem Vorwurf, daß ihm die Gleichberechtigung verweigert werde, auf eine einseitige Lösung der Frage der internationalisierten deutschen Wasserstraßen hinsteuerte, bemühte man sich im Foreign Office bis zuletzt um einen Ausgleich der Interessengegensätze. Diese Politik der Verständigungsbereitschaft und des Eingehens auf die deutschen Belange, soweit sie gegenüber den anderen Partnern der internationalen Rechtsordnungen für die deutschen Ströme vertreten werden konnte, war Teil der allgemeinen britischen Kontinentalpolitik des Ausgleichs, auch wenn sich unmittelbare Hinweise hierauf in den Akten des Foreign Office nicht finden lassen[5]. Die gleiche Tendenz zeigen die britischen Bemühungen bei der Wiedereinsetzung der Rhein-

---

[3] Vgl. noch zuletzt Hansard H. C., Written Answers Nr. 149, Bd. 894, S. 372.

[4] Hierzu ließen sich in den einzelnen Epochen zahlreiche Beispiele anführen, die diese Absicht Großbritanniens klar zum Ausdruck bringen. Neben anderen Hinweisen, auf die in der nachfolgenden Untersuchung eingegangen wird, vgl. für die Zeit nach dem Zweiten Weltkrieg die Aufzeichnung Cheethams aus dem Foreign Office vom 4. August 1945, W 11230/142/803, Ziffer 14: British Interests, PRO FO 371/50406.

[5] Vgl. *Eden:* Angesichts der Diktatoren, S. 32, 124, 130, 380 sowie *Niedhart:* Appeasement: Die britische Antwort auf die Krise des Weltreichs und des

zentralkommission in ihre alten Funktionen am Ende des Zweiten Weltkrieges, als die Rheinuferstaaten — außer der Schweiz — eine dominierende Stellung in der internationalen Rheinschiffahrt und eine Aufteilung der deutschen Rheinflotte unter sich anstrebten[6].

Die letzte hier behandelte Phase der britischen Rheinpolitik ist gekennzeichnet durch die Auseinandersetzung mit den Problemen des Gemeinsamen Marktes und durch eine Interessenkollision mit Deutschland und Frankreich. Der britische Widerstand richtete sich gegen eine von Frankreich vorgeschlagene Ausdehnung der Kompetenzen der Rheinzentralkommission auf Fragen der Wirtschaftspolitik und die dadurch bedingte Notwendigkeit zur Abgrenzung der Zuständigkeiten zwischen der Rheinzentralkommission und der Kommission der Europäischen Wirtschaftsgemeinschaft. Dadurch wollte Großbritannien verhindern, daß die grundlegenden Prinzipien der bis dahin geltenden Rechtsordnung für den Rhein abgeschwächt und daß die durch Deutschland vorgeschlagene Unterscheidung in der Rechtsstellung zwischen Flußanliegern und Nichtuferstaaten verwirklicht würde.

Die vorliegende Studie hätte nicht erstellt werden können ohne die Hinzuziehung der Akten des deutschen Auswärtigen Amtes, dessen Zwischenkriegsbestände zur Revision der Mannheimer Rheinschiffahrtsakte fast vollständig erhalten sind und die Ausfüllung der Lücken in den britischen Akten ermöglichen. Erst im Spannungsverhältnis zu den deutschen Anliegen bei der Ausbildung des internationalen Rheinregimes hebt sich die britische Position ab. Dabei fällt auf, daß die Verhandlungen auch nach 1933 auf beiden Seiten sachbezogen und in einer ideologiefreien Atmosphäre geführt worden sind. Auf deutscher Seite war dies zweifellos der Tatsache zu verdanken, daß die Verhandlungen der sachkundigen und bewährten Leitung des Gesandten Dr. Seeliger bis September 1934 anvertraut blieben und sich unter seinem Nachfolger, dem Gesandten Dr. Martius, erst allmählich und sehr zögernd eine Wandlung abzeichnete[7]. Für Großbritannien ist bereits in

internationalen Systems vor dem Zweiten Weltkrieg, S. 67 ff. *Meyers:* Sicherheit und Gleichgewicht, Das britische Kabinett und die Remilitarisierung des Rheinlandes 1936, S. 406 ff., insbesondere S. 425 und *Parker:* Ökonomie, Aufrüstung und Außenpolitik Großbritanniens vor 1939, S. 245 ff.

[6] Vgl. Rhine Navigation Agency, Ziffer 10 b, 21 A Gp/33154/Mov & Tn vom 27. Juli 1945, W 10422, und Ziffer 3 b der späteren Fassung The Rhine, 21 A Gp/35154/Mov & Tn vom 10. August 1945, PRO FO 371/50496/8957.

[7] Es ist jedoch unverkennbar, daß mit dem Wechsel im Amt des Leiters der deutschen Delegation sich eine Tendenzwende in der Verhandlungsführung abzeichnete, die Ausdruck einer geänderten politischen Einstellung war. Im Verlauf einer Besprechung zur Vorbereitung der Novembertagung der Rheinzentralkommission am 17. Oktober 1934 — also unmittelbar nach dem offiziellen Ausscheiden des Gesandten Dr. Seeliger — wies der Gesandte Dr. Martius in einer als programmatisch anzusehenden Erklärung darauf hin, daß die Verhandlungen über die Revision der Rheinschiffahrts-

Untersuchungen über die britische Deutschlandpolitik von 1933—1939 in den Bereichen Handel und Finanz im Rahmen des Economic Appeasement die Tendenz festgestellt worden, Fragen der internationalen Wirtschaftsbeziehungen losgelöst von der politischen Gesamtsituation zu behandeln und nach rein ökonomischen Gesichtspunkten zu bewerten[8]. Dies gilt weitgehend auch für die Verhandlungen über ein neues Rheinstatut.

akte, die seit nahezu 15 Jahren geführt würden, ein brauchbares, den deutschen Interessen Rechnung tragendes Ergebnis bis dahin nicht gezeitigt hätten. Angesichts der Einstellung der anderen in der Zentralkommission vertretenen Staaten und der allgemeinen politischen Situation Deutschlands bei den Revisionsverhandlungen sei deutscherseits bisher eine dilatorische Taktik verfolgt worden. Eine solche Haltung sei aber jetzt nicht mehr am Platze. Vielmehr bestehe kein Interesse daran, den bestehenden, Deutschland auf das Schwerste belastenden Zustand noch weiter zu verlängern. Vgl. Vermerk über das Ergebnis der Besprechung am 17. Oktober 1934 im Reichsverkehrsministerium über die Hebung der Straßburg-Kehler Brükken und den Abbruch der Hüniger Brücke und über die Vorbesprechung für die Novembertagung 1934 der Zentralkommission für die Rheinschiffahrt, Anlage zum Schreiben des Reichsverkehrsministers S 9 v. 5040/34 vom 29. Oktober 1934, S 4134/34, S. 3, AA, Abteilung S, Akten betreffend Revision der Mannheimer Akte, Rheinschiffahrtsakte von 1868, 514 Flußschiffahrt Nr. 151 — Rhein — Bd. 8.

[8] Vgl. *Wendt:* Economic Appeasement, Handel und Finanz in der britischen Deutschlandpolitik 1933—1939.

Erstes Kapitel

Die Rolle Großbritanniens bei der Ausgestaltung des internationalen Rheinregimes auf dem Wiener Kongreß

Die Beziehungen Großbritanniens zum internationalen Rheinregime gehen auf Art. V des ersten Pariser Friedens vom 30. Mai 1814 zurück, der den Grundsatz der Schiffahrtsfreiheit für den Rhein enthielt, die eigentliche Regelung aber dem nachfolgenden Kongreß zuwies[1].

Dieser Artikel — dessen Urheberschaft Talleyrand zugeschrieben wird, ohne daß dies bisher eindeutig geklärt werden konnte[2] — wie

---

[1] British and Foreign State Papers, Bd. I, 1, S. 151 ff. und S. 170 ff. *D'Angebert:* Le Congrès de Vienne, Bd. 1, S. 161 ff. Der Abdruck bei *Klüber:* Acten des Wiener Congresses in den Jahren 1814—1815, Bd. 1, S. 8 ff. und *von Martens:* Nouveau Recueil de Traités, Bd. 2, S. 6 ff. enthalten nicht das geheime Zusatzprotokoll.

[2] Nach *Dupuis:* Le Ministère de Talleyrand en 1814, Bd. 1, S. 374 ff., insbesondere S. 377, ist es wahrscheinlich, daß der Vorschlag über die Freiheit der Rheinschiffahrt französischen Ursprungs ist und auf einen Vorschlag Talleyrands zurückgeht. Dieser Auffassung hat sich auch *Van Eysinga* in seinem abweichenden Votum zum Urteil des Ständigen Internationalen Gerichtshofes im Oscar Chinn Fall angeschlossen. Vgl. Opinion individuelle du Jonkheer van Eysinga, Cour Permanente de Justice Internationale, Série A/B, Arrêts, Ordonnances et Avis consultatifs, Fascicule No 63, Affaire Oscar Chinn, Arrêt du 12 Décembre 1934, XXXIIIme Session, S. 140, wiederabgedruckt in *Van Eysinga:* Sparsa Collecta, S. 231. Auch *Hostie:* Le Statut International du Rhin, S. 133 ff. vertritt diese Ansicht. Er beruft sich u. a. auf *Pallain,* der in der Einleitung zu: La Correspondance diplomatique de Talleyrand, Le Ministère de Talleyrand sous le Directoire, S. XXXVIII ohne Angabe von Belegen darauf hinwies, daß Talleyrand bereits unter dem Directoire die Freiheit der Rheinschiffahrt gefordert habe. Dieser hat jedoch in seinem Bericht an König Ludwig XVIII. auf der Reise von Gent nach Paris im Juni 1815, als er die Vorteile, die der französische Handel aus den Vereinbarungen für den Rhein und die Schelde ziehen könne, hervorhob, mit keinem Wort auf seine Urheberschaft hingewiesen. *Pallain:* Correspondance inédité de Prince de Talleyrand et du Roi Louis XVIII pendant le Congrès de Vienne, S. 455. Vgl. auch *d'Hoop:* Talleyrand et l'Europe, S. 40 f. und S. 53. *Hostie* verweist in diesem Zusammenhang auch auf ein Dokument, das sich im Haus-, Hof- und Staatsarchiv Wien, Frankreich, Varia 79, folio 656, befindet und Metternich zugeschrieben wird. Hierbei soll es sich um das Protokoll eines Beschlusses der vier Bevollmächtigten handeln, der das Prinzip der Freiheit der Schiffahrt auf dem Rhein für die Angehörigen aller Staaten zu den gleichen Bedingungen festlegt und der neben dem Wort „principe" den Vermerk „admis" trägt. Demgegenüber glaubt *Totzek:* Das Wesen und die innere Berechtigung der Strominternationalisierung; unter besonderer Berücksichtigung der Bestimmungen des Versailler Vertrages, S. 16, daß die

auch Art. III des geheimen Zusatzabkommens vom gleichen Tage mit einer entsprechenden Vereinbarung für die Schelde[3], gehen auf Bestimmungen zurück, die ihren Ursprung im Gedankengut der französischen Revolution haben. Es ist das Decret des Conseil Exécutif vom 16. November 1792[4], das gewöhnlich als der Beginn einer internationalen Ordnung für die schiffbaren Wasserstraßen angesehen wird[5]. Dieses Decret verdankt seine Entstehung dem Versuch, die französische Politik in der Scheldefrage gegenüber den österreichischen Niederlanden zu legitimieren. Deren Rechtsnachfolger, die Batavische Republik, wurde im Vertrag vom 16. Mai 1795 in Art. XVIII[6] gezwungen, die Schiffahrsfreiheit gleichfalls anzuerkennen. In Art. II eines geheimen Zusatzabkommens zum Friedensvertrag von Campo Formio vom 17. Oktober 1797[7] wurde sie auch von Österreich anerkannt und fand schließlich ihren Niederschlag in Art. II der Convention sur l'octroi de navigation du Rhin vom 15. August 1804[8].

Aufnahme des Artikels über die Schiffahrtsfreiheit in den Friedensvertrag von Paris auf englische Initiative zurückgeht, ohne hierfür einen Beleg zu bringen. Die Akten des Record Office enthalten in PRO FO 92/4, S. 134—147 den britischen Entwurf vom 22. Mai 1814 zu den Gegenvorschlägen Talleyrands. Hierin ist ein Artikel über Schiffahrtsfreiheit noch nicht enthalten. Dieser taucht erstmalig als Art. 11 auf S. 166 in einem Entwurf eines Friedensvertrages nach dem 27. Mai 1814 auf, ohne daß ersichtlich ist, von wem der Vorschlag ausgeht. Der Beschluß der vier Bevollmächtigten über die Aufnahme des Prinzips der Schiffahrtsfreiheit für den Rhein müßte demnach zwischen dem 22. und 27. Mai 1814 gefaßt worden sein.

[3] *D'Angebert:* Le Congrès de Vienne, Bd. 1, S. 171.

[4] Moniteur, Bd. 4, Nr. 327, S. 535. Vgl. *Scheuner:* Rhein, S. 117 ff. Zur Geschichte der internationalen Binnenschiffahrt vgl. *Biays:* La Commission Centrale du Rhin, S. 233 ff. *Dupuis:* Liberté des Voies de Communication, S. 222 ff. *Engelhardt:* Du Régime Conventionnel des Fleuves Internationaux, S. 23 ff. *Engelhardt:* Histoire de Droit Fluvial Conventionnel, S. 50 ff. *Feuerhahn:* Entwicklung und Abstieg der Kommissionen für die zentraleuropäischen Flüsse, S. 32 ff. *Lederle:* Das Recht der internationalen Gewässer unter besonderer Berücksichtigung Europas, S. 71 ff. *Martin:* Die Rechtslage des Rheins seit dem Westfälischen Frieden, S. 4 ff. *Otto:* Das Wesen und die innere Berechtigung der Internationalisierung der Ströme unter besonderer Berücksichtigung der Bestimmungen des Versailler Friedensvertrages, S. 24 ff. *Totzek:* Das Wesen und die innere Berechtigung der Strominternationalisierung, S. 15 ff. *Triepel:* Internationale Wasserläufe, S. 25 ff. *Wegener:* Probleme der völkerrechtlichen Ordnung der internationalen Binnenschiffahrt in geschichtlicher und systematischer Bedeutung, S. 8 ff.

[5] Vor Frankreich hatten schon die Vereinigten Staaten das Prinzip der Schiffahrtsfreiheit postuliert und in Paris in Art. VIII des Vertrages vom 3. September 1783 mit Großbritannien für den Mississippi vereinbart. Vgl. *Moore:* A Digest of International Law, Bd. 1, § 130, S. 623 f. *Hostie:* Le Statut International du Rhin, S. 125. *Van Eysinga:* Les Fleuves et Canaux Internationaux, S. 128.

[6] *De Martens:* Recueil des principaux Traités, Bd. 6, S. 91.

[7] *De Martens:* Recueil des principaux Traités, Bd. 6, S. 427.

[8] *Klüber:* Acten des Wiener Congresses, Bd. 3, S. 280 ff. *De Martens:* Recueil des principaux Traités, Bd. 7, I, S. 261 ff.

Die Anerkennung dieses revolutionären Prinzips der Schiffahrtsfreiheit und die Zustimmung zu den im ersten Pariser Frieden enthaltenen Bestimmungen kennzeichnen einen Wendepunkt in der Auffassung der britischen Regierung zur Frage der Nutzungsberechtigung von internationalen Wasserläufen[9]. Diese Wende war nur möglich, weil sich die politischen und wirtschaftlichen Interessen Großbritanniens gewandelt hatten.

Über mehrere Jahrhunderte hinweg war Großbritannien zuvor der Verfechter der Völkerrechtslehre gewesen, wonach das Recht zur Nutzung eines internationalen Wasserlaufs nur dem Staat zustehe, dessen Staatsgebiet er durchquert, und wonach selbst den Anliegerstaaten kein über ihr jeweiliges Staatsgebiet hinausgehendes Nutzungsrecht zukomme[10]. Insbesondere sicherheitspolitische Gründe waren für diese Politik ausschlaggebend gewesen, galt es doch, der durch eine allgemeine Schiffahrtsfreiheit auf der Schelde sich ergebenden französischen Bedrohung und einer Festsetzung Frankreichs in Antwerpen, dem Ausfalltor gegen Großbritannien, zu begegnen, sowie die Rheinmündungen mit ihrem bis in die Schweiz reichenden Hinterland dem französischen Einfluß zu entziehen[11].

Es gehörte zu den wesentlichen Bestandteilen der von dem britischen Außenminister Castlereagh verfolgten — von William Pitt schon 1805 entwickelten — Politik des ‚just equilibrium' in Europa[12], die langen Jahre politischer, wirtschaftlicher und sozialer Umwälzungen zu beenden, die Früchte des unter großen Opfern erkauften Sieges zu sichern und damit den zunehmenden Bedürfnissen des durch die industrielle Revolution nach Ausdehnung der Märkte drängenden Handels Rechnung zu tragen. Im Gegensatz zu der protektionistischen, in den Bahnen des absolutistischen Merkantilismus sich bewegenden Handelspolitik des napoleonischen Frankreichs machte sich die britische Außenpolitik zum

[9] *Bacon:* British policy and the regulation of European rivers of international concern, S. 158 ff.

[10] *Kaeckenbeeck:* International Rivers, S. 23 ff. *Bacon:* British policy and the regulation of European rivers of international concern, S. 158.

[11] *Bacon:* British policy and the regulation of European rivers of international concern, S. 159 ff. *Webster:* The Congress of Vienna 1814—1815 S. 34. *Headlam-Morley:* The problem of security, II, England and the Low Countries, S. 160 f.

[12] Brief Castlereaghs an den Herzog von Wellington vom 25. Oktober 1814, Correspondence, Despatches, and other Papers of Viscount *Castlereagh,* Bd. 10, 3. Series Vol. II, S. 173. Schreiben Castlereaghs an Edward Thorton, Esq. vom 8. Februar 1814, Correspondence, Despatches, and other Papers of Viscount *Castlereagh,* Bd. 9, 3. Series Vol. I, S. 246 und Schreiben Castlereaghs an Liverpool vom 11. November 1814, *Webster:* British Diplomacy, Nr. CXXVIII, S. 232 sowie Art. XVI des Vertrages von Chaumont vom 1. März 1814, *Klüber:* Acten des Wiener Congresses, Bd. 1, S. 7, der auf eine Initiative Castlereaghs zurückgeht. *Webster:* The Congress of Vienna 1814—1815, S. 50 f. *Dökert:* Die englische Politik auf dem Wiener Kongreß, S. 31 ff.

Anwalt des von Adam Smith theoretisch begründeten Freihandels[13]. Diesem Zweck diente auch die Schiffahrtsfreiheit auf Rhein und Schelde, sowie — neben den schon erwähnten Sicherheitsaspekten — die in Art. XV des ersten Pariser Friedens vorgesehene Umwandlung Antwerpens in einen reinen Handelshafen und seine Absicherung durch das als Barriere dienende neugegründete Königreich der Niederlande[14].

In den Vollmachten des Prinzregenten vom 27. Dezember 1814[15], mit denen Castlereagh zu den verbündeten Monarchen entsandt wurde, waren keine genauen Instruktionen enthalten. Es wurde hierin auf das Memorandum verwiesen, das von ihm selbst abgefaßt und vom Gesamtkabinett gebilligt worden war und von Zeit zu Zeit ergänzt werden sollte. Es enthielt Anweisungen für eine Regelung der Schiffahrtsfreiheit nur in allgemeinen Hinweisen und eingehendere Stellungnahmen nur zu den Fragen, die für Großbritannien von besonderem Interesse waren[16]. Doch hatte sich Castlereagh, wie aus seinem Briefwechsel mit dem britischen Botschafter beim russischen Hofe, Cathcart, und dem Botschafter beim österreichischen Kaiser, Aberdeen, hervorgeht, zu allen Fragen, die während der Verhandlungen von Bedeutung sein könnten, Gutachten ausarbeiten lassen[17]. Man geht deshalb wohl nicht fehl, eine derartige Stellungnahme auch für die im Friedensvertrag so herausgestellte Schiffahrtsfreiheit für den Rhein vorauszusetzen, auch wenn Einzelheiten über den Standpunkt der britischen Regierung zu dieser Frage nicht bekannt sind.

---

[13] *Adam Smith:* An Inquiry into the nature and causes of the wealth of nations. *Griewank:* Der Wiener Kongreß und die europäische Restauration 1814/15², S. 22 f.

[14] Memorandum des britischen Kabinetts vom 26. Dezember 1813, *Webster:* British Diplomacy, Nr. LXX, S. 124. Schreiben Castlereaghs an den Earl of Aberdeen vom 13. November 1813, Correspondence, Despatches, and other Papers of Viscount *Castlereagh,* Bd. 9, 3. Series Vol. I, S. 75. Schreiben Castlereaghs an Edward Thorton, Esq. vom 8. Februar 1814, Correspondence, Despatches, and other Papers of Viscount *Castlereagh,* Bd. 9, 3. Series Vol. I, S. 248. Schreiben von Gentz' an Caradja vom 21./24. Juni 1814, *Metternich / Klinkowström:* Österreichs Teilnahme an den Befreiungskriegen, S. 434.

Es dauerte aber noch bis 1822, bis Großbritannien durch Abänderung seiner Gesetzgebung zu Reziprozität und Niedrigzöllen überging. *Nichols:* The European Pentarchy and the Congress of Verona, 1822, S. 142. *Webster:* The foreign policy of Castlereagh 1812—1815, Bd. 1, Britain and the reconstruction of Europe, S. 428 f.

[15] Instructions to Lord Castlereagh, on his Mission to the Allied Sovereigns, Correspondence, Despatches, and other Papers of Viscount *Castlereagh,* Bd. 9, 3. Series Vol. I, S. 114 f. *Oncken:* Lord Castlereagh und die Ministerkonferenz zu Langres am 29. Januar 1814, S. 3 f.

[16] *Webster:* The pacification of Europe 1813—1815, S. 429. *Barlett:* Castlereagh, S. 122 f.

[17] Schreiben Castlereaghs an Cathcart vom 22. Dezember 1813, *Webster:* British Diplomacy 1813—1815, Nr. XXXIII, S. 62 f. und Schreiben an Aberdeen vom gleichen Tage, Nr. LXIX, S. 120.

Die auf Vorschlag Talleyrands von dem Komitee der acht Bevollmächtigten beim Kongreß bestimmte Kommission aus Vertretern Frankreichs, Großbritanniens, Österreichs und Preußens[18] hatte die Aufgabe erhalten, sich mit „den Möglichkeiten zur Verwirklichung der Bestimmungen des Art. V sowie des Art. III § 2 des geheimen Zusatzprotokolls hinsichtlich der Schiffahrtsfreiheit auf Rhein und Schelde zu befassen sowie mit der Anwendung der hierbei niedergelegten Grundsätze für diejenigen anderen Flüsse, deren schiffbarer Lauf mehrere Staaten trennt oder durchquert"[19].

In der Zeit vom 2. Februar bis zum 24. März 1815 hat sich der Ausschuß in zwölf Sitzungen eingehend mit diesen Fragen befaßt[20]. Er hat neben den benannten Vertretern der Großmächte[21] auch die Bevollmächtigten der kleineren Uferstaaten zu den Beratungen zugezogen[22] sowie von Sachverständigen Gutachten zu bestimmten Einzelfragen eingeholt[23].

Ausgangspunkt der Beratungen war das auf der ersten Sitzung der Kommission von dem preußischen Bevollmächtigten Wilhelm von Humboldt vorgelegte Gutachten über die Arbeit der Schiffahrtskommission,

---

[18] Auf der 5. Sitzung der acht Signatarmächte vom 10. Dezember 1814 wurde die Einsetzung einer Schiffahrtskommission beschlossen und ihre Aufgabe festgelegt, *Klüber:* Acten des Wiener Congresses, Bd. 8, S. 96. *D'Angebert:* Le Congrès de Vienne, Bd. 1, S. 503. British and Foreign State Papers, Bd. II, S. 574 ff., der Vorschlag Talleyrands S. 576 f. Auf der 6. Sitzung vom 14. Dezember 1814 wurde die Zusammensetzung der Kommission vereinbart und die Bevollmächtigten ernannt. *Klüber:* Acten des Wiener Congresses, Bd. 8, S. 101 f. *D'Angebert:* Le Congrès de Vienne, Bd. 1, S. 527. *Von Elbe:* Die Wiederherstellung der Gleichgewichtsordnung in Europa durch den Wiener Kongreß, S. 246 f.

[19] Protokoll der 5. Sitzung der Vertreter der acht Signatarmächte des ersten Pariser Friedensvertrages vom 10. Dezember 1814, *Klüber:* Acten des Wiener Congresses, Bd. 8, S. 96 sowie Protokoll der 1. Sitzung der Schiffahrtskommission vom 2. Februar 1815, *Klüber:* Acten des Wiener Congresses, Bd. 3, S. 11 f. *D'Angebert:* Le Congrès de Vienne, Bd. 1, S. 693 f. British and Foreign State Papers, Bd. II, S. 574 f.

[20] Die Protokolle der Sitzungen der Schiffahrtskommission, die der Generalsekretär der Kommission Georg Friedrich von Martens verfaßte, sind wiedergegeben bei *Klüber:* Acten des Wiener Congresses, Bd. 3, S. 1—277 sowie bei *D'Angebert:* Le Congrès de Vienne unter dem jeweiligen Datum. Vgl. auch *Mayr:* Aufbau und Arbeitsweise des Wiener Kongresses, S. 106 ff.

[21] Der Ausschuß bestand aus dem Briten Lord Clancarty, dem Franzosen Duc de Dalberg, dem Preußen Baron von Humboldt und dem Österreicher Baron von Wessenberg, *Klüber:* Acten des Wiener Congresses, Bd. 3, S. 11. *D'Angebert:* Le Congrès de Vienne, Bd. 1, S. 527.

[22] Es handelte sich um die Bevollmächtigten von Baden, Bayern, Hessen-Darmstadt, Holland und Nassau, *Klüber:* Acten des Wiener Congresses, Bd. 3, S. 12. *D'Angebert:* Le Congrès de Vienne, Bd. 1, S. 693.

[23] z. B. Rapport de M. le Directeur-Général Eichhoff: Observations sur les articles 3, 4, 5 et 6 de la convention de l'octroi de la navigation du Rhin, *Klüber:* Acten des Wiener Congresses, Bd. 3, S. 63 ff. *D'Angebert:* Le Congrès de Vienne, Bd. 1, S. 804 ff.

das ausgehend von Art. V des Pariser Friedensvertrages die Aufgabe der Kommission umschrieb:

— Prüfung der Grundsätze, die im allgemeinen Interesse des Handels ohne Festlegung von lokalen Einzelheiten von den Uferstaaten niedergelegt werden sollen,

— Anwendung dieser Grundsätze auf die Rhein- und Scheldeschiffahrt unter Berücksichtigung lokaler Einzelheiten,

— Beschluß, wie die vereinbarten Grundsätze auf anderen Flüssen in Europa zur Geltung gebracht werden könnten[24].

Der von dem Vertreter Frankreichs, dem Herzog von Dalberg, ausgearbeitete und gleichfalls auf der ersten Sitzung der Kommission vorgelegte Vertragsentwurf sah in den Artikeln I und II ebenfalls vor, das Prinzip der Handels- und Schiffahrtsfreiheit, die nur den schiffahrtspolizeilichen Regeln unterworfen werden sollten, auf die Uferstaaten zu beschränken[25].

Gegen diese Einschränkung, wie sie in den beiden Entwürfen vorgeschlagen war, legte der britische Bevollmächtigte im Schiffahrtsausschuß, Lord Clancarty, auf der zweiten Sitzung der Kommission am 8. Februar 1815 unter Berufung auf den ersten Pariser Friedensvertrag eine Neufassung des Art. I vor, die die Schiffahrts- und Handelsfreiheit auf dem Rhein für alle Nationen vorsah[26]. Dieser Vorschlag, den Kreis der Berechtigten zu erweitern, fand die Unterstützung des badischen Bevollmächtigten, Baron von Berkheim[27], wurde aber bei der Neuformulierung des Art. I mit der Bestimmung „in Bezug auf den Handel" durch Wilhelm von Humboldt nicht berücksichtigt[28]. Diese Einschränkung fand nicht die Zustimmung Clancartys auf der siebten Sitzung der Kommission am 3. März 1815, der unter Hinweis auf die Absichten des Pariser Friedens ihre Streichung vorschlug und noch einmal die Forde-

[24] Mémoire préparatoire sur le travail de la commission de navigation vom 3. Februar 1815 von Wilhelm von Humboldt, *Klüber:* Acten des Wiener Congresses, Bd. 3, S. 24 ff. *D'Angebert:* Le Congrès de Vienne, Bd. 1, S. 730 ff. *Wilhelm von Humboldts* Gesammelte Schriften, Akademieausgabe, Bd. XI, Politische Denkschriften II, S. 317 ff.

[25] Projet d'articles pour le réglement de ce qui concerne la navigation des grands fleuves traversant plusieurs territoires, présenté par M. le Duc de Dalberg, Plénipotentiaire de France, *Klüber:* Acten des Wiener Congresses, Bd. 3, S. 13 ff. *D'Angebert:* Le Congrès de Vienne, Bd. 1, S. 694 ff.

[26] Text bei *Klüber:* Acten des Wiener Congresses, Bd. 3, S. 21 ff. *D'Angebert:* Le Congrès de Vienne, Bd. 1, S. 728 ff.

[27] Remarques concernant la convention à conclure d'un traité de commerce et de navigation sur le Rhin, par M. le Baron de Berckheim, Plénipotentiaire de Baden, *Klüber:* Acten des Wiener Congresses, Bd. 3, S. 45 f.

[28] Nouvelle rédaction d'articles, présenté par M. le Baron de Humboldt, Plénipotentiaire de la Prusse, *Klüber:* Acten des Wiener Congresses, Bd. 3, S. 146 ff. *D'Angebert:* Le Congrès de Vienne, Bd. 1, S. 852 ff. Vgl. auch *Brunner:* Das Rheinschiffahrtsrecht nach Maßgabe der Staatsverträge, S. 27 f.

rung nach einer allen Flaggen offenstehenden freien Schiffahrt erhob[29]. Die anderen Kommissionsmitglieder vermochten sich jedoch der Auffassung Clancartys nicht anzuschließen und vertraten den Standpunkt, daß die Bestimmungen des Pariser Friedens nur die Behinderung der Schiffahrtsfreiheit zwischen den Uferstaaten beseitigen sollten, aber keine Gleichstellung der Staatsangehörigen der Nichtuferstaaten mit denjenigen der Uferstaaten beabsichtigt sei, da keine Reziprozität vorliege[30].

Diesen Einwendungen der Uferstaaten scheint der britische Vertreter Clancarty sich nicht weiter widersetzt zu haben. Jedenfalls lassen die vorliegenden Protokolle keinen weiteren Widerstand erkennen[31], und die als Art. 108—116 in die Wiener Schlußakte aufgenommenen Bestimmungen für die Schiffahrt auf internationalen Wasserläufen und die in Art. 117 zum Bestandteil der Akte erklärten und als Anhang XVI B dieser beigefügten Grundsätze einer Regelung für den Rhein sind mit der Formulierung Wilhelm von Humboldts identisch und von Clancarty mit unterzeichnet[32].

Diese Grundsätze sahen vor, daß alle die Schiffahrt behindernden Beschränkungen wie Zwangsumschlag und Stapelrecht beseitigt, die Höhe der Abgaben festgelegt und ihre Erhebung örtlich fixiert werden sollten. Eine Zentralkommission hatte die Einhaltung der Bestimmungen der Rheinschiffahrtsakte zu überwachen und damit den freien, ungehinderten Verkehr der Waren zu gewährleisten, deren Beförderung jedoch den Angehörigen der Uferstaaten vorbehalten blieb[33]. Wie un-

---

[29] Protokoll der 7. Sitzung der Kommission, Ziffer V, *Klüber:* Acten des Wiener Congresses, Bd. 3, S. 170 ff. *D'Angebert:* Le Congrès de Vienne, Bd. 2, S. 872 ff.

[30] *Klüber:* Acten des Wiener Congresses, Bd. 3, S. 171. *D'Angebert:* Le Congrès de Vienne, Bd. 2, S. 872.

[31] Das hängt zum Teil wohl mit der Protokollführung im Ausschuß zusammen. Der Wortlaut der Sitzungsprotokolle wurde von dem hannoverschen Staatsrat Georg Friedrich von Martens nicht in den Sitzungen selbst, sondern im nachhinein angefertigt. Dadurch wurden nur die wichtigsten Einwendungen und Vorbehalte, die Abstimmungen und Beschlüsse in die Protokolle aufgenommen. Diese geben infolgedessen nicht den genauen Verlauf der Verhandlungen in allen Einzelheiten wieder und lassen die Absichten und Ziele der Verhandlungsteilnehmer nicht immer mit letzter Sicherheit erkennen. *Klüber:* Uebersicht der diplomatischen Verhandlungen des wiener Congresses überhaupt, und insonderheit über wichtige Angelegenheiten des teutschen Bundes, Erste Abtheilung, S. 44. *Mayr:* Aufbau und Arbeitsweise des Wiener Kongresses, S. 64 ff.

[32] *Klüber:* Acten des Wiener Congresses, Bd. 3, S. 254 ff. und Bd. 6, S. 89 ff. *D'Angebert:* Le Congrès de Vienne, Bd. 2, S. 957 ff. und S. 1430 ff. British and Foreign State Papers, Bd. II, S. 162 ff. und S. 52 ff.

[33] Art. 27 in Verbindung mit Art. 31 der Grundsätze einer Regelung für den Rhein, *Klüber:* Acten des Wiener Congresses, Bd. 3, S. 269 ff. *D'Angebert:* Le Congrès de Vienne, Bd. 2, S. 965 f. Vgl. auch *Klüber:* Öffentliches Recht des teutschen Bundes und der Uferstaaten[4], § 563 ff., S. 839 ff. *Rudhart:* Das Recht des deutschen Bundes, S. 243 ff.

zureichend diese Vereinbarung dennoch für die britischen Interessen war, sollte sich schon nach kurzer Zeit zeigen.

Einen vollen Erfolg konnte Clancarty in der Frage der Durchführung des Art. XV des ersten Pariser Friedensvertrages hinsichtlich Antwerpens erzielen. Auf der elften Sitzung am 22. März 1815 beschloß die aus den Vertretern der vier Großmächte und Hollands bestehende Kommission einstimmig, den Vorschlag Clancartys anzunehmen, wonach Großbritannien zusammen mit den Niederlanden berechtigt wurde, die Einzelheiten der Umstrukturierung des Hafens und Umfunktionierung der Befestigungen, Arsenale, Quais, Hafenbecken und -einrichtungen durch je einen Bevollmächtigten festzulegen[34]. Dadurch war es weitgehend der britischen Entscheidung überlassen, welche Rolle Antwerpen in der britischen Handelspolitik eingeräumt werden sollte.

Großbritannien hat demnach nicht nur den Art. V des ersten Pariser Friedens, der die Rechtsgrundlage für die weiteren Verhandlungen bildete, mitverfaßt, sondern war auch an den Beratungen und der Abfassung der Prinzipien der Freiheit der Schiffahrt, wie sie in der Wiener Schlußakte und im Anhang dazu niedergelegt sind, unmittelbar beteiligt und hat diese durch seine Bevollmächtigten unterzeichnet und durch den Prinzregenten ratifiziert[35]. Welchen rechtlichen Status in bezug auf die schiffahrtsrechtlichen Bestimmungen der Wiener Schlußakte nebst Anhang XVI hat Großbritannien damit erlangt?

Wie die Verhandlungsprotokolle und die anderen Akten zeigen, ist im Verlauf der Beratungen die Frage einer besonderen Garantie der

---

[34] *Klüber:* Acten des Wiener Congresses, Bd. 3, S. 247 ff. *D'Angebert:* Le Congrès de Vienne, Bd. 2, S. 949 f. PRO FO 92/17, S. 166 f. *Nys:* Une clause des traités de 1814 et de 1839 „Anvers, Port de Commerce", S. 5 ff. sowie *Hampe:* Das belgische Bollwerk, S. 19 ff. *Vandenbosch,* Dutch Foreign policy since 1815, S. 45 ff. *Thomas:* The use of the Scheldt in British plans for the defence of Belgian neutrality 1831—1914, S. 449 ff. *Lademacher:* Die belgische Neutralität als Problem der europäischen Politik 1830—1914, S. 37 ff.

[35] Der Vorschlag für das vereinfachte Ratifikationsverfahren ist in dem Schreiben Lord Castlereaghs an Lord Liverpool vom 23. Oktober 1815 enthalten, zusammen mit der von Österreich vorbereiteten Ratifikationsurkunde, Correspondence, Despatches and other Papers of Viscount *Castlereagh,* Bd. 11, 3. Series, Vol. 3, S. 56 ff., *Klüber:* Acten des Wiener Congresses, Bd. 6, S. 213 ff. *D'Angebert:* Le Congrès de Vienne, Bd. 2, S. 1576 ff. Die Ratifikation der Schlußakte wurde für alle Staaten einheitlich auf den 15. September 1815 zurückdatiert, damit der Ratifikationsvorgang als abgeschlossen galt und die Ergebnisse des Kongresses nicht durch die nach der erneuten Niederlage und Abdankung Napoleons veränderten Kräftekonstellation in Frage gestellt werden konnten. Text bei *de Martens:* Nouveau Recueil de Traités, Bd. II, S. 379 ff. British and Foreign State Papers, Bd. II, S. 2 ff. Der Titel dieser Veröffentlichung weicht von der offiziellen englischen Ausgabe der Schlußakte, die auf Veranlassung des britischen Kabinetts für beide Häuser des Parlaments angefertigt wurde, ab, s. *Klueber:* Schluss Acte des wiener Congresses, vom 9. Juni 1816 und Bundes Acte oder Grundvertrag des teutschen Bundes vom 8. Juni 1815², S. 8 f.

schiffahrtsrechtlichen Bestimmungen nicht aufgetaucht. Wohl hatte der britische Außenminister, Lord Castlereagh, ursprünglich die Absicht, indem er einen früheren Gedanken des jüngeren Pitt und Anregungen des Zaren aufgriff[36], das ganze Vertragswerk in einer Haupturkunde zusammenzufassen und durch eine Garantie der Großmächte abzusichern[37]. Er hatte den Sekretär des Kongresses, Friedrich von Gentz, mit der Abfassung einer derartigen Erklärung beauftragt[38], aber sein Vorschlag fand bei den Vertretern der anderen Mächte nicht die erwartete Resonanz. Als der Zar nach dem Abschluß des zweiten Pariser Friedens vom 20. November 1815[39] auf den Vorschlag Castlereaghs zurückkam, hatten sich die Widerstände in Großbritannien gegen ein weitergehendes Engagement auf dem Festland so verstärkt, daß der britische Außenminister von der weiteren Verfolgung seiner ursprünglichen Pläne absah und den Gedanken einer besonderen Garantie der Schlußakte durch die Großmächte fallen ließ[40].

Es stellt sich deshalb die Frage, ob schon aus der Unterzeichnung und Ratifizierung der Schlußakte implizite eine besondere Garanten-

[36] Offical Communication made to the Russian Ambassador at London, on the 19th January 1805, explanatory of the views which His Majesty and the Emperor of Russia formed for the deliverance and security of Europe, British and Foreign State Papers, Bd. II, S. 341 ff. *Webster:* British Diplomacy, Appendix 1, S. 389 ff. *Duchardt:* Gleichgewicht der Kräfte, Convenance, Europäisches Konzert, S. 131. *Griewank:* Die europäische Neuordnung 1814/15, S. 86 f. *Haußherr:* Rußland und Europa in der Epoche des Wiener Kongresses, S. 15. *Kissinger,* Großmacht Diplomatie, S. 49 f. *Mann:* Friedrich von Gentz, S. 292 f. *Pirenne* La Sainte-Alliance, Organisation européenne de la paix mondiale, Bd. 1, Les traités de paix 1814—1815, S. 21 f.

[37] Declaration des Plénipotentiaires de la Grande Bretagne par rapport à la Garantie, Annex H zum Protocole de la Conférence entre les Plénipotentiaires des cinq Cours, tenue à Vienne, le 11 Février 1815, British and Foreign State Papers, Bd. II, S. 633 ff. Circulardepesche Castlereaghs an alle britischen Botschafter vom 13. Februar 1815, *Webster:* British Diplomacy, Nr. CLXXVI, S. 306 f. und Schreiben an Liverpool vom gleichen Tage, Nr. CLXXIV, S. 303 ff, sowie an Robert Liston vom 14. Februar 1815, Nr. CLXXV, S. 305 f. *Klüber:* Acten des Wiener Congresses, Bd. 9, S. 30. *D'Angebert:* Le Congrès de Vienne, Bd. 1, S. 773. *Webster:* The foreign policy of Castlereagh 1812—1815, Bd. 1, S. 428 f. *Webster:* The Congress of Vienna 1814—1815, S. 102 ff. *Barlett:* Castlereagh, S. 157 f.

[38] P. S. zum Schreiben Castlereaghs an Liverpool vom 13. Februar 1815, *Webster:* British Diplomacy, Nr. CLXXIV, S. 305. Text bei *Klüber:* Acten des Wiener Congresses, Bd. 9, S. 191 f.

[39] *De Martens:* Recueil manuel et pratique de Traités, Conventions et autres Acts diplomatiques, Bd. 3, S. 211 ff. *D'Angebert:* Le Congrès de Vienne, Bd. 2, S. 1595 ff. British and Foreign State Papers, Bd. III, S. 280 ff.

[40] Hansard, Parlamentary Debates, Vol. XXXI, S. 464 ff. *Webster:* The Congress of Vienna 1814—1815, S. 104 und Anm. 3. *Webster:* The foreign policy of Castlereagh, Bd. 1, S. 431. *Griewank:* Der Wiener Kongreß und die europäische Restauration 1814/15, S. 299 f. Darstellung der verschiedenen Beschlüsse und der letzten Ergebnisse des Wiener Congresses, Anhang zum Schreiben Friedrich von Gentz' an Caradja vom 26. Juni 1815, *Metternich / Klinkowström:* Oesterreichs Teilnahme an den Befreiungskriegen, S. 547 ff. *Pirenne:* La Sainte-Alliance, Bd. 1, S. 204.

stellung Großbritanniens für das internationale Rheinregime hergeleitet werden kann.

Die Garantenstellung der außerdeutschen Großmächte wurde schon zur Zeit des Wiener Kongresses in der staats- und völkerrechtlichen Literatur lebhaft erörtert, wobei der Ausgangspunkt die Frage war, ob eine Garantie für den beabsichtigten Deutschen Bund durch die Großmächte wünschenswert sei oder nicht[41]. Im Rahmen dieser Diskussion, die sich bis in die heutige Zeit erstreckt[42] sowie der Auseinandersetzung über den Begriff und Gegenstand der Garantie und ihrer im Völkerrecht nach und nach herausgebildeten Grundformen wurden die einzelnen Aspekte der völkerrechtlichen Garantie eingehend geprüft und im Laufe der Zeit immer mehr differenziert[43].

---

[41] z. B. *Crome:* Ueber Deutschlands und Europens Staats- und National-Interesse bey und nach dem Kongresse zu Wien, in der von ihm und Jaup herausgegebenen Zeitschrift Germanien. Die zweite Auflage erschien unter dem Titel: Deutschlands und Europens National-Interesse vorzüglich in Betreff des germanischen Staaten-Bundes und der in Deutschland allgemein einzuführenden landständischen Verfassung, vgl. auch *Crome:* Selbstbiographie, S. 418 f. *Zachariae:* Entwurf zu dem Grundvertrag des durch den Pariser Frieden vom 30. Mai 1814 verheißenen Staatenbundes. *v. Humboldt:* Denkschrift über die deutsche Verfassung vom Dezember 1813, Wilhelm von Humboldts Gesammelte Schriften, Bd. 11, Politische Denkschriften 2. Bd., S. 95 sowie Ueber die Behandlung der Angelegenheiten des deutschen Bundes durch Preussen vom 30. September 1816, Gesammelte Schriften, Bd. 12, Politische Denkschriften 3. Bd., Nr. XIV, S. 53 ff., insbesondere S. 96 f. *Klüber:* Öffentliches Recht des teutschen Bundes und der Bundesstaaten[4], § 187 Anm. c, S. 244. *Eichhoff:* Pragmatisch-Geschichtliche Darstellung der Verhandlungen und Beschlüsse des Congress-Comité für die Freiheit der Flüsse so wie der Berathungen der, in Gefolge jener Beschlüsse in Mainz niedergesetzten Central-Commission, S. 97 f. Weitere ausführliche Angaben bei *Dommermuth:* Das angebliche europäische Garantierecht über den Deutschen Bund von 1815 bis 1866, S. 3 ff.

[42] *Brandenburg:* Die Reichsgründung[2], Bd. 1, S. 79, Bd. 2, S. 36. *Dommermuth:* Das angebliche europäische Garantierecht über den Deutschen Bund von 1815—1866, S. 3 ff. *Haller:* Epochen der deutschen Geschichte, S. 256 f. *Meinecke:* Weltbürgertum und Nationalstaat[8], S. 160 f. *Srbik:* Metternich, Bd. 1, S. 223, Bd. 2, S. 153, Bd. 3, S. 76. *Sybel:* Die Begründung des Deutschen Reiches durch Wilhelm I.[4], Bd. 1, S. 51 f. *Treitschke:* Deutsche Geschichte im neunzehnten Jahrhundert[8], Bd. 1, S. 709. Vgl. aber auch *Duchhardt:* Gleichgewicht der Kräfte, Convenance, Europäisches Konzert, S. 148. *Gruner:* Die Interaktion von britischer Deutschland- und Europapolitik zur Zeit des Wiener Kongresses und in der Anfangsphase des Deutschen Bundes, S. 119. *Gruner:* Europäischer Friede als nationales Interesse, S. 104 f. und *Huber:* Deutsche Verfassungsgeschichte seit 1789, Bd. 1, S. 675 ff.

[43] *Headlam-Morley:* Treaties of Guarantee, S. 207 ff. *Kägi:* Garantie sowie Garantievertrag, S. 608 ff. und S. 613 ff., der auch die weitere Entwicklung zur kollektiven Sicherheit und zum modernen kollektiven Garantievertrag aufzeigt, verbunden mit weiteren Literaturhinweisen. *Quabbe:* Die völkerrechtliche Garantie, S. 35 ff. *Bussmann:* Der völkerrechtliche Garantievertrag, insbesondere seit Entstehung des Genfer Völkerbundes, S. 1 ff. *Laenge:* Der Garantievertrag des modernen Völkerrechts, S. 8 ff. *Oppenheim / Lauterpacht:* International Law[8], Bd. 1, § 574 ff., S. 964 ff.

Unter Garantie im engeren Sinne versteht man die vertragliche Verpflichtung, für die Erfüllung eines völkerrechtlichen Vertrages einzustehen oder einen bestimmten Rechtszustand aufrechtzuerhalten, ihn gegen jede Bedrohung und Verletzung durch Garantiegegner zu schützen und etwa verletzte Rechte, gegebenenfalls durch den Einsatz von Garantiemitteln, wiederherzustellen[44]. Die Rechte und Pflichten der Garantiemächte müssen entweder in einem gesonderten Garantievertrag oder einer entsprechenden Klausel des Hauptvertrages selbst festgelegt sein, wobei nicht alle Verträge, die im Titel oder Text das Wort Garantie ausdrücklich verwenden, Garantieverträge im rechtlichen Sinne, sondern zum Teil sog. Respektverträge oder Pseudo-Garantieverträge sind[45].

Art. V des ersten Pariser Friedens enthielt das Prinzip der Schiffahrtsfreiheit mit der Verpflichtung, Inhalt und Grenzen dieses Prinzips in den nachfolgenden Verhandlungen zu bestimmen. Dieser Verpflichtung sind die Vertragspartner des ersten Pariser Friedens durch die Verhandlungen im Schiffahrtsausschuß und durch die Abfassung der Art. 108—117 der Schlußakte nebst Anhang XVI nachgekommen. Eine etwaige vertragliche Garantieverpflichtung Großbritanniens, für die Erfüllung des Art. V des ersten Pariser Friedens einzustehen, ist mit der Ratifikation der Wiener Schlußakte erloschen, so daß Großbritannien aus Art. V des ersten Pariser Friedens kein Garantierecht ableiten kann[46].

Ein gesonderter Garantievertrag, der zusammen mit der Schlußakte vereinbart worden wäre und der auch die schiffahrtsrechtlichen Bestimmungen der Wiener Schlußakte eingeschlossen hätte, ist von Großbritannien zwar ursprünglich einmal beabsichtigt worden, kam dann aber nicht zur Ausführung.

Wie aus der Präambel der Schlußakte[47] hervorgeht, war es der Zweck des Kongresses, die im ersten Pariser Frieden getroffenen Vereinbarungen zu vervollständigen und die Bestimmungen hinzuzufügen, die sich durch den Zustand Europas infolge des Krieges zusätzlich als not-

---

[44] *Kägi:* Garantie sowie Garantievertrag, S. 608 ff. und S. 613 ff.

[45] Der Begriff „Respektvertrag" findet sich bei *Laenge:* Der Garantievertrag des modernen Völkerrechts, S. 18 ff., der Begriff „Pseudo-Garantievertrag" bei *Oppenheim / Lauterpacht:* International Law[8], Bd. 1, § 577, S. 968.

[46] So auch die Auffassung der britischen Regierung hinsichtlich der Verträge von Chaumont und Paris in dem Memorandum on the treaties of 1814 and 1815 submitted by the British Plenipotentiaries at the Conference of Aix-la-Chapelle, October 1818, Appendix VIII, *Webster:* The Congress of Vienna 1814—1815, S. 188 ff. *Huber:* Deutsche Verfassungsgeschichte seit 1789, Bd. 1, S. 682 f. A. A. *Rheindorf:* Englische Rheinpolitik 1813—1815, S. 199, Anm. 1 und darauf gestützt *Srbik:* Deutsche Einheit, Idee und Wirklichkeit vom Heiligen Reich bis Königgrätz[3], Bd. 1, S. 214.

[47] *Klüber:* Acten des Wiener Congresses, Bd. 6, S. 12.

wendig erwiesen hatten. Die Ergebnisse dieser Verhandlungen, die — bei jeweils unterschiedlichen Vertragspartnern — in gesonderten Schriftstücken niedergelegt waren, sollten in der Schlußakte zusammengefaßt und gegenseitig ratifiziert werden. Damit sollten, wie das Komitee der fünf Mächte auf seiner Sitzung am 23. Mai 1815[48] beschloß, Bestimmungen von allgemeinem Interesse herausgehoben und die schließlich erzielten Ergebnisse des Kongresses — welche Meinungsverschiedenheiten in Detailfragen zuvor auch immer bestanden haben mochten — in einer besonders feierlichen Form bekannt gemacht werden. Ziel der Akte war es demnach nicht, zusätzliche Rechte und Pflichten zu begründen, die über diejenigen hinausgingen, die die jeweiligen Mächte in den Einzelverträgen übernommen hatten, soweit sie an dem Abschluß dieser Verträge unmittelbar beteiligt waren[49].

An den Verhandlungen im Schiffahrtsausschuß war Großbritannien zwar beteiligt, aber lediglich als partie à la négociation. Zu den parties contractants zählten nur die Uferstaaten. Da Großbritannien durch die Vereinbarung der schiffahrtsrechtlichen Bestimmungen keine Rechte und Pflichten erworben hatte, konnte ihm aus der Unterzeichnung und Ratifizierung der Schlußakte auch keine Garantenstellung erwachsen.

Die Schlußakte hatte für Großbritannien auch nicht den Charakter eines Akzessionsvertrages, durch den es Kontrahent der Verträge geworden wäre, die es selbst nicht abgeschlossen hatte, denn als Ver-

---

[48] *Klüber:* Acten des Wiener Congresses, Bd. 9, S. 151 f.

[49] *Dommermuth:* Das angebliche europäische Garantierecht über den Deutschen Bund von 1815—1866, S. 31. Als nach der erfolgten Ratifikation der Vertrag gedruckt werden sollte, bestimmte Metternich selbst den Titel, der nicht mit dem Vorschlag Friedrich von Gentz' übereinstimmte und durch seine Abfassung zeigt, daß auch von Seiten Österreichs jeder Anschein vermieden werden sollte, daß es sich um einen Vertrag handeln könnte, der über die Einzelverträge hinaus zusätzliche Rechte und Pflichten begründe. Vgl. Schreiben von Genz' an Metternich vom 14. Juli 1815, *Metternich / Klinkowström:* Oesterreichs Teilnahme an den Befreiungskriegen, S. 569. Nach *Webster:* The Congress of Vienna 1814—1815, S. 98 ff., ging die Zusammenfassung der verschiedenen Abkommen in einer Schlußakte von Großbritannien aus, das die Befürchtung hegte, daß Rußland, welches sich dieser Handhabung energisch widersetzte, in einer Reihe von Fragen keine Verpflichtungen eingehen wollte. Darüber hinaus wurde durch dieses Verfahren die Ratifikation einer Reihe von Bestimmungen erreicht, die sonst keine allgemeine Zustimmung gefunden hätten, da jede Macht, wollte sie den Schutz und die Anerkennung ihrer eigenen Interessen erreichen, auch die übrigen Vereinbarungen ratifizieren mußte, so daß schließlich fast ganz Europa der Schlußakte beitrat und ihre Bestimmungen auf diese Art und Weise durch alle europäischen Mächte anerkannt und „garantiert" wurden. A. A. *Martin:* Frankreichs Rechte aus der revidierten Rheinschiffahrtsakte vom 17. Oktober 1868 nach der Abtretung Elsaß-Lothringens an das Deutsche Reich, S. 36 f., der Großbritannien als Signatar der Wiener Schlußakte den Status eines Kontrahenten der Besonderen Ordnung für den Rhein zuerkennt, ohne indes ihm eine andere Rechtsstellung einzuräumen als anderen Nichtuferstaaten, die nicht zu den Unterzeichnern der Wiener Schlußakte

tragsschließender des ersten Pariser Friedens war es auch originärer Partner der Schlußakte[50]. Wäre es durch die Unterzeichnung der Schlußakte den Partikularverträgen beigetreten, so hätte sich ein ausdrücklicher Beitritt zu den Abmachungen über Sachsen im Dezember 1815 erübrigt. Die Präambel dieses Akzessionsvertrages[51] macht hinlänglich klar, wie Großbritannien seine Stellung zur Wiener Schlußakte selbst verstand. Aus ihr geht eindeutig hervor, daß die britische Regierung aufgrund der Unterzeichnung der Schlußakte keine besonderen Rechte aus den Verträgen herleitete, an deren Abschluß sie nicht unmittelbar beteiligt war, und daß sie den in die Wiener Schlußakte aufgenommenen Einzelverträgen lediglich ihre Zustimmung und Anerkennung zuteil werden lassen wollte.

Großbritannien ist durch die Unterzeichnung der Schlußakte nicht den schiffahrtsrechtlichen Bestimmungen der Akte beigetreten, sondern hat diese nur bestätigt, ihnen zugestimmt und sie anerkannt als übereinstimmend mit dem Völkerrecht und den allgemeinen Grundsätzen der Sicherheit und des Gleichgewichts in Europa[52].

Auch eine entsprechende Klausel hinsichtlich einer besonderen Garantie der schiffahrtsrechtlichen Bestimmungen findet sich nicht. Die Schlußakte enthält zwar eine Reihe von speziellen Garantien, die aber jeweils genau umrissen und vertraglich festgelegt sind[53]. Ihre Aufnahme in die Schlußakte zeigt eindeutig, daß eine umfassende Garan-

---

gehören. In der Folgezeit wurde die in Wien „garantierte" Friedensordnung durch ein System von Konferenzen des Europäischen Konzerts weiterentwickelt, worin die neuere Forschung den Vorläufer eines europäischen kollektiven Sicherheitssystems sieht. Vgl. *Pirenne:* La Sainte-Alliance, Organisation européenne de la paix mondiale, Bd. 1, Les traités de paix 1814—1815, S. 3 ff. *Pirenne:* La Sainte-Alliance, in La Paix, S. 465 ff. *Duchardt:* Gleichgewicht der Kräfte, Convenance, Europäisches Konzert, S. 150.

[50] Das Formular der Ratifikationsurkunde für die originären Teilnehmer bei *Klüber:* Acten des Wiener Congresses, Bd. 6, S. 216 ff., das Formular der Beitrittsurkunde für die übrigen Kongreßteilnehmer, S. 218 ff. *D'Angebert:* Le Congrès de Vienne, Bd. 2, S. 1577 ff.

[51] Treaty between Great Britain and Saxony, signed at Paris, 18th September 1815, *De Martens:* Nouveau Recueil de Traités, Bd. II, S. 628 f. *D'Angebert:* Le Congrès de Vienne, Bd. 2, S. 1519 f. British and Foreign State Papers, Bd. II, S. 871 ff.

[52] Vgl. Memorandum on the treaties of 1814 and 1815 submitted by the British Plenipotentiaries at the Congress of Aix-la-Chapelle, *Webster:* The Congress of Vienna, S. 187 und Stellungnahme zu dem Mémoire confidentiel du Cabinet russe vom 26. September/8. Oktober 1818, in *Phillips:* Great Britain and the Continental Alliance 1816—1822, S. 25 ff. A. A. *Pirenne:* La Sainte-Alliance, Bd. 1, S. 210.

[53] Art. 9, 17 und 63 der Wiener Schlußakte, *Klüber:* Acten des Wiener Congresses, Bd. 6, S. 23, S. 29 und S. 61. *D'Angebert:* Le Congrès de Vienne, Bd. 2, S. 1392, S. 1395 und S. 1413. British and Foreign State Papers, Bd. II, S. 13, S. 16 und S. 35. *De Martens:* Nouveau Recueil de Traités, Bd. II, Nr. 41 a, S. 386, S. 389 und S. 410.

tie des ganzen Vertragswerkes wie auch eine spezielle Garantie der schiffahrtsrechtlichen Bestimmungen nicht beabsichtigt war.

Es kann daher nach Prüfung aller relevanten Fakten abschließend festgestellt werden, daß aus der Unterzeichnung der Wiener Schlußakte durch Großbritannien keine Garantenstellung für die schiffahrtsrechtlichen Bestimmungen der Schlußakte abgeleitet werden kann. Die Unterzeichnung der Schlußakte ist rechtlich als Abschluß eines Respektvertrages anzusehen.

Dieses Ergebnis entspricht auch dem erklärten Willen der britischen Regierung, die nach dem Abschluß der Verhandlungen an einem weitergehenden Engagement auf dem Kontinent über die in den Verträgen unmittelbar festgelegten Verpflichtungen hinaus kein Interesse hatte[54]. Als in der Folgezeit die Freiheit der Rheinschiffahrt durch die Niederlande eingeschränkt wurde, konnte Großbritannien nur im Rahmen des Europäischen Konzerts auf die Einhaltung der in Wien beschlossenen Grundsätze für die Schiffahrt auf dem Rhein hinwirken.

[54] Vgl. hierzu die von Frederick Lamb mit Schreiben vom 31. Januar 1831 an Palmerston überlieferte Doktrin Castlereaghs „that what we signed we undertook to respect ourselves what we guaranteed we engaged to cause to be respected by others: and he therefore declined giving guarantees in all cases whatever", Broadlandpapers GC/BE 74, zitiert nach *Gruner:* „British Interest" und Friedenssicherung, S. 97.

Zweites Kapitel

Der Versuch Großbritanniens, auf dem Kongreß von Verona als Wahrer der Schiffahrtsfreiheit auf dem Rhein aufzutreten

Als im Verlauf des Feldzuges gegen Napoleon die verbündeten Heere den Rhein überschritten, wurde durch die Zentralverwaltung der Verbündeten unter der Leitung des Freiherrn vom Stein die Verwaltung der Rheinschiffahrt dem Grafen Solms-Laubach übertragen, die gemäß der Octroikonvention vom 15. August 1804 erneut eingerichtet wurde.

Diese war durch das Dekret des französischen Kaisers vom 21. Oktober 1811[1] auch für die Niederlande eingeführt worden, wurde aber durch souveränen Beschluß des niederländischen Königs Wilhelm I. vom 23. Dezember 1813 wieder aufgehoben und damit der niederländischen Regierung die Möglichkeit gegeben, frei über die Verwaltung der Rheinschiffahrt dieses Flußabschnittes zu entscheiden[2]. Zwar erklärte der niederländische Delegierte, Baron von Spaen, auf der sechsten Sitzung des Schiffahrtsausschusses des Wiener Kongresses am 28. Februar 1815[3], daß die Niederlande die Absicht hätten, die Wasserwegegelder (péages) an den Mündungen bis zur endgültigen Vereinbarung über die Rheinschiffahrt nicht zu erheben und dort in Aufrechterhaltung des bisherigen Zustandes keinerlei Zwangsaufenthaltsabgaben einzuführen. Diese Zusicherung bezog sich aber nur auf die Erhebung von Schiffahrtsabgaben und betraf nicht die Zölle und Lizenzen, die von den Niederlanden schon unmittelbar nach der Befreiung, am 7. Dezember 1813[4], in dem alten Umfang wieder festgesetzt worden

---

[1] Kaiserliches französisches Dekret vom 21. Oktober 1811 betr. die Erhebung des Octroy in den Niederlanden, Rheinurkunden, Bd. 1, Nr. 31, S. 32 ff.

[2] Souveräner niederländischer Beschluß vom 23. Dezember 1813 betr. Abschaffung des Octroy und Wiedereinführung der alten Schiffsabgaben, Staatsblad 1813, Nr. 17, Rheinurkunden, Bd. 1, Nr. 35, S. 36. — *Nau:* Beitraege zur Kenntniss und Beförderung des Handels und der Schiffahrt, Bd. I und II, S. VI ff. *Eckert:* Rheinschiffahrt im XIX. Jahrhundert, S. 98. *Gothein:* Geschichtliche Entwicklung der Rheinschiffahrt im XIX. Jahrhundert, S. 64 ff. *Gothein:* Verfassungs- und Wirtschaftsgeschichte der Stadt Cöln vom Untergang der Reichsfreiheit bis zur Errichtung des deutschen Reiches, S. 153.

[3] *Klüber:* Acten des Wiener Congresses, Bd. 3, S. 106.

[4] Staatsblad 1813, Nr. 9. *Op den Hooff:* Bemerkungen gegen die Deutsche

waren. Durch den Artikel 111 der Wiener Schlußakte[5] waren diese Abgaben von den übrigen Vertragspartnern sogar bestätigt und anerkannt worden. Außerdem war die zunächst vorgesehene Verpflichtung zur Abänderung der Wasserwegegelder nach dem Vorbild der Tariferrechnung des Art. 3 der besonderen Ordnung für den Rhein[6] auf Vorschlag des britischen Vertreters Clancarty in das Ermessen der Niederlande gestellt worden. Erleichtert wurde das niederländische Vorgehen durch die aus dem Art. V des ersten Pariser Friedens in Art. 1 der besonderen Ordnung für den Rhein und Art. 109 der Wiener Schlußakte übernommene Formulierung, wonach die Schiffahrt auf dem Lauf des Flusses vom Beginn seiner Schiffbarkeit bis ans Meer (jusqu' à la mer) frei sein sollte. Die niederländische Regierung sah in dieser Formulierung ihre Ansicht über den suprafluvialen Charakter der Rheinmündungen anerkannt, die sich insbesondere auf die Lehre des Cornelis van Bynkershoek vom Binnenmeer als dem Bindeglied zwischen Meer und Fluß stützte[7]. Der durch diese Lehre begründete suprafluviale Status der Rheinmündungen bildete für die Niederländer die Rechtsgrundlage, die Durchfuhr vollständig zu verbieten bzw. beim Übergang vom Meer in den Fluß und umgekehrt einen besonderen See- oder Transitzoll zu erheben. Der mit dem Erlaß des neuen niederländischen Zollgesetzes vom 30. Oktober 1816, dem schon einige einschneidende Maßnahmen vorangegangen waren, eingeführte allgemeine Wertzoll wirkte sich — soweit die Durchfuhr überhaupt gestattet war — als ein prohibitiver Schutzzoll aus und führte teilweise zu einer Änderung der traditionellen Handelsströme, da der Transit auf dem Landwege von und nach Antwerpen zollfrei war[8].

Schrift über die Handelsschiffahrt auf dem Rheinstrome, besonders in Beziehung auf das Königreich der Niederlande, S. 35.

[5] *Klüber:* Acten des Wiener Congresses, Bd. 6, S. 90.

[6] *Klüber:* Acten des Wiener Congresses, Bd. 3, S. 258 i. V. m. S. 171.

[7] *Bynkershoek:* De Dominio Maris², Kapitel II, S. 41 ff. und S. 361 ff., Kapitel VII, S. 75 ff. und S. 389 ff. Vgl. auch *Münch:* Küstengewässer, S. 388 ff., *Reibstein:* Völkerrecht, Bd. 1, S. 415 ff., *Eckert:* Rheinschiffahrt im XIX. Jahrhundert, S. 105 f. *Gothein:* Geschichtliche Entwicklung der Rheinschiffahrt im XIX. Jahrhundert, S. 122 und 129, *Klüber:* Öffentliches Recht des teutschen Bundes und der Bundesstaaten⁴, S. 850 ff. *Oppenheim:* Der freie deutsche Rhein, S. 146 f.

[8] *Eckert:* Rheinschiffahrt im XIX. Jahrhundert, S. 104 f., *Gothein:* Geschichtliche Entwicklung der Rheinschiffahrt im XIX. Jahrhundert, S. 92 f., *Gothein:* Verfassungs- und Wirtschaftsgeschichte der Stadt Cöln vom Untergang der Reichsfreiheit bis zur Errichtung des deutschen Reiches, S. 158. *Schawacht:* Schiffahrt und Güterverkehr zwischen den Häfen des deutschen Niederrheins (insbesondere Köln) und Rotterdam vom Ende des 18. bis zur Mitte des 19. Jahrhunderts (1794—1850/51) S. 20 f., *De Gerlache:* Histoire du Royaume des Pays-Bas depuis 1814 jusqu'en 1850², Bd. 1, S. 354 f. Vgl. auch Fragments de discours prononcé par M. Reyphins, sur le Régime de Douanes convenable au Royaume des Pays-Bas vom 28. September 1816, *De Gerlache:* Histoire du Royaume des Pays-Bas depuis 1814 jusqu'en 1850, Bd. 3, S. 6 ff.

In erster Linie die preußischen Rheinlande und von den Städten am Rhein Köln wurden durch die holländische Zollpolitik in ihrem Handel beeinträchtigt[9]. Preußen ließ über Humboldt den britischen Botschafter am niederländischen Hof, Clancarty, in seiner Eigenschaft als ehemaliges Mitglied des Schiffahrtsausschusses um eine Stellungnahme über die Zulässigkeit der Erhebung der Seezölle bitten. Dieser erklärte in Übereinstimmung mit Humboldt, daß man den Niederlanden das Recht nicht abstreiten könne, die Durchfuhr vom Meer in den Rhein und umgekehrt zu besteuern[10].

Über die verbindliche Auslegung der im sog. Mündungstreit aufeinanderprallenden Theorien, hinter denen sich handfeste Wirtschaftsinteressen verbargen, führte die Rheinzentralkommission, die die endgültige Ordnung für den Rhein ausarbeiten sollte, langwierige Verhandlungen, die erst mit der Verabschiedung der Mainzer Rheinschiffahrtsakte vom 31. März 1831 ein zufriedenstellendes Ende fanden[11].

Auch Großbritannien wurde von der Zoll- und Schiffahrtspolitik der Niederlande betroffen. Der Handel, der in den ersten Jahren nach Friedensschluß einen großen Aufschwung genommen hatte, wurde durch die allgemeine Erhöhung der Zölle empfindlich behindert[12]. Als dann am 18. Dezember 1821 der niederländische König den Gesetzentwurf für ein neues Steuersystem mit weiteren Zöllen, Ein- und Durch-

---

[9] Vgl. *Nau:* Beitraege zur Kenntniss und Beförderung des Handels und der Schiffahrt, 2. Bd., II. Heft, S. I ff. und S. 102 ff., VI. Heft, Nr. 20, S. 243 ff. und Nr. 21, S. 264 ff., *Nebenius:* Bemerkungen über den Zustand Großbritanniens in staatswirthschaftlicher Hinsicht, S. 121 ff.

[10] *Gothein:* Geschichtliche Entwicklung der Rheinschiffahrt im XIX. Jahrhundert, S. 90. *Gothein:* Verfassungs- und Wirtschaftsgeschichte der Stadt Cölln vom Untergang der Reichsfreiheit bis zur Errichtung des deutschen Reiches, S. 157.

[11] *Van Eysinga:* Die Zentralkommission für die Rheinschiffahrt, S. 23 f. *Kaeckenbeeck:* International Rivers, S. 62 ff. *Eckert:* Rheinschiffahrt im XIX. Jahrhundert, S. 101 ff. *Gothein:* Geschichtliche Entwicklung der Rheinschiffahrt im XIX. Jahrhundert, S. 136 f.

[12] *Gothein,* Geschichtliche Entwicklung der Rheinschiffahrt im XIX. Jahrhundert, S. 116. *Nichols:* The European Pentarchy and the Congress of Verona, 1822, S. 258 f.

Canning faßte den niederländischen Standpunkt in seiner Note vom 31. Januar 1826 an den britischen Botschafter in den Niederlanden, Bagot, in die Verse:

„In matters of commerce the fault of the Dutch
is offering too little and asking too much."

Die Fassung, die *Temperley:* The Life of Canning, S. 193 und *Treitschke:* Deutsche Geschichte im 19. Jahrhundert[6], S. 471 bringen, ist, wie neuere Editionen zeigen, nicht ganz korrekt. Vgl. *Dixon:* Canning, S. 253 f., der sich auf das Original, das sich unter den Canning Papers des Earl of Harewood, in der Sheepscar Branch Library, Leeds, Box 139 (a) befindet, stützt sowie *Temperley:* The Foreign Policy of Canning 1822—1827[2], S. 294 ff. und *Poland:* Mr. Canning's rhyming ‚Despatch' to Sir Charles Bagot.

fuhrverboten[13] im Parlament einbringen ließ, richtete Clancarty am 8. Januar 1822[14] ein besorgtes Schreiben an das Foreign Office, in dem er eindringlich auf die Folgen für den britischen Handel hinwies. Eine Liste der durch diese Maßnahmen betroffenen Waren hatte er dem Schreiben beigefügt[15], aus der hervorgeht, daß eine wesentliche Verschärfung der Durchfuhrbestimmungen beabsichtigt war, wurde doch für eine ganze Reihe von Gütern, deren Einfuhr nach Holland bis dahin verboten gewesen war, nunmehr auch die Durchfuhr untersagt.

In seiner Depesche berief sich der Botschafter ausdrücklich auf die seines Erachtens in der Wiener Schlußakte wie auch in der dieser beigefügten Ordnung für den Rhein niedergelegten Grundsätze der allgemeinen Schiffahrts- und Handelsfreiheit. Er wurde aber von Castlereagh, nunmehr Marquess of Londonderry, mit Schreiben vom 12. Februar 1822[16] auf die Zulässigkeit der Erhöhung von Zöllen durch den niederländischen Staat hingewiesen, doch machte Londonderry gegenüber dem Transitverbot von Waren, deren Einfuhr in Holland verboten war, rechtliche Bedenken geltend. Der Botschafter wurde deshalb angewiesen, beim holländischen König und Mitgliedern der Regierung vorstellig zu werden und den Protest der britischen Regierung vorzubringen. Aber die Niederlande weigerten sich ohne britische Reziprozität irgendwelche Zugeständnisse zu machen[17]. Aus diesem Grunde beauftragte die britische Regierung den Herzog von Wellington, ihren Bevollmächtigten auf dem Kongreß von Verona, die Frage der Schiffahrtsfreiheit auf dem Rhein mit den übrigen Kongreßmitgliedern zu behandeln.

In den Instruktionen des Marquess of Londonderry[18], die er für seine Teilnahme an dem Kongreß als Leitfaden verfaßt hatte, war dieser Fragenkomplex nicht enthalten gewesen. Ohne Abänderungen waren diese Direktiven nach seinem plötzlichen Tode von dem amtierenden Außenminister Henry Barthurst nach Billigung durch das Kabinett

---

[13] Projet de Loi concernant la réception des droits d'entrée, de sortie, et de transit, et du droit de tonnage des navires de mer. Vgl. auch Message du Roi des Pays-Bas aux Etats Généraux accompagné d'un Projet de Loi, et d'un Mémoire Explicatif, concernant le nouveau système d'Impositions vom 30. April 1821, British and Foreign State Papers, Bd. VIII, S. 599 f. Das Gesetz trat am 26. August 1822 in Kraft, Staatsblad 1822, Nr. 36, *Nau:* Beitraege zur Kenntniss und Beförderung des Handels und der Schiffahrt, Bd. 3, Heft IV, S. 61 ff.

[14] *Wellington:* Despatches, Correspondence, and Memoranda, Bd. 1, S. 420 ff.

[15] *Wellington:* Despatches, Correspondence, and Memoranda, Bd. 1, S. 424 ff.

[16] *Wellington:* Despatches, Correspondence, and Memoranda, Bd. 1, S. 422 ff.

[17] *Nichols:* The European Pentarchy and the Congress of Verona, 1822, S. 260.

[18] *Wellington:* Despatches, Correspondence, and Memoranda, Bd. 1, S. 284 ff. *Phillips:* Great Britain and the Continental Alliance 1816—1822, S. 44.

am 14. September 1822[19] an Wellington übersandt worden. Auch in den ergänzenden Weisungen des neuen britischen Außenministers George Canning vom 27. September 1822[20] findet sich hierüber noch nichts. Erst mit Schreiben vom 25. Oktober 1822[21] wurde Wellington von Canning gebeten, in der Frage der Schiffahrtsfreiheit auf dem Rhein mit Preußen und Frankreich in ihrer Eigenschaft als Anliegerstaaten des Rheins Kontakt aufzunehmen und das weitere Vorgehen abzustimmen mit dem Ziel, dem Vertrag von Wien Geltung zu verschaffen und zukünftigen Verletzungen vorzubeugen. Dieser Instruktion lag die Kopie der oben erwähnten Depesche Clancartys zusammen mit der Liste der durch die neuen holländischen Maßnahmen betroffenen Waren bei.

Laut Schreiben an den britischen Außenminister vom 12. November 1822[22] besprach Wellington mit dem preußischen Außenminister Bernstorff und dem französischen Außenminister Montmorency die Angelegenheit. Beide hielten, wenn auch aus unterschiedlichen Gründen, das niederländische Vorgehen für eine Verletzung der Wiener Schlußakte. Während Preußen an dem zwangsweisen Halt zur Erhebung der Seezölle in Rotterdam und anderen Seehäfen für ausländische Schiffe, die ihren Weg vom Fluß in das Meer oder umgekehrt nehmen wollten, Anstoß nahm, den Uferstaaten aber das Recht zur Erhebung von Transitabgaben zugestand, erklärte Frankreich nur die Erhebung von Durchfuhrabgaben als unvereinbar mit den Bestimmungen der Wiener Schlußakte. Obwohl das in Art. 32 des Anhangs vorgesehene Reglement für den Rhein noch nicht zustandegekommen war und deshalb die Vereinbarung über den Octroi vom 15. August 1804 noch Gültigkeit besaß, wonach die Erhebung von Abgaben gestattet war, kam Wellington im Gegensatz zu Castlereagh und Clancarty — wie auch dem russischen Außenminister — zu dem Ergebnis, daß Zweifel an der Rechtmäßigkeit der Erhebung von Transitabgaben auf Grund der Vereinbarungen der Wiener Schlußakte berechtigt seien[23]. Doch teilte er seiner Regierung die Befürchtung mit, daß vor dem Abschluß einer Ordnung für den

[19] *Wellington:* Despatches, Correspondence, and Memoranda, Bd. 1, S. 284. PRO FO 92/48, S. 1 ff.

[20] *Wellington:* Despatches, Correspondence, and Memoranda, Bd. 2, S. 369 ff. Auf diese Fragen geht *Stapleton:* The political Life of the right honourable George Canning, from his acceptance of the seals of the Foreign Department, in September, 1822, to the period of his death, in August, 1827, und: George Canning and his time, ebenso wie die neueren Darstellungen von *Temperley:* The Life of Canning und: The Foreign Policy of Canning 1822—1827[2] sowie *Dixon:* Canning und *Hinde:* George Canning nicht ein.

[21] PRO FO 92/48, S. 150 ff. *Wellington:* Despatches, Correspondence, and Memoranda, Bd. 1, S. 419.

[22] PRO FO 92/50, S. 55 ff. *Wellington:* Despatches, Correspondence, and Memoranda, Bd. 1, Nr. 204, S. 529 f.

[23] Wellington: Despatches, Correspondence, and Memoranda, Bd. 1, Nr. 204, S. 530.

Rhein eine befriedigende Lösung wohl nicht durchzusetzen sei. In Anbetracht der Vorteile, die der französische Handel durch das niederländische Vorgehen erfuhr, hatte die französische Regierung wenig Interesse, sich an einem gemeinsamen Vorgehen zu beteiligen. Der britische Vorwurf, daß die Niederlande die Wiener Schlußakte verletzten, wurde denn auch von französischer Seite als ein Beweis dafür angesehen, daß Großbritannien bei der Verfolgung seiner wirtschaftlichen Interessen bereit sei, jedes ideelle Opfer zu bringen und alle anderen Gesichtspunkte außer Betracht zu lassen[24]. Wellington gelang es zwar, neben Preußen auch Frankreich für eine gemeinsame Demarche grundsätzlich zu gewinnen. Auf der Sitzung am 27. November 1822[25] fand sein Vorschlag[26], die Botschafter der fünf Mächte in Brüssel zu beauftragen, Verhandlungen mit der niederländischen Regierung aufzunehmen mit dem Ziel, die Einhaltung der Wiener Vertragsbestimmungen zu gewährleisten, aber lediglich die Zustimmung Österreichs, Preußens und Rußlands. Der französische Bevollmächtigte nahm ihn ad referendum, so daß auf dem Kongreß selbst kein weiterer offizieller Schritt unternommen werden konnte[27].

Damit war der Handlungsspielraum der britischen Regierung ausgeschöpft, denn auf Grund der Bestimmungen des Art. V des ersten Pariser Friedens war die endgültige Regelung des internationalen Rheinregimes in die Kompetenz der Uferstaaten gelegt. Da die Wiener Schlußakte kein Garantierecht begründete, das in dieser Situation den Rechtfertigungsgrund für ein direktes Eingreifen hätte bilden können, und aus der Unterzeichnung der Schlußakte keine Berechtigung abgeleitet werden konnte, über die Einhaltung der schiffahrtsrechtlichen Bestimmungen zu wachen[28], war Großbritannien von jeder unmittelbaren

---

[24] *Chateaubriand:* Congrès de Vérone, S. 86. *Boislecomte:* Résumé historique des Congrès de: Troppau, Laybach, et Vérone, S. 411.

[25] *Wellington:* Despatches, Correspondence, and Memoranda, Bd. 1, Nr. 241, S. 615. *Boislecomte:* Résumé historique des Congrès de: Troppau, Laybach, et Vérone, S. 337 ff. — Text des Beschlusses: *Op den Hooff:* Bemerkungen gegen die Deutsche Schrift über die Handelsschiffahrt auf dem Rheinstrome, besonders in Beziehung auf das Königreich der Niederlande, S. 127 f. Anm. 42.

[26] Memorandum of the navigation of the Rhine, *Wellington:* Despatches, Correspondence, and Memoranda, Bd. 1, Nr. 181, S. 385 f. *Boislecomte:* Résumé historique des Congrès de: Troppau, Laybach, et Vérone, S. 338, *Op den Hooff:* Bemerkungen gegen die Deutsche Schrift über die Handelsschiffahrt auf dem Rheinstrome, besonders in Beziehung auf das Königreich der Niederlande, S. 126 f. Anm. 42.

[27] *Boislecomte:* Résumé historique des Congrès de: Troppau, Laybach, et Vérone, S. 339. *Nichols:* The European Pentarchy and the Congress of Verona, 1822, S. 260 f.

[28] Großbritannien selbst begründete — wie das Schreiben Cannings an Wellington vom 25. Oktober 1822 (vgl. Anm. 21) zeigt — sein Vorgehen mit seiner Eigenschaft als Signatar der Wiener Schlußakte. Aus dem gleichen Grunde will auch *Martin:* Frankreichs Rechte aus der revidierten Rhein-

Einflußnahme auf den Gang der Verhandlungen ausgeschaltet und hatte an der weiteren Ausgestaltung der internationalen Ordnung für den Rhein, der Mainzer Akte vom 31. März 1831[29], keinen unmittelbaren Anteil.

Dieser Sachverhalt fügte sich insofern in das Konzept der britischen Regierung, als schon Castlereagh mit seinem vertraulichen Memorandum vom 5. Mai 1820[30] eine Änderung der britischen Außenpolitik gegenüber den Angelegenheiten des europäischen Festlandes und der von ihm selbst ins Leben gerufenen Kongreßdiplomatie eingeleitet hatte. Sie wurde von seinem Nachfolger im Außenamt, Canning, konsequent aufgegriffen und führte zur Loslösung Großbritanniens aus den Bündnisverpflichtungen des Art. VI des Quadrupelallianzvertrages vom 20. November 1815[31] und dessen Erweiterung, dem geheimen Protokoll vom 15. November 1818[32]. Diese Änderung der britischen Außenpolitik kommt klar zum Ausdruck in der Erklärung Wellingtons kurz vor seiner Abreise aus Verona[33], wonach es die Absicht der britischen Regierung sei, sich so lange nicht in die inneren Angelegenheiten eines unabhängigen Staates einmischen zu wollen, als nicht die Interessen eines britischen Bürgers beeinträchtigt würden. Gerade eine solche Beeinträchtigung wurde aber, auch nach Ansicht des Vertreters der französischen Krone[34], durch die niederländische Zoll- und Handels-

---

schiffahrtsakte vom 17. Oktober 1868 nach der Abtretung Elsaß-Lothringens an das Deutsche Reich, S. 37, den Signatarmächten der Wiener Schlußakte „ein Kontroll- oder Aufsichtsrecht in den Angelegenheiten der Rheinschiffahrt" einräumen, insoweit es sich um die Auslegung und Einhaltung der Bestimmungen der Wiener Schlußakte handelt.

[29] *De Martens:* Nouveau Recueil de Traités, Bd. 9, Nr. 44, S. 252 ff.

[30] Lord Castlereagh's Confidential State Paper of May 5th, 1820, Appendix A in Ward / Gooch, The Cambridge History of British Foreign Policy, Bd. 2, 1815—1866, S. 622 ff. *Temperley:* The Foreign Policy of Canning, S. 51 ff. *Temperley:* The Foreign Policy of Canning 1822—1827² S. 14 f. *Stapleton:* The political Life of the right honourable George Canning, S. 299 f. *Stapleton:* Some official Correspondence of George Canning, Bd. 1, S. 5. *Hinde:* George Canning, S. 322 ff. *Berber:* Prinzipien der britischen Außenpolitik, S. 23.

[31] British and Foreign State Papers, Bd. 3, S. 273 ff. *De Martens:* Nouveau Recueil de Traités, Bd. 2, S. 734 f. *De Martens:* Recueil manuel et pratique de Traités, Conventions et autres Acts diplomatiques, Bd. 3, S. 240 ff. *Webster:* The Pacification of Europe, S. 517.

[32] Protocole et déclaration concernant l'union intime de cinq puissances, Congrès l'Aix-la-Chapelle, *De Martens:* Nouveau Recueil de Traités, Bd. IV, S. 554 f.

[33] The Duke of Wellington's minute upon the proposal of dispatches to the allied Ministers at Madrid being communicated to him, Nr. 6, Verona 20 November 1822, in the Duke of Wellington's Nr. 29 vom 22. November 1822, PRO FO 92/50, S. 185 f., British and Foreign State Papers, Bd. 10, S. 11. *Boislecomte:* Résumé historique des Congrès de: Troppau, Laybach, et Vérone, S. 306. *Chauteaubriand:* Congrès de Vérone, S. 85.

[34] *Chateaubriand:* Congrès de Vérone, S. 86.

politik bewirkt; doch wollte Großbritannien, nachdem die Überlegung, selbst wieder aktiv in den Gang der Verhandlungen einzugreifen, fallengelassen worden war, durch Einwirkung auf Preußen, dessen Interessen gleichgerichtet waren, die Beratungen beeinflussen[35]. Den britischen Bemühungen auf dem Kongreß von Verona war schließlich insofern ein Teilerfolg beschieden, als die niederländische Regierung nach langen Verhandlungen mit Preußen ihre bis dahin verfolgte Politik aufgab und auf die Erhebung von Durchfuhrabgaben an den Rheinmündungen verzichtete[36].

Auch am Abschluß der Revidierten Mannheimer Rheinschiffahrtsakte vom 17. Oktober 1868[37], die die Mainzer Akte von 1831 und ihre durch die Rheinzentralkommission vorgenommenen Abänderungen und Ergänzungen ablöste, war Großbritannien als Nichtuferstaat nicht beteiligt.

Diese neue Rheinschiffahrtsakte trug den durch Einigungskriege, Handelsverträge und Zollverein veränderten politischen Verhältnissen, dem freihändlerischen Liberalismus in der Wirtschaftspolitik sowie dem durch den Dampfantrieb bedingten technischen Fortschritt in der Schiffahrt und dem Konkurrenzunternehmen Eisenbahn Rechnung. Sie

---

[35] So verzichtete die britische Regierung im Verlauf der weiteren Verhandlungen ausdrücklich auf eine unmittelbare Intervention und überließ Preußen bewußt allein die Verhandlungen, jedoch in engem Kontakt mit ihm, um das weitere Vorgehen abzustimmen. Diese Politik kommt z. B. klar zum Ausdruck in dem Schreiben Wellingtons an den Earl of Aberdeen vom 30. August 1828: „It is very important to us not to lose this question of the Rhine; but it is still more important that this battle should be fought by Prussia rather than by ourselves." *Wellington:* Despatches, Correspondence, and Memoranda, Bd. 4, Nr. 1025, S. 681. Vgl. auch den Bericht des Right Hon. Charles Grant to Field Marshal the Duke of Wellington vom 17. April 1828 über eine Unterredung mit dem preußischen Gesandten, Baron von Bülow, über den Stand der Verhandlungen in Mainz und die Notwendigkeit einer britischen Einflußnahme. *Wellington:* Despatches, Correspondence, and Memoranda, Bd. 4, S. 347 ff., Wellingtons Anweisung über das weitere Vorgehen in Zusammenarbeit mit der preußischen Regierung, Nr. 856, S. 349 ff., das Schreiben Wellingtons an den Earl of Aberdeen vom 28. August 1828, Nr. 999, S. 639 ff., die Antwort Aberdeens vom 28. August 1828, S. 677 f., das Schreiben Wellingtons vom 29. August 1828, Nr. 1023, S. 678 f. sowie ein Schreiben des niederländischen Bevollmächtigten bei den Verhandlungen über die Abtrennung Belgiens von den Niederlanden in London, Baron Hugo van Zuylen van Nyevelt, an den Herzog von Wellington mit Auszügen aus dem 512. Protokoll der Rheinzentralkommission in Mainz vom 30. März 1831, Wellington: Despatches, Correspondence, and Memoranda, Bd. 8, S. 188 ff. Vgl. auch Hoyt: The unanimity rule in the revision of treaties, S. 118.

[36] Königlicher niederländischer Beschluß vom 10. September 1826 betr. die Rheinschiffahrt, Staatsblad 1826, Nr. 61, Rheinurkunden, Bd. 1, Nr. 70, S. 187 ff. und Königlicher niederländischer Beschluß vom 1. März 1827 betr. die Feststellung vorläufiger Bestimmungen für die Schiffahrt auf dem niederländischen Rhein, Staatsblad 1827, Nr. 9, Rheinurkunden, Bd. 1, Nr. 73, S. 193.

[37] *De Martens:* Nouveau Recueil Général de Traités, Bd. 20, Nr. 62, S. 355 ff.

behielt die grundlegenden Prinzipien der alten Akte bei, bedeutete aber eine wesentliche Vereinfachung gegenüber der früheren Regelung, da alle in den Bereich des Zivilrechts fallenden Bestimmungen als nicht regelungsbedürftig in Fortfall gerieten und die polizeilichen Vorschriften, soweit sie überhaupt beibehalten wurden, in eine gesonderte Schiffahrts-Polizeiordnung übernommen wurden[38].

Das neue Abkommen war weit davon entfernt, der von Großbritannien verfochtenen Idee einer allgemeinen Schiffahrtsfreiheit auf dem Rhein Geltung zu verschaffen[39]. Es erklärte zwar die Schiffahrt frei für die Flaggen aller Nationen; diese Regelung galt jedoch nur für die zur Rheinschiffahrt gehörenden Schiffe, die allein berechtigt waren, die Flagge eines der Uferstaaten zu führen und die sich durch eine hierüber ausgestellte Urkunde ausweisen konnten. Diesen Schiffen war es erlaubt, auf einem beliebigen Weg niederländisches Gebiet von und zum Meer und von und nach Belgien zu befahren, und sie erfuhren ebenso wie ihre Ladungen Inländergleichbehandlung. Anderen Schiffen war es nur gestattet, den Rhein zu befahren, wenn sie sich eines Schiffsführers bedienten, der im Besitz eines Rheinschifferpatents war. Die Ausstellung dieses Patents war an einen besonderen Befähigungsnachweis gebunden und wurde in dem Uferstaat vorgenommen, in dem der Betreffende seinen Wohnsitz hatte. Damit waren die Angehörigen von Nichtuferstaaten vom Befahren des Rheins praktisch ausgeschlossen.

Die Mannheimer Akte sah die Aufhebung aller Abgaben, die sich allein auf die Tatsache der Beschiffung gründeten, und aller Stapel- und Umschlagrechte vor. Der Transit von Waren wurde bei Beachtung der Vorschriften über den Zollverschluß gestattet, die Erhebung von besonderen Transitabgaben jedoch verboten. In den Uferstaaten wurden für den Transit Freihäfen ausgewiesen. Für auf dem Wasserwege ein- und ausgehende Waren war die Erhebung höherer Zölle als auf dem Lande nicht erlaubt. Alle auf dem Landwege oder anderen Wasserstraßen künftig eingeführten Erleichterungen sollten auch für den Rhein als zugestanden gelten. Die Uferstaaten verpflichteten sich, das Fahrwasser des Rheins und die vorhandenen Leinpfade in gutem Zu-

[38] Denkschrift der preußischen Regierung zur Revision der Mainzer Rheinschiffahrtsakte von 1831, C. C. R., Révision de l'Acte de Navigation du Rhin de 1831 (Septembre 1867—Octobre 1868), Schriftstück Nr. 3, S. 19 ff.

[39] Vgl. die Erklärung des britischen Botschafters, Lord Cowley, auf der internationalen Konferenz über die Donaufürstentümer in Paris vom 16. August 1858 hinsichtlich der Mainzer Akte von 1831. *De Martens:* Nouveau Recueil Général de Traités, Bd. 16, II, S. 48. Auf diese Erklärung bezog sich der britische Vertreter in der Rheinzentralkommission, Baldwin, anläßlich der Revisionsverhandlungen am 5. Mai 1924 und schloß die Mannheimer Rheinschiffahrtsakte ausdrücklich in diese Kritik mit ein. C. C. R., 1924-I-R, S. 5.

stand zu halten sowie für Häfen und Hafeneinrichtungen Sorge zu tragen. Die Aufteilung des Rheins in vier Aufsichtsbezirke wurde beibehalten. Sie unterstanden jeweils einem Aufseher, der der Rheinzentralkommission zu Rechenschaft verpflichtet war. Die früheren Rheinzollgerichte wurden nach dem Wegfall der Schiffahrtsabgaben in Rheinschiffahrtsgerichte umgewandelt und ihre Kompetenz in Zivil- und Strafsachen neu festgesetzt. Die aus den Bevollmächtigten der Uferstaaten gebildete Zentralkommission für die Rheinschiffahrt wurde durch den neuen Vertrag bestätigt. Ihre Kompetenz als Hüterin des Vertrages, als Aufsichtsorgan und als Appellationsgericht wurde neu geregelt. Ebenso wurde neu festgelegt, unter welchen Modalitäten und mit welchen Auswirkungen auf die Uferstaaten die Zentralkommission Beschluß fasse.

Die Mannheimer Rheinschiffahrstakte blieb — von dem Ausscheiden Frankreichs durch die Abtretung Elsaß-Lothringens 1871 aus der Rheinzentralkommission[40] und geringfügigen Ergänzungen durch die Uferstaaten abgesehen — bis zum Ende des Ersten Weltkrieges unverändert in Kraft. Erst mit den Abänderungen durch den Vertrag von Versailles sollte auch die schon auf dem Wiener Kongreß erhobene Forderung Großbritanniens nach einer umfassenden allgemeinen Schiffahrtsfreiheit auf dem Rhein[41] ihre Erfüllung finden.

---

[40] *Martin:* Frankreichs Rechte aus der revidierten Rheinschiffahrtsakte vom 17. Oktober 1868 nach der Abtretung Elsaß-Lothringens an das Deutsche Reich.

[41] *Klüber:* Acten des Wiener Congresses, Bd. 3, S. 21 f. und S. 170 ff.

Drittes Kapitel

Die Rechtsstellung Großbritanniens zum internationalen Rheinregime nach dem Friedensvertrag von Versailles

Rund einhundert Jahre nach der ersten grundlegenden gesamteuropäischen programmatischen Ausgestaltung durch den Wiener Kongreß erfuhr das internationale Rheinregime im Vertrag von Versailles eine bedeutsame Umgestaltung.

Waren die großen europäischen Ströme zu Beginn des 19. Jahrhunderts neben den Straßen die einzigen großen kontinentalen Transportwege gewesen, so war ihre Rolle für die Volkswirtschaften nicht nur der Anliegerstaaten am Anfang des 20. Jahrhunderts trotz des Ausbaus des Straßennetzes und des Wettbewerbs der Eisenbahnen nach wie vor erheblich. Besonders für die sogenannten Nachfolgestaaten, die aus den umfassenderen Volkswirtschaften der Mittelmächte herausgelöst werden sollten und deren Verkehrssysteme erst an die in ihrer Richtung und Intensität sich ändernden Warenströme angepaßt werden mußten, war die unbehinderte Nutzung der kontinentalen Wasserwege, durch die ihnen zum Teil erst der Zugang zum offenen Meer eröffnet wurde, eine wirtschaftliche Notwendigkeit[1]. Die vorbereitende Friedenskonferenz schenkte deshalb den Verkehrsfragen auch besondere Beachtung. Aufgabe der Konferenz war es, auf dem Verkehrssektor „eine vollständige und systematische Internationalisierung von Wasserläufen und Eisenbahnlinien herbeizuführen, die zur Befreiung des wirtschaftlichen Lebens nicht nur einer Nation und zur Räumung vieler normaler Handelswege von ungerechten Einschränkungen durch Gesetze und Privilegien notwendig war“[2].

Das Ziel der britischen Außenpolitik am Ende der Feindseligkeiten war nach dem Willen des Leiters der britischen Delegation bei der vorbereitenden Friedenskonferenz, Premierminister Lloyd George, der Abschluß eines Friedensvertrages, der entgegen den Erwartungen der britischen Öffentlichkeit einen Ausgleich zwischen Großbritannien

---

[1] *Temperley:* A History of the Peace Conference of Paris, Bd. 2, The Settlement with Germany[2], S. 93 f. *Recker:* England und der Donauraum 1919—1929, S. 93.

[2] Woodrow Wilson in seinem Plädoyer für die Annahme des Versailler Vertrages vor dem Senat am 10. Juli 1919, Congressional Record, 66th Congress, 1st Session, S. 6425 f. zitiert nach *Czernin:* Die Friedensstifter, S. 352.

und Deutschland herbeiführen sollte. Im Rahmen der historisch und geographisch bedingten Europapolitik wollte Großbritannien ein kontinentales Gleichgewicht wieder herstellen und die Unabhängigkeit der Niederlande sowie seine Herrschaft über Kanal und Nordsee festigen[3]. Der Förderung, die das vom Völkerbund geplante System der kollektiven Sicherheit durch Großbritannien erfuhr, entsprach der Wunsch, sich — unter Beibehaltung der traditionellen kommerziellen Bindungen — politisch und militärisch vom europäischen Kontinent zurückzuziehen. Ein dauerhafter Friede in Europa hing aber wesentlich von einer wirtschaftlichen Gesundung des Kontinents ab. Sie trat deshalb in den Vordergrund der britischen Europapolitik, zumal die Bedeutung eines funktionsfähigen europäischen Marktes für die Prosperität der britischen Wirtschaft durch die Schwierigkeiten der britischen Exportindustrie offenkundig wurde. Diese hatte durch die Belastungen des Krieges schwer gelitten, war durch den Verlust von Vorkriegsmärkten hart getroffen und durch die mangelnde Anpassungsbereitschaft an die dadurch bedingte veränderte Marktsituation in ihrer Konkurrenzfähigkeit stark eingeschränkt[4]. Über die Mittel, mit denen eine wirtschaftliche Gesundung und eine kommerzielle Veränderung zum Vorteil der britischen Wirtschaft erreicht werden könne, gingen die Meinungen innerhalb der britischen Delegation weit auseinander. Eine Gruppe wollte Deutschland als wirtschaftlichen Rivalen Großbritanniens möglichst ausschalten und glaubte, durch Reparationen und den Zugriff auf Rohstoffe, Kolonien, Kabel, Schiffe und dergleichen die Basis für die eigene wirtschaftliche Wiederherstellung legen zu können. Eine andere wollte durch verstärkte internationale Zusammenarbeit die Grundlagen für die Genesung und weitere Entfaltung der britischen Wirtschaft im Rahmen eines gesamteuropäischen Aufschwungs legen. Durch den freien Zugang zu den Weltmeeren, die Einrichtung von Freihäfen, die Beseitigung von wirtschaftlichen Hemmnissen und die Kontrolle von internationalen Flüssen und Eisenbahnlinien sollten die Voraussetzungen für eine unbehinderte Einfuhr britischer Waren und eine größere Aufnahmefähigkeit des europäischen Marktes geschaffen werden, der vor dem Kriege ein Drittel des britischen Exports und damit ebensoviel wie das Empire aufgenommen hatte[5]. In diesem Zusammenhang versprach sich die britische Delegation von einem wirtschaftlichen Aufschwung Deutschlands einen günstigen

---

[3] Memorandum des Foreign Office: Europe, *Nelson:* Land and Power, S. 94 ff.

[4] Memorandum by the Board of Trade on economic Considerations effecting the terms of Peace, *Nelson:* Land and Power, S. 109 f. *Glück:* Die britische Mitteleuropapolitik nach dem 1. Weltkrieg, S. 142 f. *Renouvin:* Le traité de Versailles, S. 20. *Wendt:* Economic Appeasement, S. 23 ff.

[5] *Baker:* Woodrow Wilson and World Settlement, Bd. 2, S. 280 ff. *Wendt:* Economic Appeasement, S. 32 ff.

Einfluß auf die Lösung der internen britischen wie auch der kontinentalen wirtschaftlichen Schwierigkeiten. Die Neugestaltung des Verhältnisses zu Deutschland war deshalb für die britische Politik auf der vorbereitenden Friedenskonferenz von ausschlaggebender Bedeutung[6].

Mit dieser Zielsetzung befand sich die britische Friedensstrategie aber im Gegensatz zur französischen Politik, die in erster Linie auf Sicherheit vor einem deutschen Angriff und deshalb auf die Entmachtung Deutschlands bedacht war[7]. Diese unterschiedlichen Zielvorstellungen fanden auch bei den Beratungen über die auf der Konferenz zu beschließenden Verkehrsfragen ihren Niederschlag.

Am 13. Januar 1919 — die britischen Bevollmächtigten waren am 11. Januar in Paris eingetroffen — ließ das Generalsekretariat der vorbereitenden Friedenskonferenz Vorschläge zirkulieren, die neben einem Ausschuß für internationale Eisenbahnfragen die Bildung einer Kommission für Schiffahrtsfragen vorsahen[8]. Am 24. Januar schlug die britische Delegation ihrerseits vor, einen interalliierten Ausschuß für Transit- und Transportfragen zu schaffen, der neben der Transitfreiheit, der Luftfahrt und den Eisenbahnstrecken von internationalem Interesse sich auch mit den internationalen Flüssen befassen sollte[9].

Der Unterbreitung dieses Vorschlages waren umfangreiche Beratungen innerhalb der britischen Delegation vorausgegangen[10]. Schon seit 1917 war ein besonderer Stab im Foreign Office zur organisatorischen und wissenschaftlichen Vorbereitung der Friedenskonferenz gebildet worden, der insbesondere in der Zeit zwischen dem Waffenstillstand und dem Beginn der vorbereitenden Friedenskonferenz über alle Fragen von Bedeutung Untersuchungen vorlegte[11]. Zu ihnen gehörte auch

---

[6] *Libal:* Aspekte der britischen Deutschlandpolitik 1919—1922, S. 10 f. *Glück:* Die britische Mitteleuropapolitik nach dem 1. Weltkrieg, S. 142 und 201. *Gruner:* „British Interest" in der Zwischenkriegszeit, S. 126. *Renouvin:* Le traité de Versailles, S. 20.

[7] *Keynes:* Die wirtschaftlichen Folgen des Friedensvertrages, S. 26. *Nelson:* Land and Power, S. 111 ff. *Libal:* Aspekte der britischen Deutschlandpolitik 1919—1922, S. 13 ff.

[8] Plan de prémières conversations entre les Ministres alliés à partir du 13 janvier 1919, Ziffer 3 Organisation des Commissions et Comités, 10. Navigation fluviale internationale (Rhin, Danube, Elbe, Escaut, Vistule), PRO FO 608/161, S. 214 ff. Vgl. auch *Temperley:* A History of the Peace Conference of Paris, Bd. 2, S. 94. Die Rheinschiffahrt war bereits laut einer Meldung vom 10. Dezember 1918 freigegeben und unter die Kontrolle einer in Köln eingetroffenen interalliierten Schiffahrtskommission gestellt worden. *Brunner:* Das Rheinschiffahrtsrecht nach Maßgabe der Staatsverträge, S. 51. *Feuerhahn:* Entwicklung und Abstieg der Kommissionen für die zentraleuropäischen Flüsse, S. 59 ff.

[9] *Temperley:* A History of the Peace Conference of Paris, Bd. 2, S. 94.

[10] PRO FO 608/72, S. 363 und 423.

eine Abhandlung über internationale Flüsse[12]. In dieser wurde die Entwicklung des kontinentalen Vertragssystems für internationale Flüsse auf der Grundlage von allgemeinen Grundsätzen und Rechtstheorien dargelegt, wie es sich in der Anwendung durch die Vertragsstaaten ausgebildet hatte. Das Ergebnis war in Standardbestimmungen des Flußschiffahrtsrechts zusammengefaßt, die die Anerkennung der gesamten zivilisierten Welt gefunden hatten. Nach Ankunft der britischen Delegation in Paris wurde dann eine Reihe von Entwürfen ausgearbeitet, die sich mit der Gleichheit der Handelsbeziehungen und der Transitfreiheit sowie den internationalen Flüssen befaßte[13], in die auch Überlegungen eingegangen waren, die der Board of Trade in einem Memorandum über „Economic Considerations affecting the Terms of Peace"[14] übermittelt hatte. Auf der zweiten Plenarsitzung der Friedenskonferenz am 25. Januar 1919 wurde die Berufung einer Kommission für Häfen, Wasserstraßen und Eisenbahnen beschlossen[15]. In diesem aus 19 Mitgliedern bestehenden Gremium war das britische Empire vertreten durch den Minister of Customs and Inland Revenue of Canada, Arthur L. Sifton, den Permanent Secretary to the Board of Trade, Hubert Llewellyn Smith, der gleichzeitig auch Leiter der British Economic Section war, und zeitweise, an der Stelle von Sifton, durch den Director of Railways, Light Railways and Roads im War Office, Brigadier-General H. D. Mance[16].

Schon bei der Erörterung der durch den Ausschuß anzuwendenden Arbeitsmethoden auf den beiden ersten Sitzungen der Kommission am 3. und 10. Februar 1919 zeichnete sich die unterschiedliche Zielsetzung

---

[11] *Hardinge:* Old Diplomacy, The Reminiscences of Lord Hardinge of Penthurst, S. 215 ff. *Lloyd George:* The Truth about the Peace Treaties, Bd. 1, S. 211 f. *Marston:* The Peace Conference of 1919, S. 228 ff. *Nelson:* Land and Power, S. 91 ff. *Sandberger:* Die englische Politik bei den Pariser Friedensverhandlungen 1919, S. 11, *Temperley:* A History of the Peace Conference of Paris, Bd. 1², S. 240 f.

[12] International Rivers, PRO FO 373/7, S. 128 ff.

[13] Convention relating to Equality of Trade Conditions and Freedom of Transit and Draft Convention relating to International Rivers presented by the British Delegation, PRO FO 608/72, S. 422.

[14] Vgl. das Begleitschreiben des Leiters der Economic Section, H. Llewellyn Smith zum Draft Economic Convention vom 20. Januar 1919, PRO FO 608/72, S. 535 f.

[15] PRO FO 608/72, S. 349. Papers relating the Relations of the United States, The Paris Peace Conference 1919, Bd. 3, S. 203. *Miller:* The international regime of ports, waterways and railways, S. 669 ff. *Hankey:* The Supreme Control at the Paris Peace Conference 1919, S. 43.

[16] *Temperley:* A History of the Peace Conference of Paris, Bd. 2, S. 95. Conférence de la Paix 1919—1920, Recueil des Actes de la Conférence, Partie IV, Commissions de la Conférence (Procès-Verbaux, Rapports et Documents) B Questions Générales (5) Commission du Régime international des Ports, Voies d'eau et Voies ferrées, S. 2.

der französischen und der britischen Delegation klar ab[17]. Frankreich war daran interessiert, die Bedingungen zu fixieren, die es den Feindmächten, insbesondere Deutschland, in einem Friedensvertrag aufzuzwingen gedachte, und daher drängte es zu konkreten Verhandlungen über die von der Plenarsitzung bei der Benennung der Kommission programmatisch niedergelegten drei Verhandlungsgegenstände: die internationalen Regime von Wasserstraßen, Häfen und Eisenbahnlinien[18]. Demgegenüber richtete die britische Delegation im Hinblick auf die britischen Wirtschaftsinteressen ihr Augenmerk auf die Annahme eines weltweiten Vertrages über eine allgemeine Transitfreiheit[19]. Ihr Vertragsentwurf sah vor, daß die Vertragschließenden sich verpflichteten, die Transitfreiheit nur aus sanitären Gründen einzuschränken, wobei die Diskriminierung von Angehörigen oder Waren anderer Staaten gegenüber denjenigen des eigenen Staates nicht gestattet war. Ferner sollte der Transit durch Abgaben zum Bau von Verkehrswegen, ihrer Unterhaltung oder Verbesserung nur in dem Maße belastet werden können wie der Inlandsverkehr und jede Andersbehandlung auf Grund der Nationalität ausgeschlossen sein. Streitigkeiten sollten durch ein internationales Schiedsgericht entschieden werden, für dessen Einberufung und Verfahren die Modalitäten in einem Anhang zum Vertrag niedergelegt waren[20].

Dieser britische Vertragsentwurf wurde in einer Note Frankreichs mit dem Hinweis abgelehnt, daß die Aufstellung allgemeiner Prinzipien, die die verschiedenen Verkehrsträger leiten und den Transport in der zukünftigen Völkerbundsgemeinschaft regeln sollten, die Kompetenz des Ausschusses überschreite[21]. Auch fehlte nach französischer Vorstellung eine Andersbehandlung der Feindmächte[22]. Erstmals wurde hier auch die Forderung erhoben, den Staaten, die keinen unmittelbaren Zugang zum Meer besitzen, nicht nur das Recht auf freie

---

[17] *Lapradelle:* La Documentation Internationale: La Paix de Versailles, Bd. 6, Régime des Ports, Voies d'Eau et Voies Ferrées, S. 9 ff. und S. 16 ff.

[18] *Lapradelle:* La Paix de Versailles, Bd. 6, S. 11.

[19] Projet de Convention établissant la Liberté du Transit Terreste (inland transit) présenté par la Délégation Britannique Annex II au Proces-Verbales Nr. 2 der Sitzung vom 10. Februar 1919, Conférence de la Paix 1919—1920, Recueil des Actes de la Conférence, IV, B, (5), S. 27 f. PRO FO 608/72, S. 373 f. und 492 f.

[20] Annex au Projet de Convention: Constitution d'un Tribunal destiné à connaître des Plaintes, Conférence de la Paix 1919—1920, Recueil des Actes de la Conférence, IV, B, (5), S. 28 f. PRO FO 608/72, S. 373.

[21] Proposition de la Délégation française relative au Projet de Convention soumis par la Délégation britannique, Annex III au Proces-Verbales Nr. 2 der Sitzung vom 10. Februar 1919, Conférence de la Paix 1919—1920, Recueil des Actes de la Conférence, IV, B, (5), S. 30. PRO FO 608/72, S. 374 und 493.

[22] *Lapradelle:* La Paix de Versailles, Bd. 6, S. 21. *Baker:* Woodrow Wilson and World Settlement, Bd. 2, S. 432 f.

Durchfahrt, sondern darüber hinaus eine unmittelbare Einflußnahme auf die Nutzung internationaler Verkehrswege einzuräumen[23]. Unter Hinweis auf den historischen Erfahrungsschatz bei der Ausgestaltung des internationalen Regimes für Wasserläufe schlug die französische Delegation vor, zunächst mit der Konzipierung von Klauseln für ein internationales Wasserstraßenregime zu beginnen. Ihr Entwurf sah vor, daß alle Flüsse, die für international erklärt werden sollten, den Fluß- wie Seeschiffen aller Provenienz völlig gleichberechtigt zu Gunsten des Handels geöffnet sein sollten. Durch Verträge, an denen sich alle interessierten Staaten beteiligen könnten, sollte diese Schifffahrtsfreiheit garantiert werden. Eine Kommission aus den Delegierten der interessierten Staaten sollte Regeln für die Schiffahrt und die Flußpolizei ausarbeiten und die Schiffbarkeit sicherstellen. Sie sollte berechtigt sein, Gebühren unter Wahrung der Gleichbehandlung aller Nationen zu erheben. Die Ahndung von Vergehen gegen das Schiffahrtsstatut und Anordnungen der Schiffahrtspolizei war durch Gerichte der Uferstaaten vorgesehen, wobei die Schiffahrtskommission als Obergericht fungieren sollte[24].

Da sich die Kommission über das weitere Vorgehen nicht verständigen konnte, wurden schließlich zwei Unterausschüsse gebildet, von denen der eine die allgemeinen Prinzipien der Transitfreiheit behandeln, der andere sich mit der Ausarbeitung von allgemeinen Grundsätzen internationaler Regime für Wasserstraßen, Häfen und Eisenbahnen befassen sollte[25].

Beide Unterausschüsse haben in der Zeit vom 13. Februar bis zum 6. März 1919 je sechs Sitzungen abgehalten, in denen sie die ihnen übertragenen Aufgaben behandelten[26]. Die von Großbritannien vorgesehene universale Anwendung des Prinzips der Transitfreiheit erfuhr hierbei derartige Einschränkungen, daß Großbritannien im Einvernehmen mit den USA auf der vorletzten Sitzung des Unterausschusses die Einfügung einer Klausel anregte, die die Einberufung eines Kongresses vorsah, der innerhalb eines Jahres nach Unterzeichnung des Friedensvertrages die Frage der allgemeinen Anwendung der Transitfreiheit

---

[23] *Lapradelle:* La Paix de Versailles, Bd. 6, S. 24.

[24] Clause relative au Régime International des Fleuves internationaux, Proposition de la Délégation française relative au Projet de Convention soumis par la Délégation britannique, Conférence de la Paix 1919—1920, Recueil des Actes de la Conférence, IV, B, (5), S. 30 f.

[25] Protokoll der Sitzung vom 10. Februar 1919, Conférence de la Paix 1919—1920, Recueil des Actes de la Conférence, IV, B, (5), S. 13 ff. *Lapradelle:* La Paix de Versailles, Bd. 6, S. 20 ff. PRO FO 608/72, S. 509 f.

[26] B Procès-Verbaux et Rapports des Sous-Commissions, Conférence de la Paix 1919—1920, Recueil des Actes de la Conférence, IV, B, (5), S. 464—556. *Lapradelle:* La Paix de Versailles, Bd. 6, S. 71—111. PRO FO 608/72, S. 419—530.

erneut behandeln sollte[27] und Anlaß für die Verkehrskonferenz von Barcelona im Jahre 1921 war[28]. Bei der Behandlung des Vertragsentwurfs für internationale Wasserstraßen bildeten sowohl die von britischer Seite für die Aufnahme in das Abkommen vorgeschlagenen Grundsätze als auch der französische Vertragsentwurf die Grundlage der Verhandlungen im Unterausschuß. Der französische Entwurf[29] nahm Bezug auf die historische Entwicklung der Schiffahrtsfreiheit vom Pariser Frieden 1814, über die Wiener Schlußakte von 1815, den Berliner Kongreß von 1885 bis zum Vertragsentwurf des Instituts für Internationales Recht auf seiner Sitzung 1887 in Heidelberg. Er grenzte die Wasserläufe ab, auf die der Vertrag Anwendung finden sollte, postulierte die Freiheit der Schiffahrt, legte die Erhebung von Abgaben fest, bestimmte die Verwaltung durch eine Kommission und deren Aufgaben und Rechte sowie diejenigen der Schiffahrtspolizei und regelte den Zugang zu den Gerichten.

Der britische Vorschlag[30] enthielt neben einer Definition des internationalen Flusses eine Reihe von Grundsätzen, die auf jeden internationalen Wasserlauf Anwendung finden sollten:

— allgemeine gleichberechtigte Handelsfreiheit für die Vertragsstaaten
— Abgabenfreiheit und Verbot anderweitiger Belastungen der Schiffahrt, soweit sich deren Berechtigung allein aus der Schiffahrt ableitet
— Erlaubnis zu anderweitig begründeter Erhebung von Abgaben nur insoweit, als diese auf der Grundlage des Gewichtes der Ladung erfolgt und in einem angemessenen Verhältnis zu den Aufwendungen steht

[27] Convention sur la Liberté du Transit terrestre (Convention on Freedom of Inland Transit), Proposée par les Délégations américaine et britannique, Annex au Procès-Verbal Nr. 5 de la première Sous-Commission: Questions relative à la liberté du Transit, S. 504 ff. sowie Procès-Verbal Nr. 5 der Sitzung vom 3. März 1919, S. 501 ff., Conférence de la Paix 1919—1920, Recueil des Actes de la Conférence, IV, B, (5). Das Protokoll dieser Sitzung fehlt in *Lapradelle:* La Paix de Versailles, Bd. 6. PRO FO 608/73.

[28] *Furtner:* Die Organisation des Verkehrs im Völkerbund, insbesondere die Verkehrskonferenz von Barcelona 10. März bis 20. April 1921. *Dupuis:* Liberté des Voies de Communication, S. 245 und S. 248 ff. *Fortuin:* The Regime of navigable Waterways of international Concern and the Statute of Barcelona, S. 136 ff.

[29] Proposition de la Délégation française, Projet relative aux Fleuves internationaux, Annex II des Annexes au Procès-Verbales Nr. 1 de la deuxième Sous-Commission: Régime des Fleuves, Ports et Voies ferrées, Conférence de la Paix 1919—1920, Recueil des Actes de la Conférence, IV, B, (5), S. 521 ff.

[30] Projet de Convention relative aux Fleuves internationaux, présenté par la Délégation britannique, Annex I des Annexes au Procès-Verbales Nr. 1 de la deuxième Sous-Commission: Régime des Fleuves, Ports et Voies ferrées, Conférence de la Paix 1919—1920, Recueil des Actes de la Conférence, IV, B, (5), S. 518 ff.

— Abgaben- und Gebührenfreiheit für den Transit
— keine zeitliche Behinderung der Schiffahrt durch Maßnahmen zur Erhebung von Abgaben, Steuern, usw.
— Verpflichtung der Uferstaaten, alle Maßnahmen zu ergreifen, um eine sichere Schiffahrt zu gewährleisten
— Klagemöglichkeit jedes interessierten Staates bei Beeinträchtigung der Sicherheit der Schiffahrt
— Interessenabwägung zwischen Schiffahrt, Fischerei, Stromerzeugung und Bewässerung
— Bestellung der Richter und Ablauf des Verfahrens nach den im Anhang niedergelegten Modalitäten
— Verlust der aus diesem Abkommen erwachsenen Rechte im Falle der Nichterfüllung von auferlegten Schiedssprüchen
— Möglichkeit der Bildung einer internationalen Flußkommission als Vertretung der Uferstaaten zur Verwaltung, Instandhaltung und Verbesserung der Wasserstraßen auf Grund von Bestimmungen, die der Völkerbund erlassen soll
— Recht jedes Uferstaates zur Einschränkung der Schiffahrtsfreiheit im Falle eines Krieges, aus sanitären und veterinärpolizeilichen Gründen oder zur Wahrung der öffentlichen Sicherheit.

Um den Interessen der Siegermächte besser Rechnung tragen zu können, wurden während der Verhandlungen drei Gestaltungsmöglichkeiten für die Verwaltung der Flußregime erwogen:

— Beibehaltung der Souveränität eines jeden Uferstaates unter der Bedingung, daß er die Vertragsbestimmungen einhält
— Beibehaltung der Souveränität eines jeden Uferstaates, aber Ausübung der Verwaltung durch eine Flußkommission
(das Rheinregime nach der Mannheimer Rheinschiffahrtsakte)
— Abtretung eines Teils der Souveränität durch die Uferstaaten und Übertragung auf eine internationale Flußkommission, in die auch Nichtuferstaaten aufgenommen werden können
(das Rechtsregime der Europäischen Donaukommission)[31].

Die beiden von den Unterausschüssen erarbeiteten Vorlagen[32] wurden von dem Gesamtausschuß in seinen Sitzungen am 4. und 8. März

---

[31] Sitzung der Unterkommission vom 18. Februar 1919, Lapradelle: La Paix de Versailles, Bd. 6, S. 87. Sitzung der Kommission vom 4. März 1919, Conférence de la Paix 1919—1920, Recueil des Actes de la Conférence, IV, B, (5), S. 33 f. sowie Art. 9 des Projet relativ aux Fleuves internationaux, rédigé par le Comité de Rédaction de la deuxième Sous-Commission, S. 41. PRO FO 608/72, S. 422.

[32] Convention sur la Liberté du Transit terrestre (Rédigée war le Comité de Rédaction de la première Sous-Commission), Annex au Procès-Verbal

1919 geprüft, ohne von ihm noch einmal behandelt zu werden[33], da das Generalsekretariat die Ausschüsse zu einer beschleunigten Abgabe ihrer Vorschläge aufgefordert hatte, um sie in den vorläufigen Friedensvertrag einarbeiten zu können[34].

Für die Sitzung am 10. März 1919 legte die französische Delegation einen Entwurf für ein internationales Rheinregime vor, das Frankreich eine beherrschende Stellung gewährleisten sollte[35]. Er sah unter Bezugnahme auf die zuvor von den Unterausschüssen erarbeiteten Vereinbarungen über die Transitfreiheit und die internationalen Wasserläufe die Weitergeltung der Mannheimer Rheinschiffahrtsakte vom 17. Oktober 1868 vor, wobei Deutschland verpflichtet war, einer Reihe von Abänderungen, die im Vertrage niedergelegt oder innerhalb von fünf Jahren mit den Niederlanden als Signatar der Mannheimer Akte ausgehandelt werden sollten, schon jetzt endgültig zuzustimmen.

Der Entwurf sah ferner vor, daß die Zentralkommission, deren Sitz nach Straßburg zu verlegen war, so umgebildet wurde, daß Frankreich ständig den Präsidenten und ebenso viele Mitglieder wie die deutschen Uferstaaten stellen sollte.

Dazu sollte Deutschland ein Drittel seiner Rheinflotte, die am Waffenstillstandstage in deutschen Rheinhäfen außerhalb des Elsaß registriert war, abtreten. Dies sollte auch für ein Drittel der bei Kriegsausbruch im Hafen von Rotterdam gelegenen Einrichtungen gelten, wobei in beiden Fällen die Entschädigung privater Eigentümer durch das Deutsche Reich zu erfolgen hatte. Außerdem beanspruchte Frankreich die Wasserentnahme für den Rheinseitenkanal sowie die alleinige Nutzung des Wasserlaufs im Bereich der französischen Grenze für die Energieerzeugung. Um die genaue Durchführung dieser Bestimmungen zu gewährleisten, sollte Deutschland seinerseits auf den Bau eines

---

Nr. 4 vom 8. März 1919, S. 47 ff. und Projet relative aux Fleuves internationaux (Rédigée par le Comité de Rédaction de la deuxième Sous-Commission), Annex au Procès-Verbal Nr. 3 vom 4. März 1919, S. 39 ff., Conférence de la Paix 1919—1920, Recueil des Actes de la Conférence, IV, B, (5).

[33] Vgl. Anm. 1, S. 37 und Anm. 1, S. 45, Conférence de la Paix 1919—1920, Recueil des Actes de la Conférence, IV, B, (5). Lapradelle: La Paix de Versailles, Bd. 6, S. 70 f. und S. 92 ff. PRO FO 371/9924, S. 261 ff. und S. 292.

[34] Conférence de la Paix 1919—1920, Recueil des Actes de la Conférence, IV, B, (5), S. 491 und 531. *Marston:* The Peace Conference of 1919, S. 85 und 149.

[35] *Keynes:* Die wirtschaftlichen Folgen des Friedensvertrages, S. 88 f. *Baker:* Woodrow Wilson and World Settlement, Bd. 2, S. 438. *Headlam-Morley:* A Memoir of the Paris Peace Conference 1919, Note on the proposal for the control of the navigation of the Rhine made by the French Delegation vom 7. März 1919, S. 45 f. *Van Eysinga:* Die Zentralkommission für die Rheinschiffahrt, S. 109. *Gönnenwein:* Die Freiheit der Flußschiffahrt, S. 36. *Lederle:* Die Rechtsverhältnisse der internationalen Ströme auf Grund der Friedensverträge, S. 65 und 75.

Seitenkanals verzichten, für immer ein Servitut dulden, das Frankreich die Ausübung damit zusammenhängender Maßnahmen auf dem rechten Rheinufer gestattete, sowie alle bereits für diese Zwecke erstellten Unterlagen ausliefern und einräumen, daß bestehende Verträge zwischen Baden und dem Elsaß aufgekündigt werden könnten[36].

In einer Stellungnahme zu dem französischen Entwurf erhob Headlam-Morley von Seiten des Foreign Office am 7. März 1919 schwere Bedenken[37]. Sie galten dem Verfahren, in dem Frankreich beabsichtigte, die Mannheimer Rheinschiffahrtsakte durch Klauseln des Friedensvertrages zu ändern, ohne vorher die neutralen Niederlande zu konsultieren. Die vorherige Bindung Deutschlands an alle Abänderungen, die Frankreich innerhalb von fünf Jahren für wünschenswert hielt und die ihm praktisch eine vollständige und absolute Kontrolle über die gesamte Rheinschiffahrt einräumen würde, fand der britische Sachverständige auch dann nicht gerechtfertigt, wenn man sie vertraglich einem besiegten Staat auferlegen wolle. Er stellte fest, daß die Interessen der neutralen Schweiz überhaupt nicht berücksichtigt seien, und fürchtete, daß durch die Pläne Frankreichs zur Wasserentnahme die Schiffahrt zwischen Straßburg und Basel beeinträchtigt werden könne, wodurch auch britische Interessen in Mitleidenschaft gezogen würden. Es sei eindeutig, daß Frankreich die Gelegenheit nutze, um unter dem Deckmantel der Friedensbedingungen eine so vollständige Kontrolle der Schiffahrt durchzusetzen, daß es damit in Gegensatz zu Großbritannien gerate. Großbritannien habe kein Interesse daran, Deutschland den Anteil an der Rheinschiffahrt streitig zu machen, der ihm auf Grund seiner dominierenden Stellung als Uferstaat zustehe. Headlam-Morley kam zu dem Ergebnis, daß der französische Entwurf in der vorliegenden Fassung unmoralisch, als Diskussionsgrundlage abzulehnen und Frankreich zur Zurücknahme zu veranlassen sei. Ausdrücklich wies er darauf hin, daß eine Reihe von Bestimmungen — auch unter den gegebenen Umständen — Deutschland nicht auferlegt werden könnten, da sie seine Souveränität über sein eigenes Territorium einschränken würden und ein Friede unter diesen Umständen nicht von langer Dauer sein könne. Das einzige Ergebnis sei, daß dadurch ein beständiger und zunehmender Grund für Spannungen und politische Unruhe geschaffen werde.

In einem weiteren Memorandum vom 14. März 1919[38] wies Headlam-Morley auf einige von General Mance aufgeworfene Fragen hin, für

[36] Clauses à insérer dans le Traité de Paix, proposées par la Délégation française, Annex au Procès-Verbal Nr. 6 vom 10. März 1919, Conférence de la Paix 1919—1920, Recueil des Actes, IV, B, (5), S. 67 ff.

[37] Note on the proposal for the control of the navigation of the Rhine made by the French Delegation vom 7. März 1919, PRO FO 608/73, S. 101 f. *Headlam-Morley:* A Memoir of the Paris Peace Conference 1919, S. 45 f.

die dieser wegen ihres grundsätzlichen Charakters vor einer weiteren Behandlung im Ausschuß Weisungen zu erhalten wünschte. Es handelte sich dabei um die Frage,

— ob die britische Delegation darauf bestehe, daß Bestimmungen über die Freiheit des Transits und der Schiffahrt selbst dann in den Friedensvertrag aufgenommen werden sollten, wenn kein allgemeiner Vertrag zustandekomme, der diese Bestimmungen für die ganze Welt durchsetze,
— nach welchen Prinzipien verfahren werden solle bei den Bestimmungen, die — da sie keine Gegenseitigkeit beinhalteten — für Deutschland Strafcharakter hätten und die deshalb nur für eine bestimmte Zeit auferlegt werden könnten,
— ob der Wortlaut der Bestimmungen über die Transitfreiheit, die an verschiedenen Stellen Eingang in den Friedensvertrag finden sollen, nicht gleichlautend abgefaßt sein müßten. Zwar hätten die britischen Mitglieder im Ausschuß eine Klausel über Transitfreiheit vorgeschlagen, die Entscheidung über einen abgestimmten gleichen Wortlaut gehe aber über die Zuständigkeit der technischen Kommissionen hinaus und habe politischen Charakter.

Da seine Ausführungen nicht die erwartete Reaktion zeitigten, kam Headlam-Morley in einem weiteren Memorandum vom 28. März 1919[39], dem er die Bestimmungen beifügte, die in den Friedensvertrag mit Deutschland aufgenommen werden sollten, noch einmal auf die Angelegenheit zurück und betonte die Notwendigkeit einer besseren Möglichkeit zu Diskussion und Zusammenarbeit. Es schien ihm besonders wichtig, daß die britischen Vertreter in den technischen Ausschüssen mehr Hilfe in politischen Fragen erhielten als bisher. In dieser Auffassung wurde er insbesondere durch den französischen Vorschlag bestärkt, der seiner Meinung nach in seiner ganzen Anlage so verfehlt sei, daß er eigentlich als Grundlage für weitere Verhandlungen abgelehnt werden müsse. Zwar sei er zur Diskussionsgrundlage gewählt worden, General Mance sei es aber gelungen, bedeutende Abänderungen durchzusetzen. Das ganze Konzept weise grundsätzliche Fehler auf, weil Frankreich vor allem versuche, Klauseln und Bedingungen, die den Charakter einer Bestrafung Deutschlands trügen in einen dauerhaften, langfristigen Vertrag aufzunehmen. Sich an einer solchen Vereinbarung zu beteiligen, müsse Großbritannien ablehnen.

Hinsichtlich des Rheins sei vorab die Frage zu entscheiden, ob die neue Vereinbarung für diesen Fluß die Form einer Abänderung der

---

[38] PRO FO 608/72, S. 521 f. *Headlam-Morley:* A Memoir of the Paris Peace Conference 1919, S. 49 f.

[39] PRO FO 608/77, S. 235 ff. *Headlam-Morley:* A Memoir of the Paris Peace Conference 1919, S. 55 ff.

Mannheimer Akte erhalten solle oder ob man nicht diese aufkündigen und mit Zustimmung der Niederlande, und zu einem späteren Zeitpunkt auch der Schweiz, eine neue Rheinschiffahrtsakte schaffen solle. Der Abschluß einer neuen Akte verdiene zweifellos den Vorzug. Man müsse dann aber festlegen, was in den Friedensvertrag mit Deutschland aufzunehmen sei. Es sei zu entscheiden, ob dem Friedensvertrag eine allgemeine Vereinbarung über Wasserstraßen angefügt werden oder ob ihr Abschluß dem Völkerbund vorbehalten werden solle. Seiner Meinung nach sei es das beste, in einer Friedensordnung mit Deutschland nur den Grundsatz der Internationalisierung bestimmter Flüsse einschließlich des Rheins aufzunehmen, die dann den Regeln unterworfen werden sollten, die von dem zukünftigen Völkerbund vereinbart werden würden. Für den Rhein solle man außerdem die Bestimmung aufnehmen, daß Deutschland einer Aufkündigung der Mannheimer Rheinschiffahrtsakte zustimme. Außerdem solle man für den Rhein, vielleicht auch noch für gewisse andere Flüsse, Bestimmungen über die Bildung einer Kommission, die den Fluß zu kontrollieren habe, vorsehen[40].

Dem Gutachten war indessen nicht der Erfolg beschieden, den sich der Verfasser erhofft hatte. Nach Stellungnahme verschiedener Delegationsmitglieder sah die britische Delegationsleitung keine Veranlassung, eine Änderung der bisher verfolgten Verhandlungsweise vorzunehmen[41]. Hinsichtlich der Aufkündigung der Mannheimer Rheinschiffahrtsakte stellte General Mance zwar fest, daß sich eine Mehrheit für den Abschluß einer neuen Akte aussprechen würde, daß es aber zweiffellos von Vorteil sei, den bisherigen Vertrag fortbestehen zu lassen, da sonst ein Vakuum eintrete zwischen Fortfall der alten Akte und Abschluß eines neuen Rheinschiffahrtsvertrages[42].

Trotz der vom Foreign Office geltend gemachten Bedenken, forderten die britischen Ausschußmitglieder nicht die Zurücknahme des französischen Entwurfs, so daß dieser die Grundlage der weiteren Beratungen bildete. Gegen die Verlegung des Sitzes nach Straßburg und die Ernennung eines Franzosen zum Präsidenten wurden von britischer Seite keine Einwendungen erhoben, ebensowenig wie gegen die Wasserentnahme für den Rheinseitenkanal und für Energiezwecke[43]. Bei der Erörterung der weiteren Einzelheiten des französischen Entwurfs ver-

[40] Die endgültige Entscheidung über die Wiedereinsetzung einer Schiffahrtskommission für den Rhein wurde auf der Sitzung des Conseil des Quatres am 26. April 1919, 11 Uhr, getroffen. *Mantoux:* Les Délibérations du Conseil des Quatres (28 mars—28 juin 1919), Bd. 1, S. 384.

[41] PRO FO 608/77, S. 229.

[42] PRO FO 608/77, S. 233.

[43] Procès-Verbal Nr. 6 der Sitzung vom 10. März 1919, Conférence de la Paix 1919—1920, Recueil des Actes de la Conférence, IV, B, (5), S. 61 f.

suchte General Mance jedoch, eine Abänderung der Bestimmungen zu erreichen, die überzogen schienen und den britischen Interessen nicht entsprachen.

Der britische Versuch, die in den Artikeln drei bis neun des Entwurfs der allgemeinen Schiffahrtskonvention niedergelegten Grundsätze auch in die Bestimmungen des Friedensvertrages für den Rhein aufzunehmen, so wie es für die anderen deutschen Flüsse vorgesehen war, scheiterte am französischen Widerspruch. Frankreich erklärte sich lediglich bereit, die Bestimmungen der allgemeinen Schiffahrtsordnung, falls sie sechs Monate nach Unterzeichnung des Vertrages geltendes Recht sein sollten, durch Abänderung der Mannheimer Rheinschiffahrtsakte auch für den Rhein zur Anwendung zu bringen[44].

Auf britische Einflußnahme geht auch der Entwurf der Bestimmung zurück, wonach die in der Mannheimer Rheinschiffahrtsakte verankerte Schiffahrtsfreiheit nicht nur für die Uferstaaten, sondern für alle an der Rheinschiffahrt interessierten Staaten Geltung haben sollte. Zu diesem Zweck sollten die in den Art. 15—20 und Art. 26 der Mannheimer Akte und in Art. 4 des Schlußprotokolls vom 17. Oktober 1868 niedergelegten Vorschriften keine Anwendung finden, mit Ausnahme der durch die Rheinzentralkommission für Lotsen und Schiffahrtspolizei erlassenen Regeln[45].

Es war die Absicht der französischen Delegation, die Vorherrschaft Frankreichs in der Rheinzentralkommission sicherzustellen. Irrtümlicherweise ging sie davon aus, daß die Rheinzentralkommission — ähnlich wie die Europäische Donaukommission — „eine Art Oberbehörde für den Rhein" sei, so daß es ausreiche, diese unter französischen Einfluß zu bringen, um sie als „politisches Instrument" zu handhaben. Unter dieser Voraussetzung könne die Mannheimer Akte ruhig in Kraft bleiben[46]. Schon der erste französische Entwurf forderte deshalb, daß Frankreich neben dem Präsidenten die gleiche Anzahl Mitglieder wie die deutschen Bundesstaaten haben sollte, obwohl die französische Rheinstrecke nur 184 km, die deutsche aber 1 342 km betrug[47].

---

[44] Vgl. insbesondere die Vormittagssitzungen vom 13. und 15. März 1919, *Lapradelle:* La Paix de Versailles, Bd. 6, S. 137 ff. und 166 ff. Conférence de la Paix 1919—1920, Recueil des Actes de la Conférence, IV, B, (5), S. 70 ff. und 79 ff. PRO FO 608/73, S. 12 ff. und S. 29 ff.

[45] *Lapradelle:* La Paix de Versailles, Bd. 6, S. 138. Art. 3 der Clauses à insérer dans le Traité de Paix en ce qui concerne le Rhin, Projet présenté par le Secrétariat Général, après la deuxième lecture, Annex au Procès-Verbal Nr. 9 der Sitzung vom 15. März 1919, Conférence de la Paix 1919—1920, Recueil des Actes de la Conférence, IV, B, (5) S. 83.

[46] *Zaaijer:* Der „französische Rhein" in Bedrängnis, S. 18. *Zaaijer:* Der Entwurf einer neuen Rheinschiffahrts-Akte, S. 185, *Hennig:* Ist der Rhein ein internationaler Strom?, S. 149 f. *Van Eysinga:* Evolution du Droit Fluvial International du Congrès de Vienne au Traité de Versailles, 1818—1919, S. 21 ff.

Dem Leiter der britischen Delegation, Sifton, gelang es, der britischen Auffassung Geltung zu verschaffen, wonach zum Zwecke des Ausgleichs auch Vertreter der Nichtuferstaaten in die Kommission, die nach einem vom Völkerbund zu verabschiedenden Kontrollverfahren zu arbeiten habe, Aufnahme finden sollten[48]. Die unterschiedlichen Auffassungen der französischen und der britischen Delegation über die Anzahl der den Neutralen zu gewährenden Vertreter führte zu langwierigen Verhandlungen, die sogar drohten, ergebnislos abgebrochen zu werden. Erst die Ankündigung der britischen Delegation, bei der Anrufung des Zehnerausschusses neue Vorschläge vorzulegen, führte schließlich doch zu einer Einigung[49].

Frankreich verzichtete auf die von ihm zuletzt erhobene Forderung, daß die Zahl seiner Vertreter in der Kommission größer sein sollte als diejenige der deutschen Bundesstaaten und der beiden neutralen Länder Holland und Schweiz zusammen[50]. Auch Großbritannien gab seinen Anspruch auf, die gleiche Anzahl Vertreter wie jeder Uferstaat entsenden zu können. Bis dahin hatte die britische Regierung argumentiert, die Anzahl der Vertreter in der Kommission solle dem Gewicht des jeweiligen Staatsinteresses entsprechen, wenngleich auch dieses Gewicht schwer abzuwägen sei[51].

Der schließlich gefundene Kompromiß wies Frankreich neben dem Präsidenten die gleiche Stimmenzahl wie Deutschland zu, während die Nichtuferstaaten die gleiche Anzahl stimmberechtigter Mitglieder zugestanden bekamen wie die neutralen Uferstaaten[52]. Es gelang der

---

[47] I Ziffer 3 der Clauses à insérer dans le Traité de Paix, proposé par la Délégation française, Annex aus Procès-Verbal Nr. 6 vom 10. März 1919, Conférence de la Paix 1919—1920, Recueil des Actes de la Conférence, IV, B, (5), S. 67. *Vomhoff:* Die Revision der Mannheimer Rheinschiffahrtsakte, S. 37.

[48] Protocol of the 6. Meeting, PRO FO 608/73. Procès-Verbal Nr. 6, Séance du 10 Mars 1919, Conférence de la Paix 1919—1920, Recueil des Actes de la Conférence, IV, B, (5), S. 61 ff. sowie *Miller:* My Diary at the Conference of Peace, Bd. XI, S. 278 ff., der diese Sitzung irrtümlich unter den Sitzungen des zweiten Unterausschusses aufführt. Das Protokoll dieser Sitzung fehlt bei *Lapradelle:* La Paix de Versailles, Bd. 6.

[49] Vgl. Vormittagssitzung vom 15. März 1919, PRO FO 608/73, S. 31 ff. *Lapradelle:* La Paix de Versailles, Bd. 6, S. 166 ff. Conférence de la Paix 1919—1920, Recueil des Actes de la Conférence, IV, B, (5), S. 80.

[50] Auf alliierter Seite nahm man an, daß die Stimmen der Niederlande und der Schweiz — wegen der freundschaftlichen Beziehungen dieser Länder und der Verquickung ihrer wirtschaftlichen Interessen mit Deutschland — denen des Deutschen Reiches zuzurechnen seien. *Lapradelle:* La Paix de Versailles, Bd. 6, S. 157.

[51] *Lapradelle:* La Paix de Versailles, Bd. 6, S. 178. PRO FO 608/73 S. 33.

[52] Den Niederlanden wurde mit Ziffer 3 des Protocole relative à l'adhésion des Pays-Bas aux modifications apportées par le Traité de Versailles à la Convention de Mannheim de 1868 vom 21. Januar 1921, ein weiteres, drittes

britischen Delegation z. B. auch, das zunächst unbeschränkte Servitut Frankreichs, auf dem rechten Rheinufer Arbeiten vornehmen zu lassen, dadurch einzuschränken, daß es an die Zustimmung der Rheinzentralkommission gebunden wurde[53]. Das zunächst für Deutschland ins Auge gefaßte Verbot, Arbeiten auf dem rechten Ufer oder am Flußbett des Rheins ohne vorherige Zustimmung der Rheinzentralkommission vorzunehmen, wurde auf Grund des britischen Einspruchs so gefaßt, daß es keine Diskriminierung Deutschlands mehr beinhaltete[54].

Die Verhandlungen über die künftige Ausgestaltung der internationalen Ordnung für den Rhein zeigen deutlich, daß die als technischer Ausschuß ins Leben gerufene Kommission neben den rein technischen Fragen — wie z. B. Wiedereröffnung und Streckenverlauf der Zugverbindung London—Paris—Belgrad—Odessa[55] — auch politische und rechtliche Fragen von hohem Rang zu entscheiden hatte[56]. Auf diese Aufgabe waren die britischen Ausschußmitglieder, die zwar aus erfahrenen Fachleuten z. B. für das Eisenbahnwesen bestanden, aber vom internationalen Rheinregime nur unzureichende Kenntnisse besaßen[57], wie es scheint, nur mangelhaft vorbereitet und mit Richt-

---

Mitglied zugestanden. *Van Eysinga:* Die Zentralkommission für die Rheinschiffahrt, Annexe VIII, S. 171.

[53] PRO FO 608/73, S. 17 ff. *Lapradelle:* La Paix de Versailles, Bd. 6, S. 164.

[54] *Lapradelle:* La Paix de Versailles, Bd. 6, S. 162 f.

[55] Vgl. Protokoll der Sitzung vom 10. Februar 1919, Conférence de la Paix 1919—1920, Recueil des Actes de la Conférence, IV, B, (5), S. 12.

[56] Die Ansicht *Mayers* in: Politics and Diplomacy of Peacemaking, Containment and Counterrevolution at Versailles, 1918—1919, S. 363, wonach „except for the technical Commission of International Control of Ports, Waterways, and Railways, the Commissions of the Plenary Conference received highly ideological assignments" vermag nicht zu überzeugen. Sie wird widerlegt u. a. durch den Auszug eines Schreibens von Sir James Headlam-Morley, Assistant Director of the Political Intelligence Department of the Foreign Office, vom 7. April 1919 an Mr. Koppel im Foreign Office, *Headlam-Morley:* A Memoir of the Paris Peace Conference 1919, S. 68 und die Sitzungsprotokolle der Kommission für Häfen, Wasserstraßen und Eisenbahnen, die zeigen, daß auch in dieser „technischen" Kommission die politischen und rechtlichen Gesichtspunkte auf Grund der ideologischen Anweisungen eine wichtige Rolle spielten.

[57] Über die vorbereitenden Arbeiten, die Rolle der Experten auf der Konferenz, die mangelnde Koordination zwischen den einzelnen Departments und das Fehlen klarer Richtlinien vom Prime-Minister, dem Kabinett oder dem Foreign Office ist in allgemeiner Form Klage geführt worden von *Hardinge:* Old Diplomacy, The Reminiscences of Lord Hardinge of Penthurst, S. 241. *Nicolson:* Friedensmacher 1919, Peacemaking 1919[4], S. 30 ff. und 109 ff. *Temperley:* A History of the Peace Conference of Paris[2], Bd. 1, S. 241. *Nelson:* Land and Power, S. 92, *Marston:* The Peace Conference of 1919, S. 147. A. A. *Lloyd George:* The Truth about the Peace Treaties, Bd. 1, S. 211 f. *Hankey:* The Supreme Control at the Peace Conference 1919, S. 40 und S. 78. *Glück:* Die britische Mitteleuropapolitik nach dem 1. Weltkrieg, S. 71 f. Was die Commission of Ports, Waterways, and Railways betrifft, s. Auszug eines Schreibens von Headlam-Morley an Mr. John Bailey im

linien, die ihnen eine Entscheidungshilfe hätten sein können, in nicht ausreichendem Maße ausgestattet. Diese Situation wurde offensichtlich durch die Tatsache verschärft, daß trotz einer offiziellen Anordnung über eine gegenseitige Informations- und Konsultationspflicht zwischen den Angehörigen der britischen Delegation bei der vorbereitenden Friedenskonferenz der Kontakt der Mitglieder dieses Ausschusses zu der übrigen Delegation nicht sehr intensiv gewesen sein kann[58]. Dies war auch der Grund, warum ihnen der Vorwurf gemacht wurde, daß sie als Mitglieder der Economic Section die britischen Interessen in bezug auf das internationale Rheinregime nicht ausreichend berücksichtigt hätten, eine politische Kritik, für die ihnen nach Ansicht anderer Delegationsmitglieder jedes Verständnis fehlte[59].

Die Durchsicht der Sitzungsprotokolle und Akten der britischen Delegation zeigt indessen, daß der Vorwurf in dieser Schärfe nicht aufrechterhalten werden kann, auch wenn Information und Konsultation in der Frage des internationalen Rheinregimes ganz offensichtlich Mängel aufwiesen[60]. Die Beratungen litten indessen darunter, daß der erste französische Entwurf — entgegen anders lautender Empfehlung — als Diskussionsgrundlage akzeptiert worden war und die nachfolgenden Verhandlungen dazu dienen mußten, die überzogenen französischen Forderungen auf ein für die britischen Interessen vertretbares Maß herabzusetzen. Es mag jedoch zweifelhaft sein, ob durch einen eigenen britischen, von amerikanischer Seite unterstützten Entwurf größere Erfolge hätten erzielt werden können[61]. Dennoch wurde

---

Foreign Office vom 30. März 1919, *Headlam-Morley:* A Memoir of the Paris Peace Conference 1919 S. 59 und Minute to Mr. Hurst, Legal Adviser to the Foreign Office chiefly responsible for the legal drafting of the treaties, vom 14. April 1919, ebenda, S. 75. Vgl. auch die Einführung von *Agnes Headlam-Morley,* ebenda, S. XXIII.

[58] Schon gleich nach Ankunft der britischen Delegation in Paris war auf Veranlassung von Lord Hardinge durch den Leiter der Economic Section, Llewellyn Smith, die Anordnung ergangen, daß sich die einzelnen Abteilungen der britischen Delegation informieren und konsultieren sollten. Durch die Ernennung von Kommissionssekretären sollte die Zusammenarbeit der betreffenden Abteilungen gefördert und die Arbeit in den verschiedenen Kommissionen aufeinander abgestimmt werden. Vgl. dazu den Schriftwechsel zwischen Lord Hardinge und Llewellyn Smith vom 24. und 27. Januar 1919, PRO FO 608/72, S. 334 f. Zum mangelnden Kontakt der Ausschußmitglieder vgl. *Headlam-Morley:* A Memoir of the Paris Peace Conference 1919, S. 49 sowie die Stellungnahme der Economic Section dazu vom 19. März 1919, PRO FO 608/72, S. 518 f.

[59] Auszug eines Briefes an Mr. Randall im Foreign Office vom 17. Juni 1919, *Headlam-Morley:* A Memoir of the Paris Peace Conference 1919, S. 149 sowie Memorandum vom 14. März 1919, ebenda, S. 49 f. und Memorandum vom 28. März 1919, ebenda, S. 55 ff.

[60] Vgl. z. B. die schriftlichen Stellungnahmen zum Memorandum Headlam-Morleys vom 28. März 1919, PRO FO 608/77, S. 228 f.

[61] So Headlam-Morley in dem in Anm. 59 angegebenen Schreiben an Mr. Randall.

nach Bekanntwerden des gesamten Vertrages in der britischen Öffentlichkeit und aus dem Kreise der britischen Verhandlungsdelegation ebenso wie von Präsident Wilson herbe Kritik an den schiffahrtsrechtlichen Bestimmungen geübt. Diese Kritik richtete sich gegen die einseitige Internationalisierung der deutschen Ströme und gegen die Zusammensetzung der Schiffahrtskommissionen. Es wurde die Befürchtung geäußert, daß dadurch, daß die deutschen Vertreter — selbst bei ausschließlich deutschen Flüssen — in der Minderheit seien, das ganze Prinzip der Internationalisierung in Mißkredit gebracht werde und deshalb einer tiefgreifenden Abänderung bedürfe. Die deutsche Stellungnahme, die sich gegen diese wirtschaftlich unbeschränkte Herrschaftsausübung richtete, wurde deshalb auch als berechtigt angesehen[62].

Die Ergebnisse der Verhandlungen waren für die britischen Wirtschaftsinteressen insofern günstig zu beurteilen, als die bisher durch administrative Maßnahmen einschränkbare Freiheit der Schiffahrt auf dem Rhein nunmehr uneingeschränkt allen Nationen und Flaggen gewährleistet war und Großbritannien durch eine Vertretung in der Zentralkommission für die Rheinschiffahrt selbst unmittelbar auf die weitere Ausgestaltung und Handhabung der internationalen Ordnung für den Rhein einwirken konnte. Der dominierende Einfluß Frankreichs war durch die Hereinnahme der Neutralen in die Kommission zielstrebig abgeschwächt worden. Deutschland war als politisches Gegengewicht gegenüber den Hegemonialansprüchen Frankreichs nicht völlig ausgeschaltet worden und seine wirtschaftlichen Belange nicht so zurückgedrängt, daß die ökonomischen Interessen Großbritanniens darunter gelitten hätten. Die britische Balance of Power war auch im internationalen Rheinregime verwirklicht und Großbritannien als der bedeutendsten politischen und wirtschaftlichen Macht die Rolle der Vermittlung und des Ausgleichs zwischen den gegensätzlichen Interessen Deutschlands und Frankreichs zugefallen[63].

---

[62] *Baker:* Woodrow Wilson and World Settlement, Bd. 2, S. 102 ff. und S. 438 ff. Letter of General J. C. Smuts to the Prime-Minister, Lloyd George, May 22, criticizing the terms of the treaty as drawn and suggesting changes, Ziffer 7, International Rivers and Railways, *Baker:* Woodrow Wilson and World Settlement, Bd. 3, Dokument Nr. 66, S. 463. Letter of General Smuts to President Wilson, dated May 30, 1919, criticizing the treaty and asserting that it „is against the letter and the spirit of your points", *Baker:* Bd. 3, Dokument Nr. 67, S. 466 ff. Auszug aus einem Brief an Mr. G. Saunders im Foreign Office vom 12. Mai 1919, *Headlam-Morley:* A Memoir of the Paris Peace Conference 1919, S. 105, Brief an General Smuts vom 19. Mai 1919, S. 118 f., Auszug eines Briefes an Mr. A. E. Zimmern im Foreign Office vom 26. Mai 1919, S. 125. *Keynes:* Die wirtschaftlichen Folgen des Friedensvertrages, S. 40 und S. 86 ff. Vgl. auch *Renouvin:* Le traité de Versailles, S. 56 f.

Mit Art. 355 des Versailler Vertrages wurde Großbritannien in die Zentralkommission für die Rheinschiffahrt aufgenommen. Ist es damit gleichzeitig auch der Mannheimer Rheinschiffahrtsakte beigetreten?

Art. 354 Abs. 1 bestimmte, daß mit Inkrafttreten des Versailler Friedensvertrages die Rheinschiffahrt weiterhin nach der Mannheimer Akte vom 17. Oktober 1868 geregelt werde, wobei die die Rheinschiffahrt betreffenden Artikel des Versailler Vertrages unmittelbar Bestandteil der Akte werden sollten (Abs. 5). Ein Beitritt der neuen Mitglieder der Zentralkommission — und damit auch Großbritanniens — wurde nirgendwo erwähnt und war auch nicht beabsichtigt, wie die Sitzungsberichte der Kommission für Häfen, Wasserstraßen und Eisenbahnen ausweisen[64]. Gerade die britische Delegation fand die allgemeinen Ideen der Internationalisierung in der Mannheimer Akte nur unzureichend verwirklicht und wollte sie durch die Aufnahme entsprechender Vorschriften in dieser Akte wirkungsvoller zur Geltung bringen. Dies scheiterte vor allem am Widerstand Frankreichs, das den Rhein nicht zum „Experimentierfeld"[65] allgemeiner Prinzipien machen lassen wollte. Großbritannien hat es auch in der Folgezeit unterlassen, die Mannheimer Rheinschiffahrtsakte mit den sie ergänzenden Bestimmungen gemäß den verfassungsrechtlichen Vorschriften zu ratifizieren und den Beitritt zur Akte den Mitgliedern durch entsprechende Notifizierung und Hinterlegung der Ratifikationsurkunde mitzuteilen, wie es die Akte in Art. 48 vorschreibt.

Diese Auffassung findet ihre Bestätigung in Art. 354 Abs. 3 des Versailler Vertrages. Hierin wird festgelegt, daß sechs Monate nach Abschluß des Friedensvertrages eine Kommission zusammentreten sollte, um eine neue Ordnung für den Rhein zu beraten. Diese Bestimmung geht auf Anregungen der britischen Delegation in der Kommission für Häfen, Wasserstraßen und Eisenbahnen zurück, die zusammen mit den übrigen Mitgliedern der Kommission und damit den alliierten Vertragspartnern — Deutschland hatte gemäß Art. 354 Abs. 4 hierzu schon im voraus seine Zustimmung zu geben — die bisherige Rechtsordnung für den Rhein für abänderungsbedürftig hielt. Die Regelung der Rheinschiffahrt nach der Mannheimer Rheinschiffahrtsakte hatte bis zum Inkrafttreten einer neuen Rechtsordnung für den Rhein nur einen vorläufigen Charakter und den Zweck, keinen vertragslosen Zustand entstehen zu lassen, der für die Rheinschiffahrt

---

[63] Vgl. auch *Bacon:* British and American policy and the right of fluvial navigation, S. 90. A. A. *Sandberger:* Die englische Politik bei den Pariser Friedensverhandlungen 1919, S. 73.

[64] Weder in den offiziellen französischen Sitzungsprotokollen, noch in den unredigierten Sitzungsniederschriften bei *Lapradelle:* La Paix de Versailles und den Akten der britischen Delegation findet sich ein derartiger Hinweis.

[65] *Lapradelle:* La Paix de Versailles, Bd. 6, S. 146.

zu Komplikationen geführt hätte[66]. Die Ratifikation der Mannheimer Rheinschiffahrtsakte kann deshalb nicht beabsichtigt gewesen sein. Denn welchen Sinn sollte es haben, einen Vertrag zu ratifizieren, für dessen Abänderung Großbritannien gerade eingetreten war?

Durch Art. 355 des Versailler Vertrages wurde Großbritannien Mitglied der Zentralkommission für die Rheinschiffahrt. Diese Rheinzentralkommission bestand nunmehr aus den Bevollmächtigten der Uferregierungen gemäß Art. 43 Abs. 2 der Mannheimer Akte und den durch Art. 355 des Versailler Vertrages in sie entsandten Vertretern der Nichtuferstaaten. Sie war das Organ, dessen sich die Vertragspartner des internationalen Rheinregimes bedienten, um die im Vertrage festgelegten Ziele zu verwirklichen. Es stellt sich deshalb die Frage, ob durch die Mitgliedschaft und die Mitwirkung in der Zentralkommission für die Rheinschiffahrt ein Beitritt zu der Mannheimer Rheinschiffahrtsakte impliziert werden kann.

An anderer Stelle wurde auf der Grundlage von Untersuchungen über die Praxis der Vereinten Nationen und ihrer Spezialorganisationen bereits die Frage erörtert, ob aus der Mitarbeit der Schweiz in der Rheinzentralkommission auf einen implizierten Beitritt zu der Mannheimer Rheinschiffahrtsakte geschlossen werden kann. Bezugnehmend auf diese Untersuchung kann festgestellt werden, daß auch die tatsächliche Mitarbeit in einer zwischenstaatlichen Organisation oder in ihrem Organ, selbst wenn sie über einen längeren Zeitraum ausgeübt wird, einen Beitritt zu dem zugrundeliegenden Vertrag nicht begründen kann. Dies gilt auch dann, wenn man davon ausgeht, daß die Mitglieder einer Spezialorganisation grundsätzlich bereit sind, die Prinzipien anzuerkennen, welche die Grundlage dieser Organisation bilden[67].

Nun ist aus der Mitunterzeichnung des Versailler Vertrages durch Großbritannien und seiner Mitgliedschaft in der Rheinzentralkommission eine Garantenstellung dieses Staates für die Freiheit der Rheinschiffahrt abgeleitet worden[68]. Das Rechtsinstitut der völkerrechtlichen

[66] Vgl. insbesondere die Sitzung vom 13. März 1919, *Lapradelle:* La Paix de Versailles, Bd. 6, S. 137 ff. Minute to Mr. Hurst vom 14. April 1919, *Headlam-Morley:* A Memoir of the Paris Peace Conference, S. 75. Extract from Notes of a Meeting of the Heads of Delegations of the Five Great Powers held in M. Pichon's room at the Quai d'Orsay, Paris, on thursday, october 2nd, 1919, at 10,30 AM, PRO FO 608/73, S. 133.

[67] *Hoederath,* Die Rechtsstellung der Schweiz zu der Mannheimer Rheinschiffahrtsakte und den Verträgen über die Gründung der Europäischen Gemeinschaft für Kohle und Stahl sowie der Europäischen Wirtschaftsgemeinschaft, S. 137 ff. mit weiteren Verweisen.

[68] Unveröffentlichte gutachtliche Äußerung des Bundesinnenministeriums über die Vereinbarkeit des EWG-Vertrages vom 25. März 1957 mit der Revidierten Rheinschiffahrtsakte vom 17. Oktober 1868 („Mannheimer Akte") und der sog. Kleinen Revision der Mannheimer Akte, S. 13 ff. und S. 21 ff.

Garantie setzt — wie im ersten Kapitel bereits dargelegt wurde — eine klar umrissene förmliche Garantieverpflichtung voraus. Eine solche ist im Versailler Vertrag weder zu finden, noch wurde sie durch eine gesonderte Garantieerklärung Großbritanniens begründet. Zwar wurde auf britische Anregung hin während der Verhandlungen der vorbereitenden Friedenskonferenz die Frage einer besonderen Garantie Großbritanniens und der Vereinigten Staaten aufgeworfen. Großbritannien war aber nur bereit, zugunsten Frankreichs eine Garantieverpflichtung abzugeben, die sich auf einen unprovozierten deutschen Angriff bezog. Dieses Vorhaben scheiterte jedoch an der Weigerung des amerikanischen Senats, eine Garantenstellung in Europa zu übernehmen. Da der britische Garantievertrag an das Inkrafttreten des amerikanischen gebunden war, entfiel eine derartige Verpflichtung auch für Großbritannien, obwohl sie durch das britische Unterhaus bereits gebilligt worden war[69]. Eine besondere Garantenpflicht Großbritanniens, die Auswirkungen auf das internationale Rheinregime hätte haben können, ist daher im Zusammenhang mit dem Versailler Vertrag nicht begründet worden. Durch die Unterzeichnung und die Ratifizierung dieses Vertrages ist Großbritannien keine Bindungen eingegangen, die über die im Vertrage festgelegten Rechte und Pflichten hinausgehen.

Hinsichtlich der Garantenstellung auf Grund der Mitgliedschaft in der Rheinzentralkommission ist folgendes festzustellen: Schon in der Antwortnote auf die deutschen Einwendungen gegenüber den Friedensbedingungen hinsichtlich der Aufnahme von Nichtuferstaaten in die Stromkommissionen hatten die Alliierten darauf hingewiesen, daß die Vertreter der Nichtuferstaaten in den Kommissionen als Bremse gegenüber dem stärksten Anliegerstaat dienen sollten, damit dieser sein Übergewicht nicht zum Schaden der anderen ausnutzen könne[70]. Auf der ersten Sitzung der Rheinzentralkommission nach dem Kriege, am 21. Juni 1920, wurde dann in der Eröffnungsansprache des Generalkommissars der Französischen Republik darauf hingewiesen, daß die beiden Nichtuferstaaten Großbritannien und Italien in gewissem Sinne alle diejenigen verträten, deren Gebiet den Strom nicht berührt[71]. Noch deutlicher kommt in den Äußerungen der Vertreter dieser beiden Staaten zum Ausdruck, wie sie ihre Stellung und ihre Aufgabe in der

[69] *Czernin:* Die Friedensstifter, S. 229 ff. *Glück:* Die britische Mitteleuropapolitik nach dem 1. Weltkrieg, S. 100 f. und 203. *Nelson:* Land and Power, S. 219 ff.

[70] Rapport de Commission du Régime international de Ports, Voies d'eau et Voies ferrées à la Conférence de la Paix au sujet des Remarques de la Délégation allemande sur les conditions de Paix, Annex au Procès-Verbal Nr. 32 der Sitzung vom 9. Juni 1919, Conférence de la Paix 1919—1920, Recueil des Actes de la Conférence, IV, B, (5), S. 338. PRO FO 608/73, S. 248.

[71] C.C.R., 1920-I-1, S. 1.

Zentralkommission auffaßten[72]. Beide erklärten unabhängig voneinander bei verschiedenen Anlässen, daß es ihre Aufgabe in der Zentralkommission für die Rheinschiffahrt sei, die Interessen der Nichtuferstaaten in bezug auf die gerechte Anwendung des Grundsatzes der Freiheit der Schiffahrt zu wahren und zu vertreten.

Es ist deshalb davon auszugehen, daß Großbritannien durch die Aufnahme in die Zentralkommission für die Rheinschiffahrt gemäß Art. 355 des Versailler Vertrages in eine besondere Rechtsstellung zur Freiheit der Rheinschiffahrt getreten ist. Sie als Garantenstellung im völkerrechtlichen Sinne zu charakterisieren, dürfte wegen der besonderen Erfordernisse, die die Völkerrechtslehre an dieses Rechtsinstitut stellt[73], zu weit gehen. Die Erklärungen der Vertreter der beiden Nichtuferstaaten zeigen deutlich den Umfang und den Inhalt der ihnen eingeräumten Rechtsstellung. Sie besteht in einem vertraglich vereinbarten Recht auf Mitwirkung in der Zentralkommission für die Rheinschiffahrt. Dadurch sollen die Interessen der Nichtuferstaaten bei der Beschlußfassung dieses Gremiums Beachtung finden. Insbesondere sollen die Vertreter dieser beiden Staaten darüber wachen, daß die Freiheit der Rheinschiffahrt, die durch den Versailler Vertrag allen Flaggen gewährt wurde, durch keine Entscheidungen und Maßnahmen der Zentralkommission eingeschränkt wird. Eine völkerrechtliche Garantenstellung ist damit nicht verbunden.

[72] C.C.R., 1924-I-R, S. 20. C.C.R., 1935-I-R, S. 92. Vgl. auch Schreiben der deutschen Botschaft in London A 565 vom 15. Februar 1935, AA, Abteilung S, Akten betreffend Revision der Mannheimer Rheinschiffahrtsakte von 1868, 514 Flußschiffahrt, Nr. 151 — Rhein — Bd. 8 sowie Bericht des Rheindelegierten an den Herrn Reichsminister des Auswärtigen vom 25. Februar 1925 über die Revision der Rheinschiffahrtsakte, Nr. 5 Rheinschiffahrtsgerichte, S. 10 f. Tgb. Nr. 188, AA, P. A., Handakten Seeliger 95, Akten betreffend Revision der Rhein-Akte, Bd. 5.

[73] Vgl. Kapitel 1, S. 25 f. und Anm. 43—45.

Viertes Kapitel

Der Rechtsstatus Großbritanniens auf Grund des Modus Vivendi für die Rheinschiffahrt

Art. 354 Abs. 3 des Versailler Vertrages sah vor, daß spätestens sechs Monate nach Inkrafttreten des Vertrages die Zentralkommission für die Rheinschiffahrt zusammentreten sollte, um über die Abänderung der Mannheimer Rheinschiffahrtsakte zu beraten. Die erste Zusammenkunft der Kommission in der durch den Versailler Vertrag bestimmten neuen Zusammensetzung sollte am 21. Juli 1920 stattfinden. Die Niederländer sahen sich jedoch wegen der für sie unbefriedigenden Regelung der internationalen Rechtsordnung für den Rhein durch den Versailler Vertrag außerstande, an den Sitzungen teilzunehmen[1], und betrachteten die Mannheimer Rheinschiffahrtsakte in der bisherigen Form als allein rechtsverbindlich. Da auch die Vertreter der Schweiz auf dieser Sitzung erklärten, lediglich ad audiendum, sous reserve de droit[2], anwesend zu sein, konnte an eine Beratung über die Revision der Mannheimer Akte zunächst nicht gedacht werden. Erst durch das Abkommen vom 21. Februar 1921[3] wurde für die Niederlande eine zufriedenstellende Lösung gefunden, die ihnen bei den vorgesehenen Revisionsverhandlungen die Wahrung ihrer Interessen zu gewährleisten schien[4]. Nachdem auch die Schweiz auf Grund eines Noten-

---

[1] Commission Centrale du Rhin, Séance du 21 Juin 1920, Procès-Verbal (Maschinenschrift) S. 6. *Hennig:* Rechtliche Widersprüche zwischen dem Versailler Friedensvertrag und der Mannheimer Rheinakte von 1868, S. 23 f. *Vomhoff:* Die Revision der Mannheimer Rheinschiffahrtsakte, S. 48.

[2] Auswärtiges Amt, Politische Abteilung, Handakten Seeliger 39, Akten betreffend Rhein-Kommission, Bd. 1, S. 18. C.C.R., Séance du 21 Juin 1920, Procès-Verbal (Maschinenschrift) S. 6. *Frey:* Die erweiterte Zentralkommission für den Rhein, S. 3 ff. *Vomhoff:* Die Revision der Mannheimer Rheinschiffahrtsakte, S. 51.

[3] Protocôle relatif à l'adhésion des Pays-Bas aux modifications apportées par le Traité de Versailles à la Convention de Mannheim de 1868, signé à Paris le 21 Janvier 1921, *De Martens:* Nouveau Recueil Général de Traités, Troisième Série, Bd. XII, Nr. 82 I, S. 603 f. ergänzt durch das Protocôle additionnel relatif à l'adhésion des Pays-Bas aux modifications apportées par le Traité de Versailles à la Convention de Mannheim de 1868, signé à Paris le 29 Mars 1923, Nr. 82 II, S. 605.

[4] Denkschrift der niederländischen Regierung zur Ratifikation des Zusatzvertrages zum Versailler Vertrag, La Navigation du Rhin, Bd. 3, 1924, S. 410. *Vomhoff:* Die Revision der Mannheimer Rheinschiffahrtsakte, S. 50.

wechsels mit den in der Zentralkommission vertretenen Staaten ihren Vorbehalt gegenüber den Bestimmungen des Versailler Vertrages nicht ausdrücklich aufrechterhalten hatte[5], konnte die Rheinzentralkommission am 25. Februar 1921 vollständig und beschlußfähig zusammentreten.

Großbritannien war in der Zentralkommission durch Sir John Baldwin vom Foreign Office und nach dessen Pensionierung durch Mr. Keane sowie zeitweise durch General Mance oder Cecil Hurst, den Legal Adviser des Foreign Office, vertreten.

Den einzelnen Delegationen war, wie das Protokoll der Zentralkommission vom 21. Juni 1920 unter Ziffer 6 ausweist[6], aufgegeben worden, bis zum 1. Oktober des gleichen Jahres in Memoranden an das Generalsekretariat ihre Ansichten über die geplante Revision der Mannheimer Akte bekanntzugeben. Eine Unterkommission aus Vertretern der Delegationen sollte dann die Memoranden prüfen und der Zentralkommission einen Vorschlag unterbreiten. Aber erst im April 1924[7] konnten die Verhandlungen über die Revision endgültig aufgenommen werden. Zuvor standen die Lösung einer Reihe anderer Fragen, wie der französische Plan über den Bau des Rheinseitenkanals, Abkommen über die Mitführung von Trinkwasser und anderer Bordvorräte auf Rheinschiffen und die Regelung des Telegraphen- und Telefonverkehrs im Vordergrund. Außerdem verzögerten das fehlende französische Interesse an einer schnellen Aufnahme der Revisionsberatungen und die Ruhrbesetzung den Beginn der Verhandlungen.

Das Interesse Frankreichs bei der bevorstehenden Revision der Mannheimer Rheinschiffahrtsakte war es, — nach einem vertraulichen Bericht[8] des deutschen Delegationschefs, Dr. Seeliger, vom Auswärtigen

---

[5] Schweizerisches Bundesblatt, 1922, II, S. 1024 ff. sowie Bericht des Bundesrates an die Bundesversammlung über sein bisheriges Vorgehen in der Rheinfrage vom 11. August 1922 mit Schriftwechsel, Nr. 1619.

[6] C.C.R., 1920-I-12. Niederschrift über die Besprechung des ständigen Ausschusses für die Internationalisierung der deutschen Stromgebiete in Würzburg, Tgb. Nr. 1330 S. 3, AA, P. A., Handakten Seeliger 39, Akten betreffend Rhein-Kommission, Bd. 1. *Martin:* Die Rechtslage des Rheins seit dem Westfälischen Frieden, S. 32.

[7] Zuvor hatten im April 1923 — in Abwesenheit der deutschen Delegation — Verhandlungen über die Berücksichtigung der Barcelona-Akte stattgefunden, die im Protokoll dieser Tagung wiedergegeben sind. Bericht 14 des Rheindelegierten an den Herrn Reichsminister des Auswärtigen vom 5. Mai 1924 betreffend die Verhandlungen über die Revision der Rheinschiffahrtsakte, Abschrift Nr. S 3029, Tgb. Nr. 554, S. 2, AA, P. A., Handakten Seeliger 94, Akten betreffend Revision der Rhein-Akte, Bd. 4.

[8] Bericht 4 des Rheindelegierten über die Politik Frankreichs in der Zentralkommission für die Rheinschiffahrt und die bevorstehende Revision der Rheinakte vom 14. Januar 1924, Abschrift Nr. 315, Tgb. Nr. 62, S. 6. Vertraulich. AA, P. A., Handakten Seeliger 92, Akten betreffend Revision der Rhein-Akte, Bd. 2. Über Motive und Ziele französischer Außenpolitik vgl.

Amt, über „die Politik Frankreichs in der Zentralkommission für die Rheinschiffahrt und die bevorstehende Revision der Rheinakte" — durch „die neue unkündbare Rheinakte" den Zustand für „die Ewigkeit" zu sanktionieren, der teils durch die Bestimmungen des Versailler Vertrages, teils durch die Verwaltungsbeschlüsse und die Praxis der neu organisierten Zentralkommission geschaffen worden war. Darüber hinaus sollte die geographische und sachliche Zuständigkeit der Zentralkommission ausgeweitet werden, um mittels dieser Kommission die politische Macht Frankreichs am Rhein durch internationale Verträge abzusichern und zu erweitern[9].

Das Ziel der deutschen Verhandlungsführung war die Zurückdrängung des französisch-belgischen Einflusses in der Zentralkommission, die gerechte Berücksichtigung der tatsächlichen Interessen Deutschlands, die Minderung der Befugnisse der Zentralkommission und die Wahrung der Hoheitsrechte der Uferstaaten. Dies konnte aber nur gelingen, wenn die deutsche Delegation nicht nur Verständnis und Unterstützung bei den beiden neutralen Staaten, den Niederlanden und der Schweiz, sondern auch bei den Nichtuferstaaten, Italien und Großbritannien, zu finden verstand. Bei einer Berücksichtigung des deutschen Wunsches nach ausreichender Vertretung in der Zentralkommission war die Reichsregierung jedoch bereit, der sachlichen und territorialen Kompetenzerweiterung der Zentralkommission zuzustimmen[10].

Obwohl Großbritannien mit dem französischen Vorgehen an Rhein und Ruhr nicht einverstanden war, wollte es jeden Gegensatz zu Frankreich in der Zentralkommission vermeiden und unterstützte die französischen Anträge[11]. Gleichwohl gelangte die deutsche Delegation

---

auch *Kiersch / Höhne:* Frankreich — Innerer und äußerer Machtverfall einer bürgerlichen Demokratie, S. 32 ff.

[9] Bericht 4 des Rheindelegierten über die Politik Frankreichs in der Zentralkommission für die Rheinschiffahrt und die bevorstehende Revision der Rheinakte vom 14. Januar 1924, a. a. O., S. 6. Vgl. auch *Telders:* Der Kampf um die neue Rheinschiffahrtsakte, S. 9 sowie folgende Zeitungskommentare: Die Revision der Rheinschiffahrtsakte, Das Streben Frankreichs nach Vormachtstellung, Frankfurter Zeitung, Nr. 208 vom 18. März 1924; Frankreich — Herr des Rheins, Revision der Rheinschiffahrtsakte von 1868, Münchener Neueste Nachrichten, Nr. 77 vom 18. März 1924 und Dresdner Anzeiger, Morgenausgabe, Nr. 93 vom 20. März 1924; Die Versklavung des Rheins, Deutsche Allgemeine Zeitung, Nr. 135 vom 20. März 1924; Die Schiffahrtspolitik Frankreichs, Münchener Neueste Nachrichten, Nr. 126 vom 11. Mai 1924, AA, P. A., Akte betreffend Press-Stimmen zur Revision der Rheinschiffahrtsakte, 516 Flußschiffahrt Nr. 151 adh. I — Rhein — Bd. 1.

[10] Bericht 14 des Rheindelegierten an den Herrn Reichsminister des Auswärtigen vom 5. Mai 1924 betreffend die Verhandlungen über die Revision der Rheinschiffahrtsakte, S. 10 f. und S. 14 f.

[11] Bericht 4 des Rheindelegierten über die Politik Frankreichs in der Zentralkommission für die Rheinschiffahrt und die bevorstehende Revision der Rheinakte vom 14. Januar 1924, S. 10.

zu der Überzeugung, daß eine vorsichtige diplomatische Fühlungnahme mit Großbritannien die Verwirklichung der deutschen Vorstellungen fördern werde. Zu diesem Zweck hatte der Leiter der deutschen Delegation, der Gesandte Dr. Seeliger, dem britischen Bevollmächtigten, Baldwin, in einem vertraulichen Gespräch anläßlich der Verhandlungen über eine neue Elbakte im Frühjahr 1924 in Dresden den deutschen Standpunkt dargelegt. Dieser bat ihn, falls die deutsche Regierung diplomatische Schritte unternehmen sollte, ihm das Material gleichfalls zugehen zu lassen, damit er seiner Regierung die erforderlichen Informationen geben könne, wenn er in der Angelegenheit gehört werde[12]. Auf Weisung des Staatssekretärs im Auswärtigen Amt, von Maltzahn, wurde daraufhin eine Denkschrift[13], die auf dem erwähnten Bericht Seeligers fußte, über die deutsche Botschaft in London an das Foreign Office und gleichzeitig an Baldwin — zusammen mit einem Privatbrief Seeligers — geleitet mit der Bitte, die deutschen Wünsche bei den bevorstehenden Verhandlungen in Straßburg zu unterstützen[14]. In einem Telegramm berichtete die deutsche Botschaft vor Aufnahme dieser Verhandlungen, daß die Denkschrift mit dem Foreign Office eingehend besprochen worden sei. Zwar sei die Aufnahme nicht unfreundlich gewesen, doch sei eine Entscheidung über die britische Haltung noch nicht gefallen[15].

Großbritannien war, da es seine liberalen Auffassungen einer durch keinerlei Einschränkungen behinderten Rheinschiffahrt im Versailler Vertrag gegenüber dem französischen Hegemonialdenken nicht in vollem Umfange hatte durchsetzen können, an einer Abänderung der Rheinschiffahrtsakte nicht uninteressiert. Schon zur Zeit der Verhandlungen über einen Friedensvertrag mit Deutschland war auf die wirtschaftlichen Vorteile einer unbehinderten direkten Schiffahrt auf dem Rhein zwischen britischen Häfen und Basel hingewiesen und eine Zusammenarbeit in allen Rheinschiffahrtsfragen zwischen Großbritannien und der Schweiz angeregt worden[16]. Die Anbahnung solcher Kon-

---

[12] Schreiben des Staatssekretärs von Maltzahn an die deutsche Botschaft in London vom 23. Februar 1924. Vertraulich. Abschrift S. 315 Ang. 3, A 3488, AA, P. A., Handakten Seeliger 93, Akten betreffend Revision der Rhein-Akte, Bd. 3.

[13] Denkschrift 1924 zur bevorstehenden Revision der Rheinschiffahrtsakte vom 28. Februar 1924. Vertraulich. Tgb. Nr. 230/24, AA, P. A., Handakten Seeliger 93, Akten betreffend Revision der Rhein-Akte, Bd. 3.

[14] Schreiben Seeligers an Baldwin vom 20. Februar 1924, Abschrift S 315, Tgb. Nr. 230/24. Schreiben von Maltzahns an die deutsche Botschaft in London vom 23. Februar 1924, Abschrift S 315 Ang. 3 A 3488, Tgb. Nr. 230/24, AA, P. A., Handakten Seeliger 93, Akten betreffend Revision der Rhein-Akte, Bd. 3.

[15] Tgb. Nr. 342 vom 19. 3. 1924, AA, P. A., Handakten Seeliger 93, Akten betreffend Revision der Rhein-Akte, Bd. 3.

[16] Vgl. z. B. das Schweizer Memorandum an die britische Regierung vom

takte fand die Zustimmung der zuständigen britischen Stellen in Paris und London und führte zu einer Zusammenarbeit der britischen und Schweizer Delegierten in den Fragen, in denen die Interessen beider Länder gleichgerichtet waren[17].

Die Bedeutung, die auch britische Wirtschaftskreise dem Rhein als Verkehrsader beimaßen, zeigte sich 1920 bei einer Zusammenkunft von englischen, deutschen und holländischen Reedern und Industriellen in Köln. Diese Verhandlungen hatten das Ziel, den Rhein für den englischen Export zu erschließen und durch die Gründung der British Rhine Navigation and Transport Company sowie der London and Cologne Steamship Company die Schiffahrtsverbindung zwischen England und Köln mittels eines direkten Dampferdienstes zu verbessern[18].

Zur selben Zeit ersuchte die Federation of British Industries die britische Regierung, sich für eine Stromregulierung zwischen Basel und Straßburg einzusetzen, um die Möglichkeit eines direkten Schiffsverkehrs zwischen London und Basel zu verbessern. Diese Bestrebungen sollten durch ein Gutachten für die Rheinzentralkommission gefördert werden[19].

Die gleiche Absicht verfolgte die Vereinigung der britischen Handelskammern auf ihren Jahresversammlungen 1921 und 1922. Sie forderte die britische Regierung auf, sich gegen die Pläne eines von Frankreich favorisierten Rheinseitenkanals zu wenden und stattdessen die Schweiz zu unterstützen, die eine Stromregulierung und Vertiefung des Flußbettes anstrebte, damit in Zukunft Seeschiffe Basel auf dem Rhein erreichen könnten. Zu diesem Zweck sollten den britischen Vertretern in der Zentralkommission Sachverständige beigegeben werden[20].

Eine Delegation aus Vertretern der Federation of British Industries, der London Chamber of Commerce, der Porth of London Authority

---

27. Januar 1919, PRO FO 608/77, S. 186 ff. sowie eine weitere amtliche Schweizer Denkschrift, PRO FO 608/77, S. 206 f. und die private Denkschrift eines Herrn Wolfsohn aus Zürich an den Board of Trade, PRO FO 608/77, S. 163 ff. und PRO FO 608/151, S. 116. Im gleichen Sinne das Schreiben der britischen Gesandtschaft Nr. 906 Commercial vom 13. Juni 1919, 13106, PRO FO 608/73, S. 112 ff. und das Schreiben des britischen Vizekonsuls vom 7. Februar 1919, PRO FO 608/151, S. 139 und PRO FO 608/77, S. 219 f.

[17] Minute of the Political Intelligence Department vom 24. Februar 1919, PRO FO 608/151, S. 139. (Schreiben des Foreign Office an den Schweizer Gesandten vom 20. November 1921, PRO FO 371/6151, S. 163). Vgl. auch *Mance:* International River and Canal Transport, S. 43 f.

[18] *V. K.:* England und der Rhein, S. 241 f.

[19] Schreiben der Federation of British Industries vom 1. Januar 1921, PRO FO 371/6157, S. 159 sowie die Stellungnahme Baldwins vom 12. Januar 1921, International Waterways Nr. 3, PRO FO 371/6157, S. 157 f. *Vomhoff:* Die Revision der Mannheimer Rheinschiffahrtsakte, S. 68.

[20] *Borel:* Freedom of navigation on the Rhine, S. 84 f. *De Thierry:* Rheinschiffahrt und Versailler Friede, S. 143 f.

und anderer wichtiger Körperschaften unterrichtete den britischen Vertreter in der Rheinzentralkommission über die den Schweizer Vorschlägen gleichgerichteten Interessen der britischen Wirtschaft und forderte, unterstützt durch den Board of Trade, ein gemeinsames Vorgehen in dieser Angelegenheit[21]. Wenn schließlich die britische Delegation sich dennoch entschloß, die französischen Rheinseitenkanalpläne zu unterstützen, weil Frankreich die überzeugenderen Argumente für seine Vorschläge vorbingen konnte, so sprach sie sich gleichzeitig jedoch auch für die Schweizer Forderung, den Rhein zu regulieren aus, eine Entscheidung, die durch die lange Bauzeit des geplanten Seitenkanals gerechtfertigt schien[22].

Das auf britische Anregung gemäß Art. 388 des Versailler Vertrages auf der Verkehrskonferenz von Barcelona verabschiedete Statut relatif au Régime des Voies navigables d'interêt international[23] brachte für die Regelung der Rheinschiffahrt keine neuen Impulse. In seinen Rechtsfolgen blieb es hinter der durch Mannheimer Akte und Versailler Vertrag festgelegten Internationalisierung des Rheinregimes zurück, da man darauf verzichtet hatte, die Uferstaaten zu verpflichten, die Verwaltung der Wasserstraßen von internationaler Bedeutung wenigstens teilweise auf internationale Organe zu übertragen[24].

Zu Beginn der Revisionsverhandlungen gab der britische Vertreter in der Rheinzentralkommission, Baldwin, am 5. Mai 1924 eine Erklärung ab, in der er die Grundsätze darlegte, von denen er sich bei den kommenden Vertragsverhandlungen leiten lassen wolle. Es waren dies das allgemeine Übereinkommen von Barcelona, die schiffahrtsrecht-

---

[21] Schreiben des Board of Trade an das Foreign Office vom 29. November 1921, PRO FO 371/6151, S. 171. Text der Resolution der Association of British Chambers of Commerce vom 16./17. Juni 1921 bei *Borel:* Freedom of navigation on the Rhine, S. 85. *Broodbank,* History of the Port of London, S. 494 f.

[22] Memorandum für die britische Vertretung in der Rheinzentralkommission, PRO FO 371/6151, S. 171 f. Vgl. auch International Rivers Nr. 11 vom 22. März 1922 des britischen Delegierten Baldwin an den Marquess Curzon of Kedleston vom Board of Trade, PRO FO 371/7645, S. 126.

[23] *De Martens:* Nouveau Recueil Général de Traités, Troisième Série, Bd. 18, S. 709 ff. Comptes rendus et textes rendus et textes relatifs à la convention sur le régime des voies navigables d'interêt international, Societé des Nations, Recueil des Traites, Bd. 7, S. 36 ff.

[24] *Corthésy:* Etudes de la Convention de Barcelone sur le régime des voies navigables d'interêt international, S. 47 ff. *Furtner:* Die Organisation des Verkehrs im Völkerbund, insbesondere die Verkehrskonferenz von Barcelona, 10. März bis 20. April 1921, S. 111 ff. *Lichtenstein:* Die Verkehrskonferenz von Barcelona (10. März bis 20. April 1921), II. Hauptteil, 5. und 6. Abschnitt. *Giesecke:* Die völkerrechtliche Stellung der internationalen Wasserläufe des deutschen Stromgebietes in Geschichte und Gegenwart, dargestellt mit besonderer Berücksichtigung des Statuts von Barcelona, S. 86 ff. *Gönnenwein:* Die Freiheit der Flußschiffahrt, S. 38 ff. *Martin:* Die Rechtslage des Rheins seit dem Westfälischen Frieden, S. 32.

lichen Bestimmungen des Versailler Vertrages und die Art. 108—116 nebst Anhang XVI B der Wiener Schlußakte. Dabei stellte er sich auf den auch schon bei früherer Gelegenheit geäußerten Standpunkt, daß der Wiener Kongreß bestimmte Instruktionen für die Ausgestaltung der einzelnen Flußakten gegeben habe, diese aber bei der Ausarbeitung der Verträge nicht berücksichtigt worden seien. Auch seien nicht alle Signatarstaaten der Wiener Schlußakte an den Verhandlungen von Mainz und Mannheim beteiligt gewesen. Großbritannien habe daher schon anläßlich der Pariser Konferenz von 1858 durch seinen Bevollmächtigten erklären lassen, daß aus dem Fehlen britischer Beanstandungen keineswegs die Auffassung hergeleitet werden dürfe, die britische Regierung habe damit anerkennen wollen, daß die Rheinschiffahrtsakte den Grundsätzen der Wiener Schlußakte entspreche. Die Schiffahrtsakten von Mainz und Mannheim hätten sich zu Unrecht von den Grundsätzen des Wiener Kongresses entfernt und lediglich Rechte für die Uferstaaten geschaffen, ohne die Nichtuferstaaten zu berücksichtigen[25].

Diese Erklärung zeigt deutlich, daß es das Bestreben der britischen Regierung war, die Internationalisierung des Rheins weiter voranzutreiben, die Gleichstellung der Nichtuferstaaten mit den Uferstaaten in jeder nur möglichen Bestimmung der Akte durchzusetzen sowie die Befugnisse der Zentralkommission zu erweitern, um die Berücksichtigung der Interessen der Nichtuferstaaten sicherzustellen und auf diese Weise die Freiheit der Rheinschiffahrt vor allen Einschränkungen zu bewahren[26]. Die britischen Proteste richteten sich in den nachfolgenden Verhandlungen auch vornehmlich gegen alle Vorschläge, die ihrer Meinung nach darauf abzielten, diese Freiheit in irgendeiner Weise zu beschränken[27]. Offen zum Ausdruck brachte dies der britische Delegierte anläßlich der Verhandlungen im Dezember 1924 über die Vollstreckbarkeit der Urteile der Rheinschiffahrtsgerichte erster und zweiter Instanz und deren Zustellung an Personen, die ihren Wohnsitz in den Ländern der in der Zentralkommission vertretenen Staaten hatten. Er lehnte die Zustimmung zu diesen Bestimmungen, die eine Änderung der englischen Gesetzgebung erfordert hätten, ab mit der Begründung, daß die Verpflichtungen Großbritanniens lediglich darin bestünden, sich an der Zentralkommission zu beteiligen, um

[25] C.C.R., 1924-I-R, S. 5. Bericht Nr. 14 des Rheindelegierten an den Herrn Reichsminister des Auswärtigen betreffend die Verhandlungen über die Revision der Rheinschiffahrtsakte vom 5. Mai 1924, S. 3 f.

[26] Bericht Nr. 14 des Rheindelegierten an den Herrn Reichsminister des Auswärtigen betreffend die Verhandlungen über die Revision der Rheinschiffahrtsakte vom 5. Mai 1924, S. 11.

[27] Um welche Bestimmungen bzw. Formulierungen es sich im einzelnen handelte, die von dem britischen Delegierten abgelehnt wurden, vgl. *Telders:* Der Kampf um die neue Rheinschiffahrtsakte, S. 19 ff.

die gerechte Anwendung des Grundsatzes der Freiheit der Schiffahrt auf die Angehörigen aller Nationen sicherzustellen[28]. Diese Stellungnahme beweist auch, daß Großbritannien durch Unterzeichnung und Ratifikation des Versailler Vertrages der Mannheimer Akte nicht beigetreten ist, sondern ihrer Anwendung lediglich für eine Übergangszeit bis zur Inkraftsetzung einer neuen Rheinschiffahrtsakte zugestimmt hat.

Vier Entwürfe — von Belgien, Deutschland, Frankreich und den Niederlanden — sowie ein Ergänzungsvorschlag Italiens zu dem französischen Entwurf wurden der Kommission zur Beratung vorgelegt[29].

---

[28] C.C.R., 1924-II-R, S. 20. Bericht Nr. 11 des Rheindelegierten an den Herrn Reichsminister des Auswärtigen vom 25. Februar 1925 über die Revision der Rheinschiffahrtsakte, Nr. 5, Rheinschiffahrtsgerichte, S. 10 f., Tgb. Nr. 188, AA, P. A., Handakten Seeliger 95, Akten betreffend Revision der Rheinakte, Bd. 5. Die Auffassung, daß Großbritannien und Italien lediglich die Wahrung und Vertretung der Interessen der Nichtuferstaaten zu gewährleisten hatten, wurde von dem italienischen Delegierten, Graf Martin-Franklin, bei anderer Gelegenheit 1935 noch einmal ausdrücklich erklärt (Zentralkommission für die Rheinschiffahrt, 1935, Tagung in San Remo, März, Protokolle der Revision der Mannheimer Akte, S. 92) und kam auch schon bei der Eröffnungsansprache des Generalkommissars der französischen Republik, Alapetite, anläßlich des ersten Zusammentritts der Zentralkommission nach dem Ersten Weltkrieg am 21. Juni 1920 klar zum Ausdruck (C.C.R., 1920-I-1, S. 1 f.). Bei einer Unterredung des Botschaftsrats Fürst Otto Christian Bismarck mit dem zuständigen Referenten im Foreign Office, Green, anläßlich der Überreichung der deutschen Denkschrift zur Vorbereitung der Tagung in San Remo erklärte letzterer, daß die englische Regierung an dem Inhalt der Rheinschiffahrtsakte verhältnismäßig wenig interessiert sei, zumindest so lange, als zwischen der deutschen und der französischen Regierung Einvernehmen herrsche. Ihre Hauptaufgabe sehe die englische Regierung daher auch darin, Meinungsverschiedenheiten zwischen der deutschen und der französischen Regierung auszugleichen. (Schreiben der deutschen Botschaft in London A 565 vom 15. Februar 1935 auf Erlaß vom 12. d. M. — Sond. Ref. S 166 — AA, Abteilung S, Akten betreffend Revision der Mannheimer Rheinschiffahrtsakte von 1868, 514 Flußschiffahrt Nr. 151 — Rhein — Bd. 8. Vgl. auch die Antwort der Alliierten auf die Bemerkungen der deutschen Delegation auf die Friedensbedingungen, Rapport de Commission du Régime international des Ports, Voies d'eau et Voies ferrées à la Conférence de la Paix au sujet des Remarques de la Délégation allemande sur les Conditions de Paix, Annexe au Procés-Verbal Nr. 32 der Sitzung vom 5. Juni 1919, Conférence de la Paix 1919—1920, Recueil des Actes de la Conférence, IV, B, (5), S. 338.

[29] Zentralkommission für die Rheinschiffahrt, Deutsche Vertretung, Entwurf einer revidierten Rheinschiffahrtsakte mit Schreiben vom 26. August 1921 nach Straßburg gesandt. Tgb. Nr. 1227, AA, P. A., Handakten Seeliger 43, Akten betreffend Rhein-Kommission, Bd. 4. — C.C.R., Délégation Française, Mémorandum concernant les règles à insérer dans un Acte de Navigation du Rhin, AA, P. A., Handakten Seeliger 40, Akten betreffend Rhein-Kommission Material. — Pays-Bas, Projet d'un Acte de Navigation pour le Rhin revisé, AA, P. A., Handakten Seeliger 40, Akten betreffend Rhein-Kommisison Material. — Proposition formulée par la Délégation italienne sous forme d'amendement au texte du Projet français, mit Schreiben des Generalsekretärs Hostie vom 28. Juli 1921 übersandt, AA, P. A., Handakten Seeliger 43, Akten betreffend Rhein-Kommission, Bd. 4, Tgb. Nr. 1220 mit

Das Generalsekretariat der Rheinzentralkommission fertigte außerdem zwei Ausarbeitungen an, von denen die eine die objektive und historische Beurteilung wichtiger Bestimmungen der Rheinschiffahrtsakte unter Berücksichtigung der in den verschiedenen Entwürfen vorgeschlagenen Abänderungen[30], die andere einen Bericht über das allgemeine Übereinkommen von Barcelona über die schiffbaren Wasserwege[31] enthielt. Zur Erleichterung der Arbeit hatte der Generalsekretär außerdem ein Tableau comparatif zusammengestellt, das den Wortlaut der Bestimmungen der vier Entwürfe, des Abkommens von Barcelona, der Mannheimer Rheinschiffahrtsakte und der diesbezüglichen Bestimmungen des Versailler Vertrages sowie des in erster Lesung verabschiedeten Entwurfs eines Abkommens für die Elbe und die Donauakte enthielt[32].

Für die Verhandlungen waren die in die Akte aufzunehmenden Bestimmungen in sieben Gruppen eingeteilt: Bestimmungen über die leitenden Grundsätze (Freiheit der Schiffahrt, Gleichbehandlung, Abgabenfreiheit, Freiheit des Durchgangsverkehrs), wirtschaftliche, nautische, juristische, technische, Schluß- und Verwaltungsbestimmungen, wobei letztere die Zusammensetzung der Rheinzentralkommission und die Regelung ihrer sachlichen und territorialen Zuständigkeit enthielt[33].

Die Verhandlungen wurden vertraulich geführt und zogen sich bis zur Erstellung eines ersten Entwurfs im Frühjahr 1930 über insgesamt acht Jahre hin. Über die Befugnisse und die Zusammensetzung der Kommission konnte jedoch keine Übereinstimmung erzielt werden. Dennoch sollte auf Drängen Frankreichs bereits auf der Herbsttagung 1930 mit der zweiten Lesung der Vertragsbestimmungen begonnen

---

Anlage. — Der belgische Vorschlag findet sich in den Unterlagen Seeligers nicht.

[30] In den Akten Seeligers befindet sich ein gedrucktes Exemplar: Commission Centrale pour la Navigation du Rhin, Exposé en vue de la Révision de la Convention de Mannheim, élaboré par le Secrétaire Général de la Commission Centrale. Außerdem ein maschinenschriftliches Exemplar: Exposé objectif en vue de la Révision de la Convention de Mannheim (résolution du 24/II/2). Anlage zum Schreiben des Generalsekretärs Hostie vom 26. November 1923, AA, P. A., Handakten Seeliger 92, Akten betreffend Revision der Rhein-Akte, Bd. 2, Tgb. Nr. 911.

[31] Dieser Bericht des Generalsekretärs *Hostie* war in den Handakten Seeligers nicht aufzufinden. Er dürfte aber mit seinem Aufsatz: Notes sur le statut relatif au régime des voies navigables d'interêt international identisch sein.

[32] Commisison Centrale pour la Navigation du Rhin, Tableau comparatif des textes en vue de la révision de l'Acte de Mannheim vom 1. Dezember 1921.

[33] Bericht Nr. 15 des Rheindelegierten über die Revision der Rheinschiffahrtsakte, Nr. 2: Leitende Grundsätze, an den Herrn Reichsminister des Auswärtigen vom 30. Mai 1924, Abschrift S 3609, Tgb. Nr. 580, AA, P. A., Handakten Seeliger 94, Akten betreffend Revision der Rhein-Akte, Bd. 4.

werden. Ohne aber die grundlegende Frage der Zuständigkeiten der Zentralkommission geregelt zu haben, wollte eine Reihe von Delegierten — unter ihnen auch der britische — in die weiteren Beratungen nicht eintreten, weil von der Entscheidung über diese Frage die Regelung der übrigen Sachbereiche abhängig sei[34]. Die Zentralkommission beschloß deshalb, das Sekretariat mit der Koordinierung der bisher angenommenen Texte sowie mit der Zusammenstellung der Fragen, die in die Akte ebenfalls aufgenommen werden sollten, zu beauftragen[35]. Im März 1931 stellte dann in Nizza ein Redaktionskomitee aus je einem Vertreter jeder Delegation in einundzwanzig Sitzungen einen Text her, der alle Bestimmungen enthielt, welche die Kommission in erster Lesung abschließend behandelt hatte. Dabei konnten keine sachlichen, sondern lediglich formale Abänderungen vorgenommen werden[36]. Dieser Entwurf wurde der Zentralkommission abschließend vorgelegt zusammen mit einem Bericht[37], der neben den Hinweisen über die redaktionellen Änderungen die Punkte aufführte, über die auch innerhalb dieses Ausschusses keine Einigkeit erzielt werden konnte. Dazu gehörte vor allem eine Bestimmung in den allgemeinen Grundsätzen über facilités plus grandes, wonach die Rheinschiffahrt alle die Vorteile erhalten sollte, die ein Uferstaat anderen Verkehrsträgern zukünftig gewährt. Hiergegen richtete sich der Einspruch der deutschen Delegation, weil diese Bestimmung ihrer Meinung nach eine über den bisherigen Verhandlungsstand hinausgehende Verpflichtung der Uferstaaten bedeutete[38]. Ihre Bedenken richteten sich auch — wegen der veränderten Zusammensetzung — gegen die Tätigkeit der Zentralkommission als Revisionsinstanz sowie gegen das Verbot der Erhebung gewisser Abgaben und Steuern[39].

Während der Frühjahrstagung im Jahre 1932 kam es bei den Verhandlungen der Rheinzentralkommission über die Frage ihrer Zusammensetzung und ihrer territorialen Zuständigkeit zu einer Krise.

---

[34] C.C.R., 1930-I-R, S. 2 f.

[35] Beschluß der Kommission C.C.R., 1930-I-R, S. 4.

[36] Beschluß der Rheinzentralkommission vom 10. November 1930 über Einsetzung des Ausschusses und seine Aufgaben C.C.R., 1930-I-R, S. 17.

[37] Commission Centrale pour la Navigation du Rhin, Nice, Mars 1931, Révision de la Convention de Mannheim, Coordination des Textes adoptés en première lecture (1924—1929) Session du Comité de Rédaction, ténue à Nice du 6 au 21 Mars 1931. Rapport du Comité de Rédaction, Mars 1931.

[38] Bericht an den Herrn Reichsminister des Auswärtigen vom 5. Dezember 1931, S. 2, Abschrift S 5305, Tgb. Nr. 924, AA, P. A., Handakten Seeliger 97, Akten betreffend Revision der Rhein-Akte, Bd. 7.

[39] Bericht Nr. 8 an den Herrn Reichsminister des Auswärtigen vom 11. Juni 1932, S 2159/32, Tgb. Nr. 438, AA, P. A., Handakten Seeliger 97, Akten betreffend Revision der Rhein-Akte, Bd. 7.

Zwischen den deutschen und den alliierten Vertretern herrschten unterschiedliche Auffassungen über die Frage, ob die Kommission berechtigt sei, die diesbezüglichen Bestimmungen des Versailler Vertrages abzuändern und — falls eine solche Zuständigkeit bejaht werden sollte — wie die Zahl der Delegierten für jeden beteiligten Staat festgelegt werden sollte. Neben rein rechtlichen Gesichtspunkten war die Beantwortung dieser Frage von höchster politischer Bedeutung; sollte doch durch die Abänderung der bisherigen Zusammensetzung der Forderung Deutschlands nach vollkommener Gleichberechtigung in der Rheinzentralkommission entsprochen und die dominierende Stellung Frankreichs beseitigt werden. Da die Zentralkommission für die Rheinschiffahrt nicht als das geeignete Forum angesehen wurde, Entscheidungen von solcher rechtlichen und politischen Tragweite zu treffen, sollte in zunächst offiziösen Gesprächen zwischen den Hauptbeteiligten versucht werden, eine Annäherung der Standpunkte herbeizuführen[40].

---

[40] Über die Zusammensetzung der Kommission mit dem damit verbundenen Stimmrecht sowie das Abstimmungsverfahren fanden am 11., 18. und 20. April 1929, am 28. November 1931 sowie am 21. und 22. März 1932 und am 6., 7. und 8. September 1932 Verhandlungen statt. Vgl. Bericht Nr. 6 an den Herrn Reichsminister des Auswärtigen vom 24. April 1929, Abschrift S 2063/29, Tgb. Nr. 406, AA, VM 94/2, Akten betreffend Häfen, Wasserstraßen, Eisenbahnen — Rhein — Bd. 2. Aide-mémoire relatif aux entretiens tenus à Strassbourg les 11, 18 et 20 avril 1929 au sujet d'une modification à apporter éventuellement à la composition de la commission, Abschrift zu S 2063/29 vom 20. April 1929. Aide-mémoire vom 28. November 1931, Anlage zu S 5283/31, Aide-mémoire vom 22. März 1932, S 3462/32, AA, P. A., Handakten Seeliger 100, Akten betreffend Material zur Revision der Rheinakte. Vgl. in diesem Zusammenhang auch die Note der Deutschen Botschaft in London A 951 vom 9. April 1931. Diese enthält zur Abänderung des Art. 355 i. V. m. 377 des Versailler Vertrages den Entwurf von Sonderabmachungen und schlägt vor, die Verhandlungen gelegentlich der im Mai in Genf in Aussicht genommenen Tagung des Comité Consultatif des Communications et du Transit des Völkerbundes fortzusetzen. Durch Zuerkennung je einer Stimme in der Kommisison soll der Forderung nach vollkommener Gleichbehandlung entsprochen werden. Die interne Stellungnahme der zuständigen Beamten des Foreign Office und die darauf basierende offizielle britische Antwort No. C 2512/1310/96 vom 11. Mai 1931 findet sich in PRO FO 371/15246, S. 136 ff. und S. 149 f. Diese enthält die Ablehnung des Besprechungstermins in Genf, schlägt eine Sondersitzung in Straßburg vor und sagt sorgfältige Prüfung des beigelegten Entwurfs zu. Das Ergebnis dieser Prüfung ist in einem ausführlichen Rechtsgutachten niedergelegt, welches das Verfahren aufzeigt, das gemäß Art. 377 des Versailler Vertrages für die Abänderung einzuhalten ist. Ihm ist der für diese Zwecke überarbeitete deutsche Vertragsentwurf beigegeben. PRO FO 371/15246, S. 151 ff. Das Aide-mémoire vom 22. März 1932 findet sich mit einem Bericht des britischen Rheindelegierten, Baldwin, International Waterways Nr. 18 vom 30. März 1932 in PRO FO 371/15976, S. 180 ff., ein weiteres Aide-mémoire vom 8. September 1932, S. 190 ff. In dem dazu gehörenden Bericht, S. 188 f., will Baldwin den deutschen Vorschlag bezüglich der Einstimmigkeit der Beschlußfassung gegen Frankreich und Belgien unterstützen. In dem Bericht International Waterways Nr. 76 vom 5. Dezember 1932, S. 198 f. erklärt er, daß diese Frage für Großbritannien ohne großes Interesse sei. Eine Lösung bei den unterschiedlichen deutsch-niederländischen und französisch-belgi-

Dagegen sollte der Umfang der territorialen Zuständigkeit innerhalb der Kommission selbst festgelegt werden, um damit die erste Lesung des Entwurfs der neuen Rheinschiffahrtsakte abschließen zu können. Auf Vorschlag des britischen Delegierten wurde ein Unterausschuß gebildet, mit dessen Vorsitz Baldwin selbst betraut wurde[41]. In den Beratungen dieses Ausschusses standen sich die belgischen und niederländischen Vorstellungen über die territoriale Zuständigkeit der Rheinzentralkommission unversöhnlich gegenüber[42].

Nach übereinstimmender Auffassung der Delegierten hatte die Mannheimer Akte ein doppeltes Regime für den Rhein aufgestellt: das internationale Schiffahrtsregime einerseits, das die allgemeinen Grundsätze der Freiheit der Schiffahrt, der Gleichbehandlung, des Verbots der Erhebung von Schiffahrtsabgaben usw. enthält und das auf den Rhein von Basel bis ins Meer Anwendung findet, und andererseits das internationale Verwaltungsregime, nach dem die Zentralkommission für die Rheinschiffahrt ihre Verwaltungsbefugnisse ausübt und als Berufungsinstanz für Verfahren der Schiffahrtsgerichte fungiert und das sich lediglich auf den Rhein von Basel bis Krimpen—Gorkum erstreckt[43].

Während über das internationale Schiffahrtsregime keinerlei Meinungsverschiedenheiten herrschten, wichen die Ansichten Belgiens und der Niederlande hinsichtlich des internationalen Verwaltungsregimes

schen Auffassungen sei schwierig. Er neige deshalb dem französischen Vorschlag zu, gemäß Art. 376 des Versailler Vertrages die Entscheidung hinsichtlich der Auslegung und der Anwendung der Friedensvertragsbestimmungen entsprechend den Regeln des Völkerbundes herbeizuführen. Nach dem Austritt Deutschlands aus dem Völkerbund war ein weiteres Vorgehen in dieser Frage auf der Grundlage des Art. 377 des Versailler Vertrages jedoch nicht mehr gangbar. Der Völkerbund konnte ohnehin gemäß Art. 377 des Versailler Vertrages nur Empfehlungen geben. Vgl. *Mance:* International River and Canal Transport, S. 36 f.

[41] C.C.R., 1932-I-R, S. 98. Révision de la Convention de Mannheim, Champ d'application de la Convention. Ein hektographierter Bericht — hier S. 1 — befindet sich in AA, P. A., Handakten Seeliger 97, Akten betreffend Revision der Rhein-Akte, Bd. 7.

[42] Über die wirtschaftlichen Hintergründe vgl. für den belgischen Standpunkt: *Belga:* La rivalité hollando-belge par le partage du traffic rhénan, 10 avril 1936. *Rhenus:* Le problème de l'Escaut et les négociations hollando-belges, Les communications fluviales entre Anvers et le Rhin, S. 192 ff. *Scaldis:* Le problème des communications fluviales hollando-belges, S. 468 ff., S. 178 ff. *Scaldis:* Les questions de Terneuzen, de Bath et de Lanaye, Le Problème des communications fluviales hollando-belges, *Brabo:* Où en est le problème hollando-belge?, S. 131 ff. Für den holländischen Standpunkt vgl. *N. N.:* Les eaux intermédiaires néerlandaises, L'élargissement du canal via Zuid-Beveland.

[43] Bericht Nr. 13 an den Herrn Reichsminister des Auswärtigen betr. Revision der Mannheimer Akte, Territoriale Zuständigkeit der Kommisison, vom 28. Oktober 1929, AA, P. A., Handakten Seeliger 96, Akten betreffend Revision der Rhein-Akte, Bd. 6, Abschrift S 5141, Tgb. Nr. 868.

voneinander ab. Belgien verlangte die Ausdehnung des Geltungsbereiches der Akte auch auf die Verbindungsgewässer bis zur Westerschelde, um damit Antwerpen die Vorteile des internationalen Rheinregimes zu sichern. Die Niederlande dagegen wollten den Anwendungsbereich der Akte auf die traditionellen Rheinmündungsarme beschränkt sehen. Da beide Seiten zu keinerlei Zugeständnissen bereit waren und daran die weiteren Verhandlungen zu scheitern drohten, legte der britische Ausschußvorsitzende einen Kompromiß vor, der den Wünschen beider Seiten Rechnung zu tragen suchte[44].

Schon 1929 hatte das Foreign Office auf der Grundlage eines durch den belgischen Geschäftsträger, Prinz von Croy, überreichten Aide-Mémoires[45] und einer Aussprache mit dem belgischen Rheindelegierten Ruelle eingehend den belgischen und niederländischen Standpunkt geprüft. Ausgehend von den Bestimmungen der Wiener Schlußakte und gestützt auf das Urteil des Ständigen Internationalen Gerichtshofes in der Oderfrage[46], kamen die Beamten des Foreign Office ebenso wie der britische Delegierte in der Rheinzentralkommission, Baldwin, zu dem Ergebnis, daß es keinen Grund gäbe, die eine oder andere Seite zu unterstützen. Es handele sich um eine Rechtsfrage, die, sollte keine der beiden Seiten zum Einlenken bereit sein, vor dem Ständigen Internationalen Gerichtshof im Haag entschieden werden müsse. Die niederländische Beweisführung, daß die Jurisdiktion der Zentralkommission bei Krimpen und Gorkum ende, sei unhaltbar, denn es sei absurd, zu glauben, daß die Interessengemeinschaft eines internationalen Flusses schon lange vor seiner Mündung aufhöre. Das ergebe sich schon aus dem Wortlaut der Wiener Schlußakte. Auf der anderen Seite habe die belgische Auffassung, daß der Rhein alle schiffbaren Wasserwege des belgisch-niederländischen Deltas einschlösse, viele Argumente gegen sich. Das Foreign Office kam deshalb zu dem Ergebnis, daß Großbritannien insoweit die belgische Ansicht unterstützen könne, als die territoriale Zuständigkeit der Zentralkommission bis ins Meer ausgedehnt werden sollte, also bis zu dem Punkt, wo sich die internationalen Gewässer mit den territorialen der Niederlande vermischten und wo alle Nationen das Recht auf freie Schiffahrt auf Grund des Prinzips der freien Durchfahrt hätten. Andererseits müsse man dem niederländischen Standpunkt insoweit beipflichten, als nicht alle schiffbaren

---

44 Vgl. C.C.R., 1932-II-R, S. 24 f. Text des britischen Vermittlungsvorschlages Dokument Nr. 189, S. 36, des holländischen Vorschlages Dokument Nr. 199, S. 45 f., Erklärung über den holländischen Standpunkt Dokument Nr. 198, S. 45, belgischer Vorschlag Dokument Nr. 200, S. 48 ff.

45 PRO FO 371/13678, S. 35 ff.

46 Cour Permanente de Justice Internationale, Serie C, Actes et Documents relatifs aux arrêts et aux avis consultatifs de la Cour, 1929, Affaire relative à la jurisdiction territoriale de la Commission Internationale de l'Oder.

Wasserwege des Deltas einschließlich der Schelde Teil des Rheines seien. Ein Blick auf die Karte zeige, daß der Lek und seine Fortsetzungen, die Nieuwe Maas und der Nieuwe Waterweg, sicherlich als eine der Mündungen des Rheins angesehen werden müßten, und auch die Waal und ihre Fortsetzung, die Oude Maas, dazu gehörten. Es könne aber auch sein, daß die Waal und ihre Fortsetzungen, Hollandsch Diep und Haringsvliet, vielleicht sogar die Grevelingen Krammer, zur Rheinmündung gehörten. Das sei eine reine Frage der Fakten. Es sei aber — selbst bei einer sehr großzügigen Auslegung — unmöglich, Oosterschelde und den Schiffahrtsweg, der sie im Norden mit der Grevelingen Krammer und im Süden mit der Westerschelde verbinde, zum Rhein gehörig anzusehen. Sir Baldwin solle deshalb darauf drängen, die widerstreitenden Interessen durch einen Kompromiß zwischen den Niederlanden und Belgien auszugleichen. Es handele sich nämlich um die unterschiedliche Auslegung einer gegebenen Rechtssituation, und die britische Rechtsüberzeugung stimme mit keiner der beiden streitenden Parteien überein. Komme ein Kompromiß nicht zustande, solle ihn die Zentralkommission keinesfalls durch Mehrheitsbeschluß herbeiführen, sondern die Angelegenheit dem Ständigen Internationalen Gerichtshof zur Entscheidung unterbreiten[47].

Damit war der Vermittlungsvorschlag, den Baldwin am 9. September 1932 der Verhandlungskommission zur Abstimmung vorlegte, bereits in den Grundzügen vorgezeichnet. Er sah vor, daß — den niederländischen Wünschen entsprechend — die territoriale Zuständigkeit der Zentralkommission wie bisher bei Krimpen und Gorkum endet und daß Rotterdam hinsichtlich der Anwendung der Surtaxe d'entrepôt mit Antwerpen gleichbehandelt werden solle. Den belgischen Forderungen entsprechend enthielt der Kompromiß eine Bestimmung, die den Niederlanden die Verpflichtung auferlegte, die Wasserstraßen zwischen dem Rhein und Antwerpen in einem guten Zustand zu erhalten, und Belgien das Recht einräumte, die Zentralkommission anzurufen, wenn diese Verpflichtung nicht eingehalten werden sollte. Der belgische Wunsch, die Niederlande zum weiteren Ausbau der Wasserwege zu verpflichten, wurde nicht berücksichtigt[48].

Als die Kommission sich anschickte, über den britischen Vorschlag zu verhandeln, verließ der niederländische Delegierte, Kröller, die Sitzung mit der Erklärung, daß er für den Fall der weiteren Verfol-

---

[47] Sphere of application of Mannheim Convention, 17. September — 4. November 1929, C 7153/2886/96, PRO FO 371/13678, S. 26 ff. Vgl. auch International Waterways Nr. 17 vom 16. April 1929, PRO FO 371/13677, S. 1 ff.

[48] Vgl. Bericht Baldwins an den Right Honorable Sir John Simon, International Waterways Nr. 78 vom 10. Dezember 1932, C 10624, PRO FO 371/15977, S. 277 ff. Der Text des britischen Kompromißvorschlages findet sich S. 283.

gung dieses Vorschlages, der die Ausdehnung des Anwendungsbereiches der Akte zur Folge habe, die Instruktion seiner Regierung erhalten habe, an den weiteren Verhandlungen über die Ausarbeitung der neuen Rheinschiffahrtsakte nicht mehr teilzunehmen[49]. Dennoch ließ der Ausschußvorsitzende über den vorbereiteten Text des Vermittlungsvorschlages abstimmen, der mit zehn gegen zwei Stimmen bei vier Enthaltungen angenommen wurde[50]. Eine Abstimmung über den gesamten Entwurf der neuen Rheinschiffahrtsakte fand nicht statt. Die erste Lesung war damit beendet, aber erst im Juni 1934 lag ein offizieller französischer und deutscher Vertragstext vor[51].

Während Frankreich den Beginn der Verhandlungen hinausgezögert hatte aus der Erwägung, daß die neue Rheinschiffahrtsakte ihm nicht die gleiche beherrschende Stellung wie der Versailler Vertrag einräumen würde[52], war es nun Deutschland, das durch das Hinausschieben der Bestätigung des vom Übersetzungsdienst der Rheinzentralkommission erstellten deutschen Textes und durch das Aufwerfen

[49] C.C.R., 1932-II-R, S. 30. Eine ausführliche Darstellung mit dem Wortlaut der Erklärung des niederländischen Delegierten Kröller findet sich in dem Bericht Nr. 6 des deutschen Delegationsleiters Dr. Seeliger an den Herrn Reichsminister des Auswärtigen vom 1. April 1933, Abschrift S 1227, Tgb. Nr. 214 S. 12 ff. AA, P. A., Handakten Seeliger 98, Akten betreffend Revision der Rheinakte, Bd. 8. Über die niederländische Reaktion vgl. die Schrift des niederländischen Delegierten, Professor *Telders:* Der Kampf um die neue Rheinschiffahrtsakte, sowie *Telders:* De huidige Stand van het internationale Rijnregime, S. 23 f., *Telders:* Affaires rhénances, Aperçu des faits internationaux d'ordre juridiques, S. 45 ff. *Zaaijer:* Der „französische Rhein" in Bedrängnis, S. 17 ff. *Zaaijer:* Hollands Kampf um den Rhein, S. 89 ff. *J. R. F. (Frey):* Die Rheinzentralkommission, Holland und die französisch-belgische Rheinpolitik, S. 57 f. *Frey:* Die Revision der Rheinschiffahrtsakte als politisches Rüstzeug. *h:* Die Ziele der französischen Rheinschiffahrtspolitik. *WTB:* Belgische und französische Machtpolitik, Holland wendet sich gegen den Entwurf der neuen Rheinschiffahrtsakte. *Hennig:* Ein Kampf ums Völkerrecht, Versuchte Politisierung der Rheinschiffahrtsakte, S. 1578. *Hohl:* Die Revision der Mannheimer Akte, S. 107 ff.

[50] Bericht an the Right Honourable Sir John Simon, International Waterways Nr. 78 vom 10. Dezember 1932, PRO FO 371, 15977, S. 281, Bericht Nr. 6 an den Herrn Reichsminister des Auswärtigen, Abschrift S 1227, Tgb. Nr. 214 vom 1. April 1933, S. 15, C.C.R., 1932-II-R, S. 33.

[51] Die deutsche Fassung des Entwurfs einer revidierten Rheinschiffahrtsakte wurde mit Schreiben vom 20. Juni 1934, Circulaire Nr. 793, vom Sekretariat verschickt. AA, P. A., Handakten Seeliger 99, Akten betreffend Revision der Rhein-Akte, Bd. 9, Tgb. Nr. 500/34 mit Anlage. Der deutsche Text blieb aber umstritten; jedenfalls erklärte die deutsche Delegation mit Schreiben vom 21. April 1934, Tgb. Nr. 85, an den Generalsekretär, daß erst nach Annahme des Entwurfs der revidierten Rheinschiffahrtsakte auch ein authentischer deutscher Text hergestellt werden könne. Die deutsche Delegation halte es für verfrüht, schon im gegenwärtigen Stadium der Verhandlungen die Kommission mit der Feststellung eines deutschen Textes zu befassen.

[52] Vgl. Bericht Nr. 15 des Rheindelegierten an den Herrn Reichsminister des Auswärtigen über die Revision der Rheinschiffahrtsakte vom 30. Mai 1934, S. 3009, Tgb. Nr. 580, S. 1, AA, P. A., Handakten Seeliger 94, Akten betreffend Revision der Rhein-Akte, Bd. 4.

von Verfahrensfragen die zweite Lesung zu verzögern trachtete[53]. Grund für diese Handlungsweise der deutschen Delegation war die fehlende Gleichberechtigung, die nach ihrer Meinung in der Zusammensetzung der Rheinzentralkommission zum Ausdruck kam, sowie die Einschränkung der deutschen Gerichts- und Steuerhoheit, die in der Zuständigkeit der Zentralkommission als Berufungsinstanz der Rheinschiffahrtsgerichte und in der Aufnahme von Bestimmungen über das Verbot der Erhebung von gewissen Steuern gesehen wurde[54]. Als Vorwand dienten auch die Meinungsverschiedenheiten zwischen Belgien und den Niederlanden über die Ausdehnung der Zuständigkeit der Rheinzentralkommission. Ohne eine Lösung dieser umstrittenen Fragen schien der deutschen Delegation eine zweite Lesung des Entwurfs nicht sinnvoll zu sein. Während sie, insbesondere unterstützt durch die italienische Delegation[55], die noch offenen Fragen zuerst geklärt sehen wollte, schlug die französische Delegation zur Beschleunigung des Verfahrens vor, für die Bestimmungen, bei denen bereits Übereinstimmung erzielt worden war, mit der zweiten Lesung zu beginnen und über die noch offenen Fragen Parallelverhandlungen zu führen[56].

Zu der auf den 12. März 1935 anberaumten Tagung der Zentralkommission in San Remo über den Entwurf der neuen Rheinakte hatte der Reichsminister des Auswärtigen in einer Note an die übrigen Mitgliedsländer seine grundsätzliche Auffassung zu den bisherigen Ergebnissen dargelegt und die Punkte zusammengestellt, von deren befriedigender Regelung er eine Verständigung abhängig machte. Dabei ging er davon aus, daß die einzelnen Delegationen in der Lage seien, auch über die offenen Fragen der künftigen Organisation der Zentralkommission und die Art ihrer Beschlußfassung zu entscheiden. Er bezeich-

---

[53] Vgl. dazu den in den Handakten Seeligers vorhandenen Schriftverkehr mit Schwarzenberger von der Rheinzentralkommission über die Prüfung der von diesem erstellten deutschen Übersetzung durch die verschiedenen Ministerien, AA, P. A., Handakten Seeliger 98, Akten betreffend Revision der Rhein-Akte, Bd. 8. Hinsichtlich der Verfahrensfrage vgl. C.C.R., 1933-I-R, S. 2 f. und C.C.R., 1933-II-R, S. 5 f. Fixation de la date pour la deuxième lecture de la Révision de la Convention de Mannheim.

[54] Bericht Nr. 8 an den Herrn Reichsminister des Auswärtigen vom 11. Juni 1932, e. o. Tgb. Nr. 438, AA, P. A., Handakten Seeliger 97, Akten betreffend Revision der Rhein-Akte, Bd. 7. Vgl. auch *Sch:* Die Geschichte der Rheinschiffahrtsakte, Zu den Beratungen der Zentralkommission über den neuen Entwurf.

[55] Commissione Centrale del Reno, Delegazione Italiana, Schreiben Nr. 79 an den Präsidenten der Zentralkommission vom 21. Dezember 1933, AA, P. A., Handakten Seeliger 99, Akten betreffend Revision der Rhein-Akte, Bd. 9, Tgb. Nr. 1/34, übersandt vom Generalsekretär der Zentralkommission mit Schreiben vom 30. Dezember 1933, Tgb. Nr. 1.

[56] Bericht Nr. 6 an den Herrn Reichsminister des Auswärtigen betr.: Revision der Mannheimer Akte vom 6. Juni 1934, S 2323, Tgb. Nr. 467, AA, P. A., Handakten Seeliger 99, Akten betreffend Revision der Rhein-Akte, Bd. 9.

nete als Ziel der Verhandlungen die Sicherstellung einer vertrauensvollen Zusammenarbeit der Uferstaaten auf der bewährten Grundlage der Mannheimer Rheinschiffahrtsakte und die Verbesserung und Präzisierung der Akte in Einzelfragen zur Angleichung an die veränderten wirtschaftlichen und technischen Verhältnisse, wobei jedoch die Tätigkeit der Kommission auf die Gebiete beschränkt sein sollte, auf denen sie schon vorher gearbeitet hatte. In einem Anhang waren die Punkte zusammengestellt, deren Klärung die deutsche Regierung erwartete[57].

---

[57] Erlaß an die Missionen, Abschrift zu Sond. Ref. S 166, Anlage 1 a und 2 a, Aufzeichnung, AA, P. A., Handakten Seeliger 100, Akten betreffend Material zur Revision der Rhein-Akte. S 166 wurde mit Schreiben S 211 vom 12. Februar 1935 an die Deutsche Botschaft in London übermittelt. Diese berichtete am 15. Februar 1935, A 565 auf Erlaß vom 12. d. M. — Sond. Ref. S 166 — durch Botschaftsrat, Fürst Bismarck, über das diesbezügliche Gespräch im Foreign Office mit dem zuständigen Referenten. Am 25. Februar 1935 präzisierte das Auswärtige Amt noch einmal den deutschen Standpunkt in der Frage des Wechsels der Präsidentschaft, S 309/35 zu Sond. Ref. S 211 auf Bericht vom 15. d. M. 565. Der Bericht des Fürsten Bismarck über die erfolgte Vorsprache im Foreign Office, Schreiben der Deutschen Botschaft London vom 5. März 1935, A 716 auf Erlaß vom 25. v. M. — Sond. Ref. S 211, Sond. Ref. S 309, AA, Abteilung S, Akten betreffend Revision der Mannheimer Akte, Rheinschiffahrtsakte von 1868, 514 Flußschiffahrt Nr. 151 — Rhein — Bd. 8. Erlaß Sond. Ref. S 586 vom 27. Mai 1935 und Bericht der Deutschen Botschaft London A 1879 vom 20. Juni 1935, S 704, AA, P. A., Sond. Ref. S, Akten betreffend Revision der Mannheimer Akte, Rheinschiffahrtsakte von 1868, 514 Flußschiffahrt Nr. 151 — Rhein — Bd. 9. Ein Bericht des Foreign Office über die Unterredung mit Fürst Bismarck enthält den Hinweis, daß einer Sitzverlegung nach Deutschland grundsätzlich nichts entgegenstehe, PRO FO 371/19527, S. 51. Die deutsche Aufzeichnung vom 12. März 1935, die durch von Marschall im Foreign Office übergeben wurde, und Bericht hierüber an den britischen Rheindelegierten Keane, S. 147 ff. Keane vertrat am 17. April 1935 die Ansicht, daß die Revision der Rheinschiffahrtsakte mehr vom „political outlook" in Berlin als von den Bemühungen der deutschen Delegation abhänge, S. 163. Vgl. auch das Schreiben des Leiters der Abteilung International Rivers, Owens St. Claire O'Malley, an Keane, in dem er berichtet, daß Deutschland drohe, aus der Zentralkommission auszuscheiden, wenn nicht die deutschen Forderungen hinsichtlich eines regelmäßigen Wechsels des Präsidenten, der Abschaffung der Zentralkommission als Berufungsinstanz und der Möglichkeit der Erhebung von bestimmten Steuern durch Großbritannien unterstützt würden, S. 197 ff. Deutsches Memorandum zur Frage der Doppelbesteuerung vom 14. November 1935, PRO FO 371/19528, S. 97 f. Die britische Stellungnahme hierzu enthält das Memorandum des Foreign Office vom 26. Oktober 1935. Anhang zum Schreiben der Deutschen Botschaft London A 3818 vom 29. Oktober 1935, Sond. Ref. S 1182, AA, P. A., Abteilung S, Akten betreffend Mannheimer Akte, Rheinschiffahrtsakte von 1868, 515 Flußschiffahrt Nr. 151 Rhein — Bd. 11. Der Reichsminister des Auswärtigen hatte in seinem Bericht an die Botschaft in London vom 21. September 1935 gebeten, noch einmal erneut darauf hinzuweisen, daß auf dem Gebiet der deutschen Ströme die Beseitigung der in Versailles erfolgten Diskriminierung noch nicht gelungen sei und einem etwaigen Versuch der Bagatellisierung dieses Problems mit dem Bemerken zu begegnen sei, daß Deutschland auf eine baldige Revision der in Frage kommenden Bestimmungen nicht verzichten könne. AA, Abteilung S, Akten betreffend die Stromkommissionen (Rhein, Elbe, Oder, Donau usw.), 392/1 Flußschiffahrt Generalia 3, Bd. 9, S. K 586926. Über die

Auf der Konferenz von San Remo wurden aber die bisher in offiziösen Gesprächen der Delegationschefs erörterten Fragen, wie Vorsitz, Zusammensetzung und Residenz der Kommission, mit einer gewissen Zurückhaltung behandelt. Die britische Regierung vertrat in Abstimmung mit dem französischen Außenministerium[58] die Ansicht, daß diese Fragen, da sie von der Revisionsklausel des Versailler Vertrages nicht berührt würden, nur im Wege eines besonderen Abkommens unter Beteiligung des Völkerbundes geregelt werden könnten[59]. So kam eine Verständigung lediglich darüber zustande, daß jeder Staat in Zukunft nur eine Stimme haben und jede Delegation höchstens aus vier Mitgliedern bestehen sollte.

In Sonderverhandlungen zwischen der deutschen und der französischen Delegation in Paris und Basel wurden nach Abschluß der Konferenz von San Remo die noch offenen Fragen erörtert. Hierbei kam es zu einer wesentlichen Klimaverbesserung zwischen den beiden Delegationen, die sich in einer veränderten französischen Haltung hinsichtlich der Gewährung der vollen Gleichberechtigung zeigte. Auf der folgenden Tagung der Zentralkommission am 25. Juni 1935 in Straßburg hat sich neben dem französischen Eingehen auf die deutschen Wünsche auch die stark veränderte Haltung des englischen Vertreters günstig bemerkbar gemacht. Dort, wo eine deutsch-französische Einigung vorlag, hat er sich um deren Durchsetzung bemüht, doch ging dieses Engagement nicht so weit, daß von Seiten des britischen Vertreters in der Rheinzentralkommission eine besondere Einwirkung auf die französische Delegation im Sinne der deutschen Forderungen erkennbar gewesen wäre. Bei der deutschen Delegation wurde hinter dieser veränderten Haltung eine entsprechende Weisung aus London vermutet und dies als Erfolg der eigenen diplomatischen Tätigkeit gewertet[60].

---

weiteren bilateralen Besprechungen in London siehe PRO FO 371/19528, S. 6 ff., S. 200 ff. und S. 251 ff.

[58] Vgl. Bericht des britischen Rheindelegierten, Keane, über die Konferenz von San Remo, PRO FO 371/19527, S. 173 ff. Frankreich brachte diese Frage auf der anschließenden Sitzung in Paris am 17. Mai 1935 erneut zur Sprache. Vgl. Übersicht über die Ergebnisse der außerordentlichen Tagung der Zentralkommission für die Rheinschiffahrt in San Remo vom 12. bis 31. März 1935 wegen Revision der Rheinschiffahrtsakte, vom 2. April 1935, Sond. Ref. S 402/35, AA, P. A., Handakten Seeliger 100, Akten betreffend Material zur Revision der Rhein-Akte.

[59] Übersicht über die Ergebnisse der außerordentlichen Tagung der Zentralkommission für die Rheinschiffahrt in San Remo vom 12. bis 31. März 1935 wegen Revision der Rheinschiffahrtsakte vom 2. April 1935, S. 12 sowie die Aufzeichnung des Gesandten Dr. Martius, Sond. Ref. S 502 vom 2. Mai 1935, AA, Sond. Ref. S, Akten betreffend Revision der Mannheimer Akte, Rheinschiffahrtsakte von 1868, 514 Flußschiffahrt 151 — Rhein — Bd. 9.

[60] Sond. Ref. S 813/35, S. 3, AA, P. A. Handakten Seeliger 100, Akten betreffend Material zur Revision der Rhein-Akte. Daß eine entsprechende Weisung aus London vorlag, an die sich der britische Delegierte strikt hielt,

Auf der Suche nach einer Lösung warf der britische Vertreter Keane erneut die Frage auf, wie Deutschland sich zu einer Aufteilung der neuen Akte in zwei Dokumente stelle, von denen eines nur die im Versailler Vertrag geregelten und jetzt abzuändernden Bestimmungen, das andere die übrigen Vereinbarungen enthalten sollte. Er bezog sich dabei auf die während der offiziösen Verhandlungen der Hauptdelegierten auf deutsche Anregung hin schon 1929 geführte Erörterung, ob in einem Sondervertrag zwischen Belgien, Deutschland, Frankreich, Großbritannien und der Schweiz eine Klärung über die Abänderung der in Art. 355 des Versailler Vertrages festgelegten Zusammensetzung der Zentralkommission gefunden werden könnte. Jedoch auch dieser Lösungsversuch führte zu keinem Ergebnis[61].

Schon anläßlich des Übergangs der Vertretungsberechtigung in den Stromkommissionen von den deutschen Ländern auf das Reich hatte die britische Regierung eine ausgleichende Position eingenommen. Mit dem Gesetz über den Neuaufbau des Reiches vom 30. Januar 1934 war durch den Übergang der Hoheitsrechte auf das Deutsche Reich die Eigenstaatlichkeit der Länder erloschen. Auch alle Rechte, die die deutschen Länder als Uferstaaten der internationalisierten Ströme auf Grund des Versailler Vertrages und der verschiedenen Stromakten

---

ergibt sich aus dem Memorandum on the problems of international rivers with special reference to present German claims in regard to the Rhine, PRO FO 371/19528, S. 205 sowie Aufzeichnung des Botschaftsrats, Fürst Bismarck, über eine Unterredung mit dem zuständigen Abteilungsleiter im Foreign Office, O'Malley, am 25. Juni 1935, Schreiben der Deutschen Botschaft London, A 2191 vom 27. Juni 1935, zu Sond. Ref. S 747/35 und Telegramm des Auswärtigen Amtes an den Gesandten Dr. Martius vom 26. Juni über eine Erklärung des britischen Geschäftsträgers in Berlin hinsichtlich der Unterstützung der deutschen Forderungen, S 729, AA, Sond. Ref. S, Akten betreffend Revision der Mannheimer Akte, Rheinschiffahrtsakte von 1868, 514 Flußschiffahrt Nr. 151 — Rhein — Bd. 9.

[61] Schreiben des niederländischen Außenministers vom 30. Januar 1935 an den deutschen Gesandten in Den Haag, Graf Julius von Zech-Burkersroda, an das Auswärtige Amt übersandt mit Schreiben Deutsche Gesandtschaft A 316 vom 31. Januar 1935, zu Sond. Ref. S 166, AA, Sond. Ref. S, Akten betreffend Revision der Mannheimer Akte, Rheinschiffahrtsakte von 1868, 514 Flußschiffahrt Nr. 151 — Rhein — Bd. 8. Sond. Ref. S 820/35 und Anl. 2, Besprechungen über einzelne Fragen der neuen Rheinakte außerhalb der Plenarverhandlungen, S. 5 ff. AA, P. A., Handakten Seeliger 100, Akten betreffend Material zur Revision der Rhein-Akte. Entwurf eines Sonderabkommens zwischen Deutschland, Belgien, Großbritannien, Frankreich und der Schweiz über Änderung der in Art. 355 des Versailler Vertrages vorgesehenen Zusammensetzung der Zentralkommission durch ein zwischen den genannten Staaten zu schließendes Sonderabkommen sowie Aufzeichnung über eine Besprechung in Karlsruhe am 3. November 1929 zum Entwurf eines Sonderabkommens der in der Zentralkommission vertretenen Staaten über die Neuregelung der Zusammensetzung und Beschlußfassung der Zentralkommission, zu S 5065/29, S. 1 f. AA, VM 94/2, Akten betreffend Häfen, Wasserstraßen, Eisenbahnen — Rhein — Bd. 2. Vgl. auch Anm. 40.

besessen hatten, gingen auf das Reich über. Die bis dahin geltenden Vollmachten der deutschen Vertreter in den Stromkommissionen verloren ihre Gültigkeit und wurden durch neue, ausschließlich im Namen des Deutschen Reiches ausgestellte Vollmachten ersetzt. In einer Verbalnote vom 4. Oktober 1934 teilte die Reichsregierung diese Änderung den übrigen in den Stromkommissionen vertretenen Staaten mit[62].

Im britischen Außenministerium kam der deutsche Schritt nicht unerwartet. Bereits am 24. August hatte die französische Botschaft in einer Note den Standpunkt ihrer Regierung zu dem zu erwartenden deutschen Vorgehen dargelegt und angefragt, ob die britische Regierung zu einer gemeinsamen Stellungnahme bereit sei[63]. In mehreren Gutachten prüfte die Rechtsabteilung des Foreign Office die Auswirkungen des deutschen Vorgehens auf die verschiedenen Stromkommissionen[64] und kam, wie die französischen Experten, wenn auch aus unterschiedlichen Gründen, zu dem Ergebnis, daß der Übergang der Vertretungsberechtigung von den Ländern auf das Reich beim Rhein hingenommen werden könne, aber durch die Zustimmung der in der Zentralkommission vertretenen Staaten sanktioniert werden sollte. Wegen rechtlicher Bedenken in bezug auf die Vertretung in den internationalen Donaukommissionen nahm das britische Außenministerium jedoch von der zunächst von Frankreich vorgeschlagenen gemeinsamen Erklärung Abstand[65]. Die britische Antwort vom 1. November 1934 ver-

---

[62] Deutsche Verbalnote A 3436 vom 4. Oktober 1934, PRO FO 371/18417, S. 97. Vgl. auch Schreiben an die Botschaft in London vom 28. September 1934, S 208/34, AA S 3713 und Bestätigung der Übermittlung an die britische Regierung vom 5. Oktober 1934 an das Auswärtige Amt sowie die Aufzeichnungen des deutschen Delegationschefs Martius vom 15., 20. und 28. November 1934, S 4460/34, S. 1, S 4475/34, S. 5 und S 4515, S. 5, AA, VM 94/4, Akten betreffend Häfen, Wasserstraßen und Eisenbahnen — Rhein — Bd. 4.

[63] PRO FO 371/18417, S. 91 Rückseite. Bis zu diesem Zeitpunkt hatte sich Frankreich gegen eine formale Vertretung Deutschlands in den Stromkommissionen durch das Reich als unvereinbar mit dem Versailler Vertrag, der nur „deutsche Uferstaaten" kenne, gewandt. Vgl. z. B. C 3377/1840/96, PRO FO 371/15246.

[64] R 4739/4739/96 vom 24. August und R 5463/4739/96 vom 5. Oktober 1934, PRO FO 371/18417, S. 81 ff. und S. 89 ff.

[65] In der Internationalen Donaukommission war den Donauanliegerstaaten Bayern und Württemberg durch Art. 347 des Versailler Vertrages je ein Delegierter zugestanden worden. Als nun das Reich an die Stelle der Länder in den Stromkommissionen trat, wollten die Alliierten dies zum Anlaß nehmen, die durch den Versailler Vertrag festgelegte Zahl von zwei deutschen Delegierten auf einen zu vermindern, da auch die übrigen in der Internationalen Donaukommission vertretenen Staaten nur einen Vertreter entsenden konnten. Das britische Außenministerium war sich darüber im klaren, daß — so wünschenswert eine solche Regelung nach Auflösung der deutschen Länder auch sein möge — es wenig Handhaben gäbe, die Zustimmung Deutschlands zu einer solchen Vereinbarung zu gewinnen. Man fürchtete vielmehr, daß die deutsche Regierung im Gegenzug die Aufnahme in die Europäische Donaukommission fordern würde. Das Foreign Office

mied jede Stellungnahme zu dem deutschen Vorgehen und schlug vor, daß die Auswirkungen des Gesetzes vom 30. Januar 1934 von den Bevollmächtigten in den verschiedenen Stromkommissionen erörtert und durch Vereinbarung unter ihnen geregelt werden sollten[66]. Auf der Herbsttagung der Zentralkommission für die Rheinschiffahrt wurde dann durch einstimmigen Beschluß der Delegierten der deutschen Vertretung als Delegation des Reiches zugestimmt[67]. Das Eingehen Großbritanniens auf die deutschen Wünsche hinsichtlich der Vertretung in der Rheinzentralkommission ist um so höher zu bewerten, als gerade zu dieser Zeit die öffentliche Meinung Großbritanniens eine tiefgehende Entfremdung gegenüber Deutschland erkennen läßt, die eine Abkühlung der Beziehungen zur Folge hatte[68].

---

hielt die eigene Rechtsposition in dieser Frage für sehr schwach und nahm deshalb von einer gemeinsamen Erklärung Abstand. Da eine Verständigung über die Zahl der Vertreter in der Internationalen Donaukommission nicht erreicht werden konnte, wurde in einem Modus Vivendi die bisherige Zahl der deutschen Bevollmächtigten ohne Anerkennung einer Rechtsgrundlage für die Dauer eines Jahres beibehalten. Schreiben des Reichsministers des Auswärtigen an die deutschen Botschaften in London und Rom vom 21. September 1935, e. o. Sond. Ref. 1032, AA, P. A., Abteilung S, Akten betreffend die Stromkommissionen (Rhein, Elbe, Oder, Donau usw.), 392/1 Flußschiffahrt Generalia 3, Bd. 9, S. K 586924. Vgl. auch *Simeonov:* Die Donaufrage im völkerrechtlichen Verkehr der europäischen Staaten, S. 156 ff.

[66] Verbalnote des Foreign Office vom 1. November 1934 (PRO FO 371/18417, S. 107) an den deutschen Botschafter, Leopold von Hoesch, S 4448/34, mit Schreiben A 3436 vom 5. November 1934 von der Deutschen Botschaft London an das Auswärtige Amt gesandt, AA, Abt. S, Akten betreffend Neuregelung der Vertretung des Deutschen Reiches in den internationalen Stromkommissionen, 393/4 Flußschiffahrt Generalia Nr. 3 adh. V, Bd. 1. Vgl. auch die britische Note an die Deutsche Botschaft vom 11. Februar 1935 betreffend Donauakte. Schreiben der Deutschen Botschaft A 627 vom 14. Februar 1935, Sond. Ref. S 208, an das Auswärtige Amt sowie Bericht des Gesandten von Marschall über eine Unterredung im Foreign Office vom 15. Januar 1935, Anlage zum Schreiben der Deutschen Botschaft London A 71/35 vom 17. Januar 1935 an das Auswärtige Amt wegen Internationaler Donau-Akte, AA, Akten betreffend Neuregelung der Vertretung des Deutschen Reiches in den internationalen Stromkommissionen, 393/5 Flußschiffahrt Generalia Nr. 3 adh. V, Bd. 2. Abschrift der französischen Note: Relations Commerciales, Representation allemande au sein des Commissions Fluviales Internationales vom 26. Oktober 1934 und die deutsche Antwort darauf vom 20. November 1934, S 4421 mit Anlage sowie die französische Erwiderung vom 1. Dezember 1934 und die hierauf ergangene deutsche Antwort vom 10. Januar 1935, S 27/35, AA, Abteilung S, Akten betreffend Revision der Mannheimer Akte, Rheinschiffahrtsakte von 1868, 514 Flußschiffahrt Nr. 151 — Rhein — Bd. 8.

[67] International Waterways Nr. 47 vom 24. November 1934, PRO FO 371/18417, S. 119 ff. Vgl. auch den Bericht S 4475/34 des deutschen Delegationsleiters Martius an Staatssekretär von Bülow vom 20. November 1934, AA, Abt. S, Akten betreffend die Internationale Rheinschiffahrtskommission, 493 Flußschiffahrt Nr. 148 — Rhein — Bd. 40.

[68] Neben den negativen Auswirkungen, die die Kirchenverfolgungen im Sommer und Herbst 1934 auf die öffentliche Meinung Großbritanniens hatten, waren die deutschen Devisen- und Einfuhrrestriktionen vom Frühjahr

Schon nach dem Machtwechsel 1933 in Deutschland war die britische Regierung nach anfänglicher Unschlüssigkeit über den zu verfolgenden Kurs bereit gewesen, ihre Appeasementpolitik fortzusetzen und Deutschland die weitere schrittweise Revision des Versailler Vertrages mit friedlichen Mitteln zuzubilligen[69]. Einen nicht unwesentlichen Einfluß auf die entgegenkommende Haltung des britischen Kabinetts gegenüber der Regierung Hitler hatte in dieser Phase das Verbleiben von Außenminister von Neurath und Staatssekretär von Bülow an der Spitze des Auswärtigen Amtes sowie von Botschafter Leopold von Hoesch auf seinem Posten in London. Die beruhigende Wirkung, die von der personellen Kontinuität im Auswärtigen Amt ausging, wurde noch dadurch verstärkt, daß die deutschen Diplomaten ihren jeweiligen Gesprächspartnern in Berlin und London versicherten, der bisherige Kurs der deutschen Außenpolitik werde unverändert fortgesetzt[70]. An

und Sommer 1934 für die Verschlechterung der Beziehungen zwischen den beiden Staaten verantwortlich. Obwohl die Verhandlungen über ein britisch-deutsches Handels- und Zahlungsabkommen zur gleichen Zeit begannen und am gleichen Tage ihren Abschluß fanden wie die Untersuchung durch das Foreign Office, welche Auswirkungen die Änderung der deutschen Vertretungsberechtigung in den internationalen Stromkommissionen habe, läßt sich keine gegenseitige Beeinflussung erkennen. Man wird jedoch nicht fehlgehen in der Annahme, daß für die Antwort der britischen Regierung auf die einseitige Abänderung der deutschen Vertretungsberechtigung in den internationalen Stromkommissionen die gleichen innen- und handelspolitischen Beweggründe maßgebend waren wie für den Abschluß des britisch-deutschen Handels- und Zahlungsabkommens. Der britische Export nach Deutschland entfiel in diesem Zeitraum — trotz der starken Schrumpfung in den beiden vorangegangenen Jahren — zu rd. 75 % auf Produkte der „old and declining industries", die nur auf Grund dieser Ausfuhr nach Deutschland einen gewissen Beschäftigungs- und Produktionsstand halten konnten. Vgl. *Wendt:* Großbritannien — Demokratie auf dem Prüfstand: Appeasement als Strategie des Status Quo, S. 26. *Niedhart:* Friede als nationales Interesse: Großbritannien in der Vorgeschichte des Zweiten Weltkrieges, S. 455. Dies mag die britische Regierung bewogen haben, die weitere Ausgestaltung der Beziehungen zu Deutschland nicht durch eine Frage von zweitrangiger Bedeutung wie die der deutschen Vertretung in den internationalen Stromkommissionen noch mehr zu belasten. Zur Reaktion auf die Kirchenverfolgungen vgl. den Bericht des Botschaftsrats, Fürst Bismarck, an das Auswärtige Amt vom 12. September 1934, Englische Einstellung zu Deutschland, Möglichkeiten ihrer Beinflussung, AA, Abt. III, Politik II, England, Akten betreffend Politische Beziehungen zwischen England und Deutschland, Bd. 12, H 031673. Zu den Auswirkungen der deutschen Devisen- und Einfuhrrestriktionen und des britisch-deutschen Zahlungsabkommens auf die britische Öffentlichkeit vgl. *Wendt:* Economic Appeasement, S. 180 ff., S. 260 ff. und S. 279.

[69] *Wollstein:* Vom Weimarer Revisionismus zu Hitler, S. 51. *Niedhart:* Friede als nationales Interesse: Großbritannien in der Vorgeschichte des Zweiten Weltkrieges, S. 462.

[70] Vgl. die Schreiben des britischen Botschafters in Berlin, Horace Rumbold, an den britischen Außenminister Simon vom 2. Februar 1933, Documents on British Foreign Policy, Second Series, Bd. IV, Nr. 235, S. 406 und Nr. 279, S. 494 sowie den Runderlaß des Staatssekretärs von Bülow vom 30. Januar 1933, Akten zur Deutschen Auswärtigen Politik 1918—1948, Se-

ihrer grundsätzlichen Konzessionsbereitschaft hielt die britische Regierung — wenn auch mit unterschiedlicher Intensität — weiterhin fest, als die innenpolitische Entwicklung in Deutschland die dem nationalsozialistischen Regime entgegengebrachten Vorbehalte bestätigte und die außenpolitischen Aktivitäten der neuen deutschen Regierung erkennbar werden ließen, daß diese nicht gewillt war, die britische Verständigungsbereitschaft zu honorieren[71].

Auch bei den Verhandlungen über ein neues Rheinstatut wurde die britische Ausgleichspolitik beibehalten. Die britische Delegation hatte zu einer Änderung ihrer Verhandlungsstrategie insofern auch keine Veranlassung, als auf deutscher Seite das Auswärtige Amt seine traditionelle Revisionspolitik zunächst unverändert weiterverfolgte. Die Kontinuität der deutschen Verhandlungspolitik wurde nicht nur dadurch gewahrt, daß die Leitung des Auswärtigen Amtes keiner personellen Veränderung unterzogen wurde, sondern auch der Gesandte Dr. Seeliger deutscher Verhandlungsleiter blieb. Sie kam außerdem in den zunächst unveränderten Zielvorstellungen zum Ausdruck, die darauf gerichtet waren, die durch den Versailler Vertrag verschlechterte Rechtsposition Deutschlands im internationalen Rheinregime zu beseitigen[72]. In der Denkschrift des Staatssekretärs Bernhard von Bülow für Außenminister von Neurath vom 13. März 1933 über die außenpolitische Lage Deutschlands (März 1933)[73] wird u. a. auf den Stand der Verhandlungen zur Beseitigung der Diskriminierungen Deutschlands in bezug auf die Flußkommissionen verwiesen. Es läßt sich auf Grund der Niederschrift über den Inhalt der Ministerbesprechung vom 7. April 1933[74], auf der Außenminister von Neurath die Denkschrift in gekürzter Fassung vortrug, jedoch nicht feststellen, ob der Außenminister die Diskriminierung Deutschlands in den Strom-

---

rie C, Bd. I, 1, Nr. 1, S. 1. *Thiessen:* Englands Stellung zum Dritten Reich im Jahre 1933, S. 78 f. *Wollstein:* Vom Weimarer Revisionismus zu Hitler, S. 53. *Malanowski:* Der Widerstreit von Tradition und Doktrin in der deutschen Außenpolitik von der Revisionspolitik zur einseitigen Liquidation des Vertrages von Versailles 1932—1936, S. 567. *Michalka:* Die nationalsozialistische Außenpolitik im Zeichen eines „Konzeptionen-Pluralismus", S. 56 ff. *Dülffer:* Zum „decisionmaking process" in der deutschen Außenpolitik 1933—1939, S. 186 ff.

[71] Vgl. z. B. das von Sargent und Wigram verfaßte Memorandum: Britain, France and Germany vom 21. November 1935, PRO FO 371/18851/C 7752.

[72] So noch der Bericht Seeligers an den Herrn Reichsminister des Auswärtigen vom 1. April 1933, in dem er die Mannheimer Rheinschiffahrtsakte als Grundlage für die zweite Lesung in Vorschlag brachte, AA, P. A. Handakten Seeliger 98, Akten betreffend Revision der Rhein-Akte, Bd. 8, Abschrift S 1227, Tgb. Nr. 214, Bericht 6, S. 16.

[73] *Wollstein:* Eine Denkschrift des Staatssekretärs Bernhard von Bülow vom März 1933, S. 77 ff., insbesondere S. 86 f.

[74] Akten zur Deutschen Auswärtigen Politik 1918—1948, Serie C, Bd. I, 1, Nr. 142, S. 255 ff.

kommissionen durch den Versailler Vertrag zur Sprache gebracht hat, doch kann angesichts der unveränderten Fortsetzung der Revisionsverhandlungen in Straßburg die zustimmende Grundhaltung Hitlers unterstellt werden. Als Ende September 1934 der Gesandte Dr. Seeliger durch den Gesandten Dr. Martius abgelöst wurde, blieb das Ziel der deutschen Revisionspolitik zunächst unverändert auf die Gleichstellung Deutschlands in den internationalen Stromkommissionen gerichtet, wenngleich hier — ebenso wie in anderen Bereichen der auswärtigen Beziehungen — eine „Politik der drohenden Werbung“[75] an die Stelle der klassischen Revisionspolitik der Weimarer Zeit trat[76]. In Schreiben an die Missionen und in den Berichten der Delegationsleiter an den Minister des Auswärtigen über den Stand der Verhandlungen wird immer wieder auf die erhebliche politische Bedeutung hingewiesen, die gerade die Lösung der noch offenen Fragen für Deutschland habe, und eindeutig erklärt, daß bei einem Scheitern der Verhandlungen eine völlig neue Lage gegeben sei, in der geprüft werden müsse, ob eine Mitarbeit in der Zentralkommission noch weiter vertretbar sei. Die deutsche Delegation war jedoch zu Zugeständnissen in Einzelfragen bereit, wenn das Prinzip der Gleichberechtigung Eingang in die Akte finden würde. Dabei versprach sie sich vor allem von einer wiederholten Demarche bei der britischen Regierung, die „Deutschlands Forderung auf Gleichberechtigung mit Frankreichs Streben nach Sicherheit zu vereinen“[77] trachtete, wenn nicht eine Förderung, so doch wenig-

[75] *Hildebrand:* Deutsche Außenpolitik 1933—1945², S. 44. Zur deutschen Rheinschiffahrtspolitik vgl. den Bericht des Abteilungsleiters im Foreign Office, O'Malley, an den Rheindelegierten Keane, daß Deutschland drohe aus der Zentralkommission auszuscheiden, wenn die deutschen Forderungen von Großbritannien nicht unterstützt würden. PRO FO 371/19527, S. 199.

[76] Für die neue Politik vgl. Vermerk über das Ergebnis der Besprechung am 17. Oktober 1934 im Reichsverkehrsministerium über die Hebung der Straßburg-Kehler Brücken und den Abbruch der Hüniger Brücke und über die Vorbesprechung für die Novembertagung 1934 der Zentralkommission für die Rheinschiffahrt, Anlage zum Schreiben des Reichsverkehrsministers S 9 v. 5040/34 vom 29. Oktober 1934, S 4134/34, S. 3, AA, Abteilung S, Akten betreffend Revision der Mannheimer Akte, Rheinschiffahrtsakte von 1868, 514 Flußschiffahrt Nr. 151 — Rhein — Bd. 8. Schreiben des Reichsministers des Auswärtigen, e. o. Sond. Ref. S 1032, an die Deutschen Botschaften London und Rom vom 21. September 1935, S. K 586923, Sond. Ref. S 199 vom 20. Februar 1936, Sond. Ref. S 200 vom 24. Februar 1936 und e. o. Sond. Ref. S 267 vom 2. März 1936, AA, P. A., Abteilung S, Akten betreffend die Stromkommissionen (Rhein, Elbe, Oder, Donau usw.), 392/1 Flußschiffahrt Generalia 3, Bd. 9. Vortrag des Reichspost- und Reichsverkehrsministers *Freiherr von Elz-Rübenach:* Gegenwartsaufgaben der Reichsverkehrspolitik, S. 283 f. *Lang:* Die Binnenwasserstraßen in Deutschland, S. 15 f. *Milich:* Die deutsche Binnenschiffahrt seit dem Jahre 1929, S. 74. Demnächst auch *Hoederath:* Deutschlands internationale Wasserstraßenpolitik von Weimar bis Hitler, Ein Beitrag zur Diskussion über die Kontinuität der deutschen Außenpolitik im Dritten Reich.

[77] So der britische Außenminister Simon am 7. November 1933 im Unterhaus, 281 H. C. Deb. 5s, S. 58 f.

stens eine Tolerierung der deutschen Bemühungen[78]. Andererseits ist auf Seiten der ehemaligen Siegermächte die Einsicht gewachsen, daß nur bei einem Entgegenkommen in den von der deutschen Delegation aufgeworfenen Fragen eine zufriedenstellende Zusammenarbeit in der Zentralkommission für die Rheinschiffahrt auf die Dauer möglich sein würde. Hierzu trugen auch Gespräche zwischen der niederländischen und der französischen Delegation bei, die im Anschluß an einen Besuch der Niederländer in Berlin stattfanden. Diese Annäherung der Standpunkte wirkte sich positiv auf den Verlauf der Verhandlungen aus, der zeigt, daß beide Seiten sich um ein sachgerechtes Ergebnis bemühten[79]. Diese Verständigungsbemühungen entsprachen der damaligen allgemeinen Grundhaltung der britischen Regierung, die nach den Worten des Parlamentarischen Staatssekretärs im Foreign Office, Lord Cranborne, „den größten Wert auf freundschaftliche Beziehungen zu Deutschland legte“[80] und bereit war, auf deutsche Wünsche hinsichtlich einer Beseitigung der auch in Großbritannien als Diskriminierung emp-

---

[78] Runderlaß des Staatssekretärs von Bülow an die deutschen Vertretungen in London, Paris, Rom, Brüssel, Den Haag und Bern, Sond. Ref. S 586/35 vom 27. Mai 1935, Sond. Ref. S 820/35 mit Anlage vom 20. Juli 1935 sowie Entwurf einer Verbalnote, die allen in der Zentralkommission vertretenen Regierungen zugehen sollte, Sond. Ref. S 412/36, AA, P. A., Handakten Seeliger 100, Akten betreffend Material zur Revision der Rhein-Akte. Bericht der Deutschen Botschaft London A 1879, S 704, vom 20. Juni 1935 über eine Unterredung von Botschaftsrat, Fürst Bismarck, mit dem zuständigen Abteilungsleiter O'Malley, AA, Sond. Ref. S, Akten betreffend Revision der Mannheimer Akte, Rheinschiffahrtsakte von 1868, 514 Flußschiffahrt Nr. 151 — Rhein — Bd. 9. Erlaß des Reichsministers des Auswärtigen, e. o. Sond. Ref. S 1032, an die Deutschen Botschaften London und Rom vom 21. September 1935, S. K 586923 ff., insbesondere S. K 586925 und Bericht A 3246, Sond. Ref. S 1141, des Botschafters von Hoesch über die erfolgte Unterredung mit dem Ständigen Unterstaatssekretär im Foreign Office, Sir Robert Vansittart, vom 21. Oktober 1935, S. K 586928, Erlaß an die Deutschen Botschaften London und Rom, e. o. Sond. Ref. S 267, vom 2. März 1936, S. K 586987, Bericht der Deutschen Botschaft London A 1414, S 451, vom 3. April 1936 über die Demarche des Botschaftsrats, Fürst Bismarck, im Foreign Office in der Frage der deutschen Ströme, S. K 587054 ff., AA, P. A., Abteilung S, Akten betreffend die Stromkommissionen (Rhein, Elbe, Oder, Donau usw.), 392/1 Flußschiffahrt Generalia 3, Bd. 9. Aufzeichnung des deutschen Rheindelegierten Martius für den Staatssekretär des Auswärtigen Amtes, S 427, vom 31. März 1936, AA, Abt. S, Akten betreffend Neuregelung der Vertretung des Deutschen Reiches in den internationalen Stromkommissionen, 394/1 Flußschiffahrt Generalia Nr. 3 adh. V, Bd. V.

[79] Schreiben des Staatssekretärs von Bülow an den Grafen Julius von Zech-Burkersroda in Den Haag vom 20. Februar 1936 über das Ergebnis des Besuches der Herren Kröller und Schaepmann in Berlin am 19. Februar 1936 mit Abschrift Sond. Ref. S 200, AA, P. A., Handakten Seeliger 100, Akten betreffend Material zur Revision der Rhein-Akte. Vgl. auch *Hohl:* Die Revision der Mannheimer Akte, S. 107.

[80] Luftposttelegramm des Botschaftsrats, Fürst Bismarck, (London) an das Auswärtige Amt vom 15. Februar 1936, Akten zur Deutschen Auswärtigen Politik 1918—1945, Serie C, Bd. IV, Nr. 568, S. 1124.

fundenen Bestimmungen des Versailler Vertrages einzugehen[81]. Voraussetzung war allerdings, daß Deutschland die „bestehenden Verhältnisse nicht durch Gewalt, sondern durch gegenseitige Übereinstimmung“[82] ändern würde. Bei dieser Einstellung konnte trotz aller Schwierigkeiten Einigung über die bestehenden Gegensätze erzielt werden, so daß im April 1936 nur noch die Auseinandersetzung zwischen den Niederlanden und Frankreich über die Gleichstellung der niederländischen Rheinmündungshäfen mit Antwerpen hinsichtlich der Erhebung der französischen surtaxe d'entrepôt beim Verkehr nach Straßburg einer Lösung harrte[83].

Da die Niederlande sich auf der Frühjahrstagung 1936 weigerten, vor der Erledigung dieser Streitfrage der neuen Akte zuzustimmen, drohte die Revision der Mannheimer Rheinschiffahrtsakte, die wesentliche Teile der durch den Versailler Vertrag Deutschland auferlegten Diskriminierungen beseitigen sollte, nach fünfzehnjährigen langwierigen Verhandlungen weiter aufgeschoben zu werden, wenn nicht endgültig zu scheitern. Um dies zu verhindern, vielmehr den positiven Abschluß der Revisionsverhandlungen zu ermöglichen und die Anwendung des bisherigen Rheinregimes nicht weiter zu verlängern, einigte sich die deutsche und die französische Delegation nach Bekanntwerden der niederländischen Weigerung darauf, der Rheinzentralkommission den

---

[81] Vgl. z. B. das Memorandum des Foreign Office vom 21. November 1935, PRO FO 371/18851/ C 7752. *Hauser:* England und das Dritte Reich, Bd. 1, S. 201. *Herzfeld:* Zur Problematik der Appeasementpolitik, S. 253 f. und 258. *Schlenke:* Die Westmächte und das nationalsozialistische Deutschland: Motive, Ziele und Illusionen der Appeasementpolitik, S. 291.

[82] Schreiben des Botschaftsrats, Fürst Bismarck, (London) an Ministerialdirektor Dieckhoff vom 13. Februar 1936 über ein Gespräch mit Herrn Wigram über die politische Lage, Akten zur Deutschen Auswärtigen Politik 1918—1945, Serie C, Bd. IV, Nr. 512, S. 1114. Vgl. in diesem Zusammenhang auch das in der Übersicht über die noch andauernde Diskriminierung Deutschlands aus dem Vertrag von Versailles, R 1056/36 vom 8. Mai 1936, angeführte Zitat: „Der Führer und Reichskanzler hat in Punkt 2 der 13 Programmpunkte seiner Reichstagsrede vom 21. Mai 1935 erklärt: Die deutsche Regierung wird daher die sonstigen das Zusammenleben der Nationen betreffenden Artikel des Vertrages von Versailles, einschließlich der territorialen Bestimmungen, unbedingt respektieren und die im Wandel der Zeiten unvermeidliche Revision nur auf dem Wege einer friedlichen Verständigung durchführen“. AA, Sond. Ref. S, Akten betreffend Stromkommissionen (Rhein, Elbe, Oder, Donau usw.), 392/2 Flußschiffahrt Generalia Nr. 3, Bd. 10, S. E 534598. Diese Erklärung Hitlers sollte im Zusammenhang mit der Aufkündigung des Modus Vivendi noch eine Rolle spielen.

[83] Schreiben Sond. Ref. S 552 des Rheindelegierten Martius an das Auswärtige Amt vom 25. April 1936 betr. Revision der Rheinschiffahrtsakte, AA, Abteilung S, Akten betreffend Revision der Mannheimer Akte, Rheinschiffahrtsakte von 1868, 516 Flußschiffahrt Nr. 151 — Rhein — Bd. 13. Schreiben der Deutschen Gesandtschaft in Den Haag A 4876, S 1360/36, vom 23. November 1936, Bd. 14. *Hohl:* Die Revision der Mannheimer Akte, S. 107. *Telders:* Der huidige Stand van het internationale Rijnregime, S. 23.

Abschluß eines Modus Vivendi vorzuschlagen[84]. Er wurde am 4. Mai 1936 nach Abschluß der Tagung in der Bibliothek des Palais du Rhin von den Vertretern Belgiens, Deutschlands, Frankreichs und Großbritanniens gemeinsam unterzeichnet und von dem schweizerischen Delegationschef paraphiert. Der andere schweizerische und der italienische Delegierte hatten wegen ihrer schon vor Ende der Tagung erfolgten Abreise bereits vorher paraphiert. Die niederländische Delegation hat den Modus Vivendi nicht unterzeichnet, sondern kurz vor Abschluß der Beratungen eine förmliche Rechtsverwahrung eingelegt. Der französische Präsident der Rheinzentralkommission wohnte dem Zeichnungsakt nicht bei[85].

Dieser Modus Vivendi[86], der im Anhang die neue revidierte Rheinschiffahrtsakte enthielt, sah in Art. 1 vor, daß die neue Rheinschiffahrtsakte am 1. Januar 1937 zwischen den Signatarstaaten inkrafttreten sollte. Ausgenommen waren lediglich diejenigen Vorschriften — wie gewisse Zollbestimmungen —, die ohne die Zustimmung der Niederlande keine Anwendung finden konnten. Art. 2 verpflichtete die Signatarstaaten, alles in ihrer Macht Stehende zu tun, um eine baldige Unterzeichnung der neuen Rheinschiffahrtsakte herbeizuführen, wodurch der Modus Vivendi gegenstandslos geworden wäre. Art. 3 gab den Vertragsparteien das Recht der Kündigung zum 1. Januar eines jeden Jahres unter Einhaltung einer Kündigungsfrist von sechs Monaten, wobei, um parlamentarische Schwierigkeiten, besonders in Frankreich, zu vermeiden, die erste Kündigung ohne Angabe von Gründen schon zum 15. November 1936 möglich war. Bei verschiedenen Delegationen rechnete man immer noch mit einer baldigen Verständigung zwischen Frankreich und Belgien einerseits und den Niederlanden andererseits, so daß die Niederlande den Modus Vivendi gleichfalls hätten unterzeichnen können[87]. Zu diesem Zweck war in Art. 4 der Beitritt zu dem Abkommen vorgesehen und geregelt.

---

[84] Aufzeichnung über das Ergebnis der Verhandlungen der Zentralkommission für die Rheinschiffahrt auf der Frühjahrstagung 1936 (21. April bis 4. Mai) vom 11. Mai 1936, Abschrift Sond. Ref. S 607/36, S. 11, AA, VM 94/4, Akten betreffend Häfen, Wasserstraßen und Eisenbahnen — Rhein — Bd. 4.

[85] Commission Centrale du Rhin, 1936, Session d'Avril/Mai 1936, Protocoles de la Révision de la Convention de Mannheim, sowie Aufzeichnung über das Ergebnis der Verhandlungen der Zentralkommission für die Rheinschiffahrt auf der Frühjahrstagung 1936 (21. April bis 4. Mai) vom 11. Mai 1936, Abschrift Sond. Ref. S 607/36, S. 1 f., AA, VM 94/4, Akten betreffend Häfen, Wasserstraßen und Eisenbahnen — Rhein — Bd. 4 sowie die nicht zur Weitergabe bestimmte Aufzeichnung zu Sond. Ref. S 590/36, AA, Sond. Ref. S, Akten betreffend Revision der Mannheimer Akte, Rheinschiffahrtsakte von 1868, 516 Flußschiffahrt Nr. 151 — Rhein — Bd. 13.

[86] *De Martens:* Nouveau Recueil Général de Traités, Troisième Série, Bd. XXXVI, Nr. 153, S. 769 ff.

[87] Vgl. z. B. Aufzeichnung S 1146 über ein Gespräch des Gesandten Dr. Martius mit dem niederländischen Rheindelegierten Schaepmann anläßlich

Der Modus Vivendi hatte die Form eines internationalen Verwaltungsabkommens erhalten, das einer Ratifikation nicht bedurfte. Es trat mit der Unterzeichnung der durch ihre Regierungen bevollmächtigten Delegationsmitglieder unmittelbar in Kraft und überließ es dem Verfassungsrecht der beteiligten Staaten, die Förmlichkeiten zu bestimmen, die für die Inkraftsetzung, zu der sich die Regierungen durch die Unterzeichnung verpflichtet hatten, erforderlich waren. Dieses Verfahren bot die Möglichkeit, die abgeänderte Rheinschiffahrtsakte anzuwenden, schon bevor sie durch das einen längeren Zeitraum beanspruchende Ratifikationsverfahren in den Mitgliedstaaten ordnungsgemäß in Kraft trat[88].

Die Mitgliedstaaten der Rheinzentralkommission mit Ausnahme der Niederlande banden sich mit der Unterzeichnung völkerrechtlich, den Modus Vivendi zum 1. Januar 1937 wirksam werden zu lassen. Dazu sollte es aber nicht kommen. Trotz der positiven Beurteilung durch das Auswärtige Amt, das bis zuletzt mit der Annahme des Modus Vivendi gerechnet und alle Vorbereitungen für seine Inkraftsetzung mit den übrigen damit befaßten Ressorts getroffen hatte[89], machte die deutsche Reichsregierung von der in Art. 3 Abs. II enthaltenen Rücktrittsklausel Gebrauch und erklärte in ihrer Note vom 14. November 1936[90] außerdem die schiffahrtsrechtlichen Bestimmungen des Versailler Vertrages sowie die Mannheimer Rheinschiffahrtsakte für nicht mehr verbindlich[91]. Dies geschah auf ausdrückliche Anweisung Hitlers,

---

von Wirtschaftsverhandlungen in Berlin am 16. Oktober 1936, AA, Sond. Ref. S, Akten betreffend Revision der Mannheimer Akte, Rheinschiffahrtsakte von 1868, 516 Flußschiffahrt Nr. 151 — Rhein — Bd. 14.

88 *Ardens:* Zum Modus Vivendi in der Rheinschiffahrt, S. 388 ff. Hinter dem Pseudonym ‚Dr. Peter Ardens' verbirgt sich niemand anderes als der deutsche Rheindelegierte Dr. Georg Martius. In den Akten des Auswärtigen Amtes befindet sich der Entwurf dieses Aufsatzes sowie der Schriftwechsel mit dem Herausgeber der Zeitschrift ‚Völkerbund und Völkerrecht', Professor Freiherr von Freytagh-Loringhoven, AA, Sond. Ref. S, Akten betreffend Revision der Mannheimer Akte, Rheinschiffahrtsakte von 1868, 516 Flußschiffahrt Nr. 151 — Rhein — Bd. 14. Vgl. auch *Bülck:* Verwaltungsabkommen, S. 562. *Dahm:* Völkerrecht, Bd. 3. S. 19 f.

89 Vgl. Vermerk über die Besprechung am 23. Oktober 1936 im Auswärtigen Amt mit den Vertretern des Verkehrs-, Justiz-, Finanz- und Innenministeriums, e. o. Sond. Ref. S 1177, AA, Sond. Ref. S, Akten betreffend Stromkommissionen (Rhein, Elbe, Oder, Donau usw.), 392/2 Flußschiffahrt Generalia Nr. 3, Bd. 10.

90 *De Martens:* Nouveau Recueil Général de Traités, Troisième Série, Bd. XXXVI, Nr. 155, S. 800 f.

91 *Ardens:* Deutsche Wasserstraßen, Bemerkungen zur deutschen Note vom 14. 11. 1936, S. 518 ff. *Böhme:* Die völkerrechtliche Stellung der Elbe unter besonderer Berücksichtigung der Situation nach dem zweiten Weltkrieg, S. 66 ff. *Chiesa:* La Régime international du Rhin et la participation de la Suisse, S. 135 ff. *Feuerhahn:* Entwicklung und Abstieg der Kommissionen für die zentraleuropäischen Flüsse, S. 178 ff. *Frey:* Zur Kündigung der Schiffahrtsklauseln des Versailler Vertrages durch Deutschland, S. 393 ff.

der den Modus Vivendi für die Rheinschiffahrt als unvereinbar mit seiner Absicht bezeichnete, „im geeigneten Augenblick alle durch den Versailler Vertrag geschaffenen Bindungen für die deutschen Ströme als gegenstandslos aufzukündigen“[92]. Nach der deutschen Kündigung

---

Fuhrmann: Die völkerrechtlichen Grundlagen der Rheinschiffahrt, S. 23 ff. *Koenigs:* Das Ende der Internationalisierung der deutschen Ströme, S. 174. *Koenigs:* Die Staatshoheit über die deutschen Ströme, S. 9 ff. *Koffka:* Das Ende der internationalen Gerichtsbarkeit in Rheinschiffahrtssachen, S. 1111 ff. *Lederle:* Die Zukunft der deutschen internationalisierten Ströme, S. 65 ff. *Lederle:* Die Rechtsgrundlage der deutschen Ströme nach ihrer Befreiung, S 308 ff. *Martin:* Die Rechtslage des Rheins seit dem Westfälischen Frieden, S 36 ff. *Mosler:* Die internationale Rechtslage der Rheinschiffahrt nach der deutschen Note vom 14. November 1936, S. 144 ff. *Maupas:* La jurisdiction sur le Rhin après la dénonciation allemande du régime international, S. 462 ff. *Stahl:* Deutsche Ströme, S. 377 f. *Telders:* La dénonciation du régime rhénan par le Reich allemand, S. 113. *Wegener:* Probleme der völkerrechtlichen Ordnung der internationalen Binnenschiffahrt in geschichtlicher und systematischer Beleuchtung, S. 73 ff. *Wegener:* Die internationale Donau, S. 26 f.

[92] Schreiben des Staatssekretärs und Chefs der Reichskanzlei, Dr. Lammers, an den Herrn Reichsminister des Äußeren, Freiherrn von Neurath, vom 7. November 1936, AA, Abteilung Sonderreferat S, Akten betreffend Deutsche Note vom 14. November 1936 betr. Kündigung der deutschen Mitarbeit in den internationalen Stromkommissionen, 394/3 Flußschiffahrt Generalia Nr. 3 adh. VI, Bd. 1. Den letzten Anstoß zur Aufkündigung dürfte die Verweigerung einer Mitgliedschaft Deutschlands in der Europäischen Donau-Kommission und die Klage vor dem Ständigen Internationalen Gerichtshof wegen des zweiten Vertreters (vgl. Anm. 65) gegeben haben (a). Daß sich die britische Politik um eine Verständigung in beiden Fragen bemüht hat und diese auch bei größerer Geduld und dem Willen zum Ausgleich auf deutscher Seite zu erreichen gewesen wäre, zeigen die Verhandlungen der Deutschen Botschaft mit dem Foreign Office (b). Gerade in der Frage der Europäischen Donau-Kommission wäre ein größeres Verständnis deutscherseits für die Schwierigkeiten Großbritanniens notwendig gewesen (c). Nachdem eine für Deutschland befriedigende Regelung an Rhein, Elbe und Oder erreicht worden war (d), schien durch das Einlenken Rumäniens sich auch in der Frage der Europäischen Donau-Kommission eine Lösung anzubahnen (e), als der plötzliche Entschluß Hitlers durch einen neuen „Coup du Samedi“ (f) alle deutschen Ströme zu „befreien“, eine Verständigung in dieser Frage unmöglich machte.

Zu (a): Vgl. Erlaß an die deutschen Botschaften in London und Paris zur Frage der deutschen Vertretung in der Internationalen Donau-Kommission, e. o. Sond. Ref. S 3/36 vom 13. Januar 1936, AA, P. A., Abteilung S, Akten betreffend Neuregelung der Vertretung des Deutschen Reiches in den internationalen Stromkommissionen, 394/1 Flußschiffahrt Generalia Nr. 3 adh. V, Bd. 3, S. K 587304. Aufzeichnung des deutschen Delegationsleiters Martius für Staatssekretär und Dir. pol., S 654 vom 20. Mai 1936, S. E 534700 und die Zusammenstellung von Schriftstücken und Notizen über den Stand der Revisionsarbeiten über Fragen der deutschen Ströme bis zur Note vom 14. November 1936, S 1517, AA, P. A., Sonderreferat S, Akten betreffend Revision der Mannheimer Akte, Rheinschiffahrtsakte von 1868, 516 Flußschiffahrt Nr. 151 — Rhein — Bd. 14. Daß daneben für Hitler noch andere Motive ausschlaggebend waren, wurde schon 1936 im Ausland angenommen. Vgl. *Frey:* Zur Kündigung der Schiffahrtsklauseln des Versailler Vertrages durch Deutschland, S. 404 ff.

Zu (b): Aufzeichnung des Gesandten von Marschall vom 17. Januar 1936 über eine Unterredung mit Herrn O'Malley im Foreign Office, Anlage zum

Schreiben der Deutschen Botschaft London A 238 vom 18. Januar an das Auswärtige Amt, AA, P. A. Akten betreffend Neuregelung der Vertretung des Deutschen Reiches in den internationalen Stromkommissionen, 394/1 Flußschiffahrt Generalia Nr. 3 adh. V, Bd. 1, S. K 588736 f. Schreiben des Botschaftsrats, Fürst Bismarck, Deutsche Botschaft London A 1847 vom 4. Mai 1936, AA, P. A., Akten betreffend Neuregelung der Vertretung des Deutschen Reiches in den internationalen Stromkommissionen, 394/2 Flußschiffahrt Generalia Nr. 3 adh. V, Bd. 4, S. E 534658. Bericht A 2192 der Deutschen Botschaft London vom 18. Juni 1936 über eine Unterredung des Botschaftsrats, Fürst Bismarck, mit Herrn O'Malley im Foreign Office über Revision der Donauakte, S 788/791, AA, P. A., Sonderreferat S, Akten betreffend Revision der Mannheimer Akte, Rheinschiffahrtsakte von 1868, 516 Flußschiffahrt Nr. 151 — Rhein — Bd. 14, S. E 534741. Aufzeichnung des Gesandten von Marschall über eine Besprechung im Foreign Office betreffend Oder-Akte, Anlage zum Schreiben des Botschafters von Hoesch, A 3762 vom 25. Oktober 1936, AA, P. A., Akten betreffend Neuregelung der Vertretung des Deutschen Reiches in den internationalen Stromkommissionen, 394/1 Flußschiffahrt Generalia Nr. 3 adh. V, Bd. 1, S. K 587238. Vgl. auch Memorandum by Mr. Keane on the present position regarding the International River Commissions, dated November 19, 1936, R 6973/6799/96, S. 3, PRO FO 371/20400, S. 194/3.

Zu (c): Vgl. Anlage zum Schreiben der Deutschen Botschaft London A 4390 vom 11. November 1936 betreffend Revision der Donau-Akte, Aufzeichnung des Gesandten von Marschall, S 1274/36, S. 1 f., AA, P. A., Abteilung Sonderreferat S, Akten betreffend Deutsche Note vom 14. November 1936 betr. Kündigung der deutschen Mitarbeit in den internationalen Stromkommissionen, 394/3 Flußschiffahrt Generalia Nr. 3 adh. VI, Bd. 1.

Zu (d): Memorandum für den Staatssekretär und Chef der Reichskanzlei, Dr. Lammers, zum Vortrag beim Führer, o. D., jedoch nach dem 7. November 1936, AA, P. A., Abteilung Sonderreferat S, Akten betreffend Deutsche Note vom 14. November 1936 betr. Kündigung der deutschen Mitarbeit in den internationalen Stromkommissionen, 394/3 Flußschiffahrt Generalia Nr. 3 adh. VI, Bd. 1, S. E 534888/1. Für die Oder vgl. auch Memorandum by Mr. Keane on the present position regarding the International River Commissions, dated November 19, 1936, R 6973/6799/96, S. 1 f., PRO FO 371/20400, S. 194/1.

Zu (e): Vgl. Schreiben A 1847 der Deutschen Botschaft London vom 4. Mai 1936, S 591, AA, Sond. Ref. S, Akten betreffend Stromkommissionen (Rhein, Elbe, Oder, Donau usw.), 392/2 Flußschiffahrt Generalia Nr. 3 adh. V, Bd. 10, S. E 534658.

Zu (f): Der Schritt des Führers kam zu diesem Zeitpunkt für den Minister des Auswärtigen, die Beamten des Auswärtigen Amtes wie auch für die übrigen Ministerien völlig unerwartet. Der Reichsminister des Auswärtigen wurde am 5. November 1936 durch Telegramm des Staatssekretärs und Chefs der Reichskanzlei, Dr. Lammers, über eine bevorstehende Entscheidung des Führers unterrichtet. Sond. Ref. S 1242. Diese erfolgte mit Schreiben Rh 260 Bg vom 7. November 1936, S. E 594887. Nach Rücksprache mit dem Führer erließ der Reichsaußenminister, Freiherr von Neurath, am 12. November 1936 den Erlaß, wonach der Modus Vivendi für den Rhein zu kündigen, die Zeichnung der neuen Elbakte abzulehnen und alle Stromkommissionen zu verlassen seien, S. E 534889, AA, P. A., Abteilung Sonderreferat S, Akten betreffend Deutsche Note vom 14. November 1936, betr. Kündigung der deutschen Mitarbeit in den internationalen Stromkommissionen, 394/3 Flußschiffahrt Generalia Nr. 3 adh. VI, Bd. 1. Vgl. auch *Kordt:* Wahn und Wirklichkeit[2], S. 79, Anm. 2.

Zu (g): Schreiben der britischen Botschaft Brüssel an das Foreign Office vom 20. November 1936, R 6981, PRO FO 371/20400, S. 135.

traten auch Frankreich und Belgien auf der gerade stattfindenden Herbsttagung der Rheinzentralkommission vom Modus Vivendi zurück, während der britische Delegierte Keane — ebenso wie die Vertreter der Schweiz und Italiens[93] — erklärte, daß er von seiner Regierung keine Anweisung zur Kündigung erhalten habe, noch sonst eine Information, aus der sich die Haltung der britischen Regierung ergebe[94].

Die deutsche Note vom 14. November 1936 wurde, da der Leiter der Abteilung International Rivers, O'Malley, wegen des Wochenendes abwesend war, Mr. Baxter vom Central Department übergeben, der den Sachbearbeiter Green hinzuzog[95]. Die Londoner Samstagabendpresse brachte die Erklärung über die „Freiheit der deutschen Wasserwege" in sensationeller Aufmachung, aber fast kommentarlos. Auch die Sonntagmorgenpresse widmete dem Ereignis große Aufmerksamkeit und betonte, daß — wie bei allen außenpolitisch bedeutsamen Schritten des Führers — auch diesmal wieder ein Samstag gewählt worden sei[96]. In einem von dem deutschen Delegationsleiter bei der Zentralkommission für die Rheinschiffahrt, Martius, ausgearbeiteten Memorandum vom 14. November 1936 an den britischen Außenminister Eden begründete die Reichsregierung den deutschen Schritt[97].

Nach Erhalt der deutschen Note legte der französische Botschafter am 16. November dem Ständigen Unterstaatssekretär im Foreign Of-

---

[93] Italien kündigte zunächst am 5. Dezember 1936 seine Mitarbeit in der Zentralkommission auf und erklärte am 19. November 1938, daß dieser Schritt das Ende der Mitgliedschaft in der Zentralkommission bedeute. Schreiben des italienischen Rheindelegierten, Graf Martin-Franklin, Delegazione Italiana Nr. 74 vom 5. Dezember 1936 an den Präsidenten der Rheinzentralkommission, C.C.R., 1937-I-2, Annexe au Protocole 2, S. 8 und vom 19. November 1938, C.C.R., 1939-I-2, Annexe au Protocole 2, S. 22.

[94] C.C.R., 1936-II-R, Application du Modus Vivendi (15. November 1936), S. 1 f. und (16. November 1936), S. 4 f.

[95] Vgl. Bericht über die Überreichung der deutschen Note durch Dr. Woermann von Mr. Baxter vom 14. November 1936, R 6847, PRO FO 371/20400, S. 135, und Telegramm Nr. 261 der Deutschen Botschaft London vom 14. November 1936, Sond. Ref. Nr. 1283, AA, Abteilung Sonderreferat S, Akten betreffend Deutsche Note vom 14. November 1936 betr. Kündigung der deutschen Mitarbeit in den internationalen Stromkommissionen, 394/3 Flußschiffahrt Generalia Nr. 3 adh. VI, Bd. 1.

[96] Vgl. Telegramm Nr. 262 der Deutschen Botschaft London vom 15. November 1936, S 1288/36, AA, Abteilung Sonderreferat S, Akten betreffend Deutsche Note vom 14. November 1936 betr. Kündigung der deutschen Mitarbeit in den internationalen Stromkommissionen, 394/3 Flußschiffahrt Generalia Nr. 3 adh. VI, Bd. 1.

[97] Note betreffend Aufhebung der im Versailler Vertrag enthaltenen Bestimmungen über die auf deutschem Gebiet befindlichen Wasserstraßen, Schreiben A 4457 der Deutschen Botschaft London an den britischen Außenminister Eden vom 14. November 1936, AA, Abteilung Sonderreferat S, Akten betreffend Deutsche Note vom 14. November 1936 betr. Kündigung der deutschen Mitarbeit in den internationalen Stromkommissionen, 394/3 Flußschiffahrt Generalia Nr. 3 adh. VI, Bd. 1.

fice, Sir Robert Vansittart, die Auffassung seiner Regierung dar und wies auf die Notwendigkeit eines gemeinsamen Protestes der in den internationalen Stromkommissionen vertretenen Staaten hin[98]. Die Beamten des britischen Außenamtes hegten aber Zweifel an der Zweckmäßigkeit eines solchen Schrittes. Sie machten geltend, daß papierene Proteste, denen offensichtlich doch keine Beachtung geschenkt werde, um so schneller an Wert verlören, je öfter sie erhoben würden. Auch gäbe es in der Vergangenheit eine Reihe von Vorgängen, bei denen der flagrante Bruch von Verträgen mit Schweigen übergangen worden sei[99]. Ein gemeinsamer Protest in Berlin sei von zweifelhaftem Wert, wenn er nicht von allen Signatarstaaten getragen werde, womit man aber nicht rechnen könne. Da Italien in fast allen Flußkommissionen vertreten sei, komme seiner Haltung besondere Bedeutung zu. Sei Italien nicht bereit, sich einem gemeinsamen Protest anzuschließen, bedeute das eine Stärkung des Bündnisses zwischen Berlin und Rom. Deshalb waren die zuständigen Beamten zunächst unschlüssig, ob die britische Regierung dem französischen Vorschlag zustimmen oder ob sie es bei der Überreichung der vor dem Unterhaus am 16. November abgegebenen Erklärung ihres Außenministers belassen sollte[100]. Ihre Zweifel, welche Form des Protestes am zweckmäßigsten sei, wurden noch bestärkt durch die Nachricht, daß Italien sich der gemeinsamen Aktion versagte und auch die Niederlande und die Schweiz einer getrennten Beantwortung den Vorzug gaben mit der Begründung, daß sie nicht Unterzeichner des Versailler Vertrages seien. In ihren Untersuchungen kamen die Beamten des Foreign Office zu dem Ergebnis, daß die Kündigung des Modus Vivendi für die Rheinschiffahrt durch Deutschland rechtmäßig sei. Dagegen werteten sie die Erklärung der Reichsregierung, sie betrachte die schiffahrtsrechtlichen Bestimmungen des Versailler Vertrages und die Mannheimer Rheinschiffahrtsakte in Deutschland für nicht mehr verbindlich, als Vertragsbruch, der nicht ohne Widerspruch hingenommen werden könne[101]. Sie hielten die niederländische Anregung, den Protest mit der

[98] Bericht über die Unterredung Vansittarts mit dem französischen Botschafter und Stellungnahme des Leiters der Abteilung International Rivers, O'Malley, und des Leiters des Central Department, Wigram, R 6889, PRO FO 371/20400, S. 148 f. Vgl. auch den Runderlaß des französischen Außenministers Delbos vom 16. November 1936, Documents Diplomatiques Français 1932—1939, 2e Série (1936—1939), Bd. III, Nr. 491, S. 772.

[99] Als Beispiel wurde auf die Ignorierung der Abrüstungsbestimmungen des Vertrages von St. Germain durch Österreich verwiesen. R 6889, PRO FO 371/20400.

[100] 317 H. C. Deb. 5s, S. 1334 f.

[101] Gutachten der Rechtsabteilung des Foreign Office über die Auswirkungen der German denunciation of international river clauses of Versailles Treaty vom 30. November 1936, R 6935, PRO FO 371/20400, S. 169 sowie R 7061 vom 25. bis 30. November 1936, PRO FO 371/20400, S. 217 f.

Einladung zu einer neuen Art der Zusammenarbeit zu verbinden, für so erwägenswert, daß sie diese in die britische Note vom 2. Dezember 1936 aufnahmen. Im übrigen waren sie der Ansicht, daß Frankreich für die gemeinsame Aktion der betroffenen Staaten Sorge zu tragen habe[102].

Am 19. November 1936 unterrichtete Außenminister Eden den britischen Botschafter in Paris, Sir G. Clerk, über seine Unterredung mit dem französischen Botschafter. Diesem gegenüber hatte Eden sich die Überlegungen seines Amtes zu eigen gemacht, ihm zugleich aber erklärt, daß erst nach der Stellungnahme des britischen Delegierten in den Flußkommissionen eine endgültige Entscheidung getroffen werde[103]. In seinem Gutachten gab der britische Delegierte Keane einen kurzen Abriß über den Verhandlungsstand und die Rechtslage bei den internationalisierten deutschen Flüssen[104] und schlug u. a. vor, an den Tagungen der Rheinzentralkommission weiterhin, wenn auch in einer weniger aktiven Rolle als in den vergangenen zwei Jahren, teilzunehmen. Seetüchtige britische Schiffe verkehrten auf dem Rhein bis Köln, aber es sei unwahrscheinlich, daß Deutschland — schon im eigenen Interesse — ihnen Schwierigkeiten in den Weg lege. Sollte Deutschland zu einem späteren Zeitpunkt den Uferstaaten ein Abkommen vorschlagen, das den Ausschluß Großbritanniens und Italiens vorsehe, könne man die eigene Position den dann gegebenen Umständen entsprechend einer Überprüfung unterziehen[105].

Damit hatten die Sachverständigen des Foreign Office zu allen entscheidenden Fragen Stellung genommen, die das weitere Handeln der britischen Regierung bestimmten. Zwischenzeitlich hatte die französische Regierung wegen der britischen Einwendungen den Gedanken eines gemeinsamen Protestes fallengelassen, die Anregung zu erneuten Verhandlungen mit dem Ziel, an die Stelle des zerstörten ein neues Vertragssystem treten zu lassen, aber aufgegriffen[106]. Am 2. Dezember 1936 wurde deshalb eine separate, jedoch inhaltlich mit der französischen Regierung abgestimmte britische Antwortnote übergeben[107].

---

[102] Vgl. die Stellungnahme Orme Sargents vom 20. November 1936, PRO FO 371/20400, S. 149.

[103] Note from Mr. Eden to Sir G. Clerk (Paris) vom 19. November 1936, R 6942/6799/96 (Nr. 1952), PRO FO 371/20400, S. 176.

[104] Memorandum by Mr. Keane on the present position regarding the international river commissions, dated November 19, 1936, R 6973, PRO FO 20400, S. 194 ff.

[105] PRO FO 371/20400, S. 194, II.

[106] Vgl. die Stellungnahme des Assistent Undersecretary, Orme Sargent, vom 23. November 1936, PRO FO 371/20400, S. 150. Die französische Position ist ersichtlich aus dem Rundschreiben Nr. 491 vom 16. November 1936, Documents Diplomatiques Français 1932—1939, 2e Série (1936—1939), Bd. III, S. 772 f. und Nr. 58 vom 28. November 1936, Bd. IV, S. 78 ff.

Darin gab die britische Regierung ihrer Verwunderung über die Erklärung der Reichsregierung Ausdruck, daß sie die Bestimmungen des Versailler Vertrages und die darauf basierenden internationalen Flußstatuten für nicht mehr verbindlich ansehe. Sie wies darauf hin, daß der deutsche Reichskanzler in seiner Rede vom 21. Mai 1935 anläßlich der Aufkündigung der Verpflichtungen aus Teil V des Versailler Vertrages[108] erklärt habe, die deutsche Regierung werde die restlichen Artikel des Versailler Vertrages bedingungslos anerkennen und die im Wandel der Zeiten unvermeidliche Revision nur auf dem Wege einer friedlichen Verständigung durchführen. Am 25. Mai 1935[109] habe der deutsche Außenminister, Freiherr von Neurath, dem britischen Botschafter, Sir Eric Phipps[110], erklärt, daß sich diese Ausführungen auf einige kleinere Änderungen hinsichtlich der internationalen Flüsse und einige Beschränkungen in Verbindung mit dem Kieler Kanal bezögen. Am 31. Mai 1935[111] sei die Erklärung des Kanzlers durch den Außenminister noch einmal bestätigt worden. Die britische Regierung bedauere das einseitige Vorgehen Deutschlands, welches die internationalen Beziehungen schwieriger gestalte, auch dann, wenn nicht zu befürchten sei, daß hierdurch irgendwelche bedeutenden britischen Handelsinteressen gefährdet würden. Die britische Regierung könne sich die Auffassung nicht zu eigen machen, daß die internationalen Flußregime mit der deutschen Souveränität unvereinbar seien, auch wenn die deutsche Regierung bei vielen Gelegenheiten seit Unterzeichnung des Versailler Vertrages ihre Unzufriedenheit mit zahlreichen Einzelbestimmungen zum Ausdruck gebracht habe. Die britische

---

107 Mr. Eden to M. von Ribbentrop, R 7061/6799/96 vom 2. Dezember 1936, PRO FO 371/20400, S. 225 f. In dem Telegramm Nr. 285 vom gleichen Tage informierte die Deutsche Botschaft London das Auswärtige Amt über Eingang und Schluß der britischen Note, AA. P. A., Sonderreferat S, Akten betreffend Deutsche Note vom 14. November 1936, 395/2 Flußschiffahrt Generalia Nr. 3 adh. VI, Bd. 3, S. 269. Die Note selbst wurde mit Schreiben A 4695 vom gleichen Tage übersandt, AA. P. A., Sonderreferat Schiffahrt, Akten betreffend Deutsche Note vom 14. November 1936, 395/1 Flußschiffahrt Generalia Nr. 3 adh. VI, Bd. 2, S. 287 ff. Vgl. dazu *Simeonov:* Die Donaufrage im völkerrechtlichen Verkehr der europäischen Staaten, S. 162 f. *Böhme:* Die völkerrechtliche Stellung der Elbe unter besonderer Berücksichtigung der Situation nach dem Zweiten Weltkrieg, S. 68 f. *Fuhrmann:* Die völkerrechtlichen Grundlagen der Rheinschiffahrt., S. 25.

108 *Domarus:* Hitler, Reden und Proklamationen 1932—1945, Bd. I, 2, S. 512. Vgl. auch *Bruns:* Deutschlands Gleichberechtigung als Rechtsproblem.

109 Telegram from Sir E. Phipps (Berlin) Nr. 208 of May 24th, 1935, PRO FO 371/18843, S. 150.

110 Dieser Vorgang wird bei *Ott:* Botschafter Sir Eric Phipps und die deutsch-englischen Beziehungen, nicht behandelt. Zur Stellung des britischen Botschafters gegenüber dem Dritten Reich vgl. auch *Sargent:* Phipps, Sir Eric Clare Edmund, S. 670 f.

111 Telegram from Sir E. Phipps (Berlin) Nr. 222 of May 31st, 1935, PRO FO 371/18843, S. 211 f.

Regierung habe sich immer bemüht, die deutschen Wünsche mit den Interessen der anderen beteiligten Mächte in Einklang zu bringen. Gerade durch die Verhandlungen der letzten Zeit seien beachtliche Erfolge in dieser Hinsicht erzielt worden. Die anderen am Rhein interessierten Regierungen hätten solche Zugeständnisse gemacht, daß der deutsche Bevollmächtigte, der ja wohl auf Weisung seiner Regierung gehandelt habe, in der Lage gewesen sei, ein Abkommen zu paraphieren, das den deutschen Wünschen entsprochen habe. Die britische Regierung könne auch die deutsche These nicht anerkennen, das Ergebnis der Verhandlungen sei hinfällig geworden durch die Weigerung der Niederlande, dieses Abkommen gleichfalls zu unterzeichnen, da die Verhandlungen zwischen den Niederlanden und Belgien einer Lösung nahe gewesen seien. Durch den Abschluß des Modus Vivendi habe man vielmehr die wichtigsten Bestimmungen des Vertragsentwurfs der neuen Rheinschiffahrtsakte zum 1. Januar 1937 inkraftsetzen wollen. Aus allen diesen Erwägungen könne die britische Regierung die von der deutschen Regierung für ihr einseitiges Handeln vorgebrachten Rechtfertigungsgründe nicht anerkennen und müsse hinsichtlich der Rechtslage, die das deutsche Vorgehen geschaffen habe, alle Vorbehalte geltend machen. Abschließend richtete sie an die deutsche Regierung die Frage, ob diese bereit sei, in Verhandlungen einzutreten über ein internationales Abkommen für solche Flüsse, die von internationalem Interesse seien.

In ihrer Antwort auf die britische Note vom 2. Dezember 1936 legte die deutsche Regierung dar, warum sie nach dem „Fehlschlag" der geführten Verhandlungen es nicht habe verantworten können, die durch den Vertrag von Versailles für unbegrenzte Zeit geschaffene Diskriminierung auf den eigenen Deutschland durchfließenden Wasserstraßen länger hinzunehmen. Dieser Schritt habe die britische Regierung nicht überraschen können. Denn schon am 21. Oktober 1935[112] habe der verstorbene Botschafter von Hoesch auftragsgemäß Sir Robert Vansittart darauf hingewiesen, daß Deutschland auf eine baldige Revision der schiffahrtsrechtlichen Bestimmungen von Versailles nicht verzichten könne, ein Scheitern der Verhandlungen werde eine neue Lage schaffen und die Notwendigkeit neuer Beschlüsse nach sich ziehen. Am 3. April 1936[113] habe Botschaftsrat Fürst Bismarck erneut eine ernste Demarche im Foreign Office vorgebracht und dabei ausdrücklich er-

---

[112] Bericht A 2346 der Deutschen Botschaft London vom 21. Oktober 1935, Abschrift Sond. Ref. S 1141/35, AA, P. A., Akten betreffend Neuregelung der Vertretung des Deutschen Reiches in den internationalen Stromkommissionen, 394/1 Flußschiffahrt Generalia 3.

[113] Bericht A 1414 der Deutschen Botschaft London vom 3. April 1936, Sond. Ref. S 451, AA, P. A., Akten betreffend Neuregelung der Vertretung des Deutschen Reiches in den internationalen Stromkommissionen, 394/1 Flußschiffahrt Generalia 3.

klärt, daß es sich nicht um einen neuen Schritt handele, sondern um die Wiederholung der vielfältigen Warnungen der deutschen Regierung an die Signatarmächte von Versailles, diese Frage endlich einer den berechtigten deutschen Wünschen entsprechenden Regelung entgegenzuführen. Es hätte niemand darüber im Zweifel sein können, daß die am Rhein Anfang Mai 1936 geschlossene, bis zum 15. November täglich kündbare Vereinbarung keinen Verzicht auf den deutschen Revisionsanspruch für alle in Frage kommenden deutschen Wasserstraßen bedeute. Für die Verwirklichung dieses Anspruchs wäre aber eine gemeinsame Basis nicht zu finden gewesen.

Die weiteren Ausführungen in dem Schreiben der britischen Regierung vom 2. Dezember schlössen mit der Frage, ob die deutsche Regierung auch heute noch bereit sei, eine internationale Vereinbarung zur Regelung der Verhältnisse an Wasserläufen von internationalem Interesse auszuhandeln. Zu dieser Frage vertrete die deutsche Regierung die Auffassung, daß es allein Sache der Flußanliegerstaaten sei, die für die Schiffahrt relevanten Verhältnisse der Wasserstraße zu regeln. Sie habe deshalb in ihrer Note auch mitgeteilt, daß sie Anweisung gegeben habe, über Fragen von gemeinsamem Interesse in Verhandlungen mit den übrigen Anliegerstaaten einzutreten. Außerdem habe sie in ihrer Note erklärt, daß unter der Voraussetzung der Gegenseitigkeit die Schiffahrt auf den deutschen Wasserstraßen allen mit Deutschland in Frieden lebenden Staaten offenstehe. Deshalb glaube sie, davon absehen zu können, Einzelheiten der britischen Note vom 2. Dezember 1936 näher zu erörtern[114].

Das britische Außenministerium sah in dieser Erklärung eine eindeutige Antwort auf seine Frage nach der zukünftigen Gestaltung der Rechtsverhältnisse auf den internationalen deutschen Strömen: Die Uferstaaten wurden zum Abschluß bilateraler Abmachungen aufgefordert, während Nichtuferstaaten — wie Großbritannien — von der weiteren Mitwirkung ausgeschlossen wurden[115]. Dennoch entschloß sich die britische Regierung, nachdem sie sich bei ihrem Vertreter in der Rheinzentralkommission, Keane, über ihre Verpflichtungen auf Grund des Modus Vivendi informiert hatte[116], diesen zunächst nicht zu kündi-

[114] Vgl. Abschrift zu Sond. Ref. S 1495/36 vom 19. Dezember 1936. Zunächst war eine schärfere Fassung vorgesehen gewesen. Zum Sond. Ref. S 1423 (4). Erst auf Einwendungen der Deutschen Botschaft London, der Text der britischen Note sei dort anders verstanden worden, wurde eine Fassung gewählt, welche die Botschaft vorgeschlagen hatte und verbindlicher in der Form war. Luftposttelegramm Cito Nr. 322 der Deutschen Botschaft London vom 15. Dezember 1936, Sond. Ref. S 1479, AA, Abteilung S, Akten betreffend Deutsche Note vom 14. November 1936, 395/2 Flußschiffahrt Generalia Nr. 3 adh. VI, Bd. 3.

[115] R 7643/6799/96 vom 22. Dezember 1936, PRO FO 371/20400, S. 269 f.

[116] Schreiben an Mr. Keane vom 9. Januar 1937, R 7643/6799/96, PRO FO 371/20400, S. 275.

gen und in der Zentralkommission für die Rheinschiffahrt weiter mitzuarbeiten.

Die einseitige deutsche Aufkündigung des Modus Vivendi machte deutlich, daß die von der britischen Regierung verfolgte Politik hinsichtlich der internationalen deutschen Ströme ihr Ziel nicht erreicht hatte. Als internationale Ordnungsmacht hatte Großbritannien den deutschen Wunsch nach vollkommener Gleichberechtigung in den Stromkommissionen weitgehend toleriert und teilweise unterstützt, um auf dem Verhandlungswege eine einvernehmliche Revision der diesbezüglichen Bestimmungen des Versailler Vertrages zu erreichen. Dadurch sollte die Außenpolitik Hitlers in vertragliche Bahnen gelenkt, zur Stabilisierung der mitteleuropäischen Lage beigetragen und der Frieden sicherer gestaltet werden. Diese Politik war durch das deutsche Vorgehen zunichte gemacht worden[117]. Die schon greifbare Lösung für den Rhein war trotz der britischen Verständigungsbereitschaft am einseitigen Handeln Hitlers gescheitert und die daraus zu erwartende Diskreditierung Deutschlands vor der Weltöffentlichkeit war in ihrer Wirkung nicht so eindeutig, daß sie die Haltung der übrigen europäischen Regierungen nachhaltig beeinflußt hätte.

Dafür gab es verschiedene Gründe. Zunächst war die notwendige Einheitsfront der betroffenen Mächte nicht zustande gekommen, da Italien sich auf massiven deutschen Druck hin überhaupt weigerte, an einer gemeinsamen Aktion teilzunehmen; die Niederlande und die Schweiz im Hinblick darauf, daß sie den Versailler Vertrag nicht unterzeichnet hätten, eigene Noten überreichen wollten, ja, das Foreign Office selbst hatte durch seinen Zweifel an der Zweckmäßigkeit und Wirksamkeit eines solchen Schrittes den gemeinsamen Protest der in den Stromkommissionen vertretenen Staaten vereitelt. Im übrigen erwies sich ein Gegenschlag als sehr schwierig, da die britische Regierung bei Hitlers in der Folgezeit noch wiederholt angewandter Taktik der Verbindung von einseitiger Aufkündigung, d. h. Vertragsbruch, und gleichzeitigem Angebot zu weiteren Verhandlungen[118], „mehr geneigt war, das Angebot anzunehmen, als den Schlag zu erwidern"[119], wie die britische Note vom 2. Dezember mit ihrer am Ende aufgeworfenen Frage nach der weiteren Verhandlungsbereitschaft Deutschlands zeigte. Damit war aber die Wirkung des britischen Protestes stark abgeschwächt, zumal aus der Tatsache der britischen Verhandlungsbereit-

---

[117] Über Methode und Ziel der britischen Deutschlandpolitik vgl. *Gruner:* „British Interest" in der Zwischenkriegszeit, S. 85 ff. *Niedhart:* Britische Deutschlandpolitik vor dem Zweiten Weltkrieg, S. 26 ff. *Schlenke:* Die Westmächte und das nationalsozialistische Deutschland: Motive, Ziele und Illusionen der Appeasementpolitik, S. 290 ff.

[118] *Henke:* England in Hitlers politischem Kalkül 1935—1939, S. 167.

[119] *Eden:* Angesichts der Diktatoren, S. 428 und 400.

schaft der Schluß gezogen werden konnte, daß der deutschen Forderung nach vollkommener Gleichberechtigung eine moralische Rechtfertigung doch wohl nicht abzusprechen sei[120]. Weitergehende Maßnahmen kamen im Hinblick auf die Verhältnismäßigkeit der Mittel sowieso nicht in Betracht; dazu fehlte nicht nur das militärische Machtpotential, sondern auch der politische Wille[121].

Der britische Außenminister hatte vor dem Unterhaus wie auch in der Note vom 2. Dezember — gestützt auf das Gutachten Keanes vom 19. November — erklärt, daß britische Handelsinteressen nicht unmittelbar berührt seien. Dennoch hatte die Bereitschaft zu weiteren Verhandlungen und Fortsetzung der Gespräche ihren Grund auch in der Überlegung, die Lage der britischen Rheinschiffahrt nicht zu erschweren und die Verbindung mit einem der wichtigsten Wirtschaftspartner und größten Schuldner nicht wegen einer Frage abreißen zu lassen, die wegen ihres Ursprungs in Versailles in ihrer politischen Bewertung umstritten war und deshalb als nicht verteidigungswürdig galt. Man erkannte die Berechtigung der deutschen Revisionsforderung zwar an, billigte aber nicht die Methode ihrer Durchsetzung.

Für die britische Regierung mußte mit der wiederholten deutschen Entscheidung für eine gewaltsame Lösung deutlich werden, daß Deutschland zu einem friedlichen Interessenausgleich weder auf politischem noch wirtschaftlichem Gebiet bereit war, und daß eine Politik der Friedenssicherung und Friedenserhaltung scheitern mußte, wenn auf deutscher Seite der Wille zu einem „peaceful change“ fehlte[122]. Die eigentliche Wirkung der erneuten einseitigen deutschen Aktion bestand daher in der weiteren Erschütterung der Vertrauensbasis zwischen den Staaten und der zunehmenden Rechtsunsicherheit in den internationalen Beziehungen[123].

Wie wirkte sich diese Situation auf die britische Rechtsstellung zum internationalen Rheinregime aus?

Großbritannien machte neben der Schweiz von dem im Modus Vivendi vorgesehenen Rücktrittsrecht keinen Gebrauch, so daß dieser zwischen den beiden Staaten völkerrechtliche Geltung erlangte[124]. Da

[120] Die britische Note vom 2. Dezember 1936 wurde denn auch in Berlin nicht als formeller Protest angesehen. Vgl. Aufzeichnung über die Antworten zur deutschen Note vom 14. November (deutsche Wasserstraßen), Sond. Ref. S 1445, AA, P. A., Sonderreferat S, Akten betreffend Deutsche Note vom 14. November 1936, 395/2 Flußschiffahrt Generalia Nr. 3 adh. VI, Bd. 3.

[121] *Meyers:* Sicherheit und Gleichgewicht, S. 406 ff. *Niedhart:* Britische Deutschlandpolitik vor dem Zweiten Weltkrieg, S. 28 ff.

[122] *Grewe:* Peaceful Change, S. 752 ff.

[123] *Ziebura:* Die Krise des internationalen Systems 1936, S. 98.

[124] *Fuhrmann:* Die völkerrechtlichen Grundlagen der Rheinschiffahrt, S. 26. *Maupas:* La jurisdiction sur le Rhin après la dénonciation allemande du

es sich um zwei Mitglieder der Rheinzentralkommission handelte, die zu jenem Zeitpunkt die Mannheimer Rheinschiffahrtsakte weder unterzeichnet hatten noch ihr beigetreten waren, ergab sich eine Situation, die als „un peu surprenant“[125] bezeichnet wurde. Dennoch konnte die Bindung, die Großbritannien eingegangen war, zu keiner Verbesserung seiner Rechtsposition in bezug auf das internationale Rheinregime führen. Der Modus Vivendi selbst hatte nur Übergangscharakter und sollte als internationales Verwaltungsabkommen die schnelle Anwendung bestimmter Teile der abgeänderten Rheinschiffahrtsakte ermöglichen. Das Ratifikationsverfahren, das für die neue Rheinschiffahrtsakte vorgesehen war und dessen Abschluß eine Änderung der britischen Rechtslage bewirkt hätte, hatte wegen der fehlenden Zustimmung der Niederlande auf Grund des französisch-niederländischen Konfliktes erst gar nicht eingeleitet werden können. So war das Engagement, das Großbritannien durch die Unterzeichnung des Modus Vivendi übernommen hatte, durch die Aufkündigung der Uferstaaten praktisch und rechtlich bedeutungslos geworden[126], ein „vodge papier“[127], auch wenn die eingegangene Bindung formal weiter gültig blieb, bis sie durch die sogenannte „kleine Revision“ der Mannheimer Rheinschiffahrtsakte vom 20. November 1963 außer Kraft gesetzt wurde[128].

Auch ohne die Mitwirkung Deutschlands blieb die Rheinzentralkommission für den ihr verbliebenen Bereich bis zur Apriltagung 1940 in Lausanne tätig[129]. Die Auseinandersetzungen zwischen Frankreich und Belgien einerseits und den Niederlanden andererseits über die Gleichstellung der niederländischen Rheinmündungshäfen hinsichtlich der surtaxe d'entrepôt wurden durch den Vertrag von 3. April 1939[130] in

---

régime international, S. 471 f. *Müller:* Die Rechtsstellung der Schweiz in bezug auf die revidierte Rheinschiffahrtsakte vom 17. Oktober 1868, S. 165 f. *Scheuner* in Kraus / Scheuner: Rechtsfragen der Rheinschiffahrt, S. 79. *Schluckebier:* Internationales Rheinschiffahrtsrecht, S. 33. *Telders:* La révision de l'Acte de Mannheim, S. 113. Nach *Kraus* in Kraus / Scheuner: Rechtsfragen der Rheinschiffahrt, S. 29 und *Matschl:* Die Europäischen Gemeinschaften und die Freiheit der Rheinschiffahrt, S. 25 hat der Modus Vivendi keine Rechtswirksamkeit erlangt.

125 *Telders:* La révision de l'Acte de Mannheim, S. 113.

126 C.C.R., 1936-II-R, S. 5, wo die Auffassung des britischen Bevollmächtigten Keane wiedergegeben ist. Vgl. auch Schreiben des britischen Vertreters in der Rheinzentralkommission Clarke an den Verfasser, IT 15/11/01 Pt. 5 vom 9. Mai 1967.

127 *Telders:* De huidige Stand van het internationale Rijnregime, S. 23.

128 Art. III, Ziffer 3 des Übereinkommens zur Revision der am 17. Oktober 1868 in Mannheim unterzeichneten Revidierten Rheinschiffahrtsakte, Bundesgesetzblatt, 1966, Teil II, S. 566.

129 *Walther:* Le statut international de la navigation du Rhin, S. 0. *Chiesa:* Le régime international du Rhin et la participation de la Suisse, S. 140.

130 Accord relatif à certaines questions touchant le régime applicable à

Brüssel beigelegt, und die Niederlande erklärten sich bereit, die Prinzipien des Modus Vivendi anzuerkennen. Zu abschließenden Vereinbarungen über die endgültige Inkraftsetzung der neuen Rheinschiffahrtsakte ist es infolge des Ausbruchs des Zweiten Weltkrieges nicht mehr gekommen. Ein Entgegenkommen Deutschlands in dieser Hinsicht konnte ohnehin nicht erwartet werden[131]. Die Rechtsstellung Großbritanniens in Bezug auf das internationale Rheinregime blieb somit auf die Mitgliedschaft und Mitwirkung in der Zentralkommission für die Rheinschiffahrt beschränkt.

---

la navigation du Rhin, signé à Bruxelles, le 3 avril 1939, *De Martens:* Nouveau Recueil Général de Traités Troisième Série, Bd. XXXVII, Nr. 91, S. 398 ff.

[131] Vgl. den Bericht des Reichs- und Preußischen Verkehrsministers vom 9. Februar 1937, Abschrift W IX Sch. 501/37 (zu Nr. S 9 V 440/37), über einen Besuch der zur niederländischen Delegation in der Rheinzentralkommission gehörenden Herren Kröller und Schaepmann bei Staatssekretär Koenigs, Akten betreffend Revision der Mannheimer Akte, Rheinschiffahrtsakte von 1868, 516 Flußschiffahrt Nr. 151 — Rhein — Bd. 14. *Mance:* International River and Canal Transport, S. 42. *Fuhrmann:* Die völkerrechtlichen Grundlagen der Rheinschiffahrt, S. 26.

Fünftes Kapitel

Die Rechtsposition Großbritanniens infolge der Wiedereinsetzung der Zentralkommission für die Rheinschiffahrt nach dem Zweiten Weltkrieg

Der Ausgang des Zweiten Weltkrieges brachte auch für das internationale Rheinregime große Umwälzungen mit sich. Zweimal hatten sich im Verlauf des Krieges die Machtverhältnisse am Rhein entscheidend geändert. Während zunächst Deutschland durch die Besetzung Belgiens, Frankreichs und der Niederlande als allein bestimmende Macht das internationale Rheinregime faktisch außer Kraft setzen konnte, beherrschten gegen Ende des Krieges mit der Besetzung des Rheinlandes durch amerikanische und britische Truppen zwei Nichtuferstaaten den Strom, von denen nur Großbritannien Mitglied der von Deutschland außer Funktion gesetzten Rheinzentralkommission gewesen war[1].

Im Mai 1945 wurde beim Hauptquartier der alliierten Streitkräfte für die Dauer eines gemeinsamen Oberkommandos eine aus Vertretern der westlichen Besatzungsarmeen bestehende Rhine Navigation Agency gegründet. Sie bestand aus einer Ingenieurabteilung, die für die Bereitstellung und den Einsatz von Bergungsgeräten, Ausrüstung und Arbeitskräften zur Beseitigung von Hindernissen für die Schiffahrt zuständig war, und einer Schiffahrtsabteilung, welche die Erfassung der Binnenschiffe und ihren wirksamen Einsatz sicherstellen sollte[2]. Die Rhine Navigation Agency leistete wertvolle Vorbereitungsarbeiten, beschränkte ihre Tätigkeit aber in erster Linie auf die Beseitigung von Hindernissen aus der Schiffahrtsrinne[3]. Zu einem Einsatz des vorhandenen Schiffsraumes kam es nicht mehr, obwohl Kontakte zu Schiff-

---

[1] *Ränk:* Einwirkung des Krieges auf die nichtpolitischen Staatsverträge, S. 140. *Fuhrmann:* Die völkerrechtlichen Grundlagen der Rheinschiffahrt, S. 43.

[2] SHAEF-Memorandum vom 7. Mai 1945: Opening the Rhine for Navigation, Telegramm vom 28. Juli 1945 from Office of Political Adviser to Commander-in-Chief Germany to Foreign Office, Ziffer 2 und 3, W 10198, PRO FO 371/50496.

[3] Zwischen Bad Honnef und der deutsch-niederländischen Grenze waren bei Kriegsende sämtliche 19 Brücken zerstört und 1665 Fahrzeuge versenkt. Vgl. *Weisweiler:* 30 Jahre Wasser- und Schiffahrtsdirektion Duisburg, S. 371.

fahrtsagenturen bereits hergestellt worden waren[4]. Bei der Beendigung des gemeinsamen Oberkommandos wurde auch die Rhine Navigation Agency als gemeinsames Organ aufgelöst, ihre Arbeit in den beiden Besatzungszonen jedoch getrennt weitergeführt. In der britischen Besatzungszone erfolgte dies durch die British Rhine Transport Control in Duisburg, in die Vertreter Belgiens, Frankreichs und der Niederlande aufgenommen wurden und die belgischen und niederländischen Schiffen die Fahrt auf dem Rhein zwischen Koblenz und Rotterdam ab September 1945 freigab[5]. Durch die amerikanischen Besatzungsbehörden wurde in Eltville ein trizonales Technisches Komitee, die International Rhine Control Agency, geschaffen, die vor allem die Fahrrinne des Rheins von Hindernissen räumen und die Schiffahrt auf dem ganzen Flußlauf wieder in Gang bringen sollte[6].

Der internationale Charakter des Rheins und seines Verkehrs forderte aber nach Ansicht der britischen Besatzungsstreitkräfte, die ihre Auffassung schon Ende Juli 1945 in einem Gutachten dem Foreign Office zur weiteren Behandlung weitergeleitet hatten[7], ein auf Dauer bestelltes internationales Organ, dessen Kompetenzen sich auf den gesamten Flußlauf erstrecken sollten und das in der Lage sein müßte, neben der Bewältigung technischer Aufgaben auch politische Entscheidungen zu fällen, die vielfach mit der Ausführung technischer Vorhaben verbunden seien[8]. Ob zu diesem Zweck die Zentralkommission für die Rheinschiffahrt, die zwar nominell noch existiere, aber ohne Vertretung Deutschlands funktionsunfähig sei, wieder in ihre alten Aufgaben eingesetzt oder durch ein anderes internationales Organ er-

---

[4] The Rhine, Ziffer 9, 21 AGp/33154/Mov & Tn/10. Aug. 45/Headquarters, 21 Army Group/Army Division, PRO FO 371/50496.

[5] The Rhine, Ziffer 10. Ein besonderes Problem für die britischen Besatzungsbehörden stellten die Forderungen Belgiens, Frankreichs und der Niederlande dar, den Rheinverkehr ausschließlich über ihre Rheinflotten abzuwickeln und ihnen im Verhältnis zu ihrem Anteil am Rheinverkehr die noch vorhandene deutsche Rheinflotte zuzuteilen, die sie mit eigenen Besatzungen bemannen wollte. Auf diese Weise sollten ihre wirtschaftlichen Interessen am Rheinverkehr gesichert und das ehemalige deutsche Übergewicht gebrochen werden. Die britischen Besatzungsbehörden lehnten diese Forderungen als nicht im britischen Interesse liegend aber ab. Vgl. Ziffer 10, Rhine Navigation Agency, 21 AGp/33154/ Mov & Tn vom 27. Juli 1945, W 10422, PRO FO 371/50496.

[6] Proposition américaine de constitution d'un Comité technique tripartite pour les travaux sur le Rhin, Annexes au Protocole 15, Nr. 2, C.C.C. 1945-II-15, S. 82.

[7] Schreiben Tn/30249 vom 28. Juli 1945 über Rhine Navigation Agency von der Control Commission for Germany (British Element), H. Q. Transport Division, H. Q. 21 Army Group (Main), B.L.A. an das Office of the Chief of Staff, Control Commission for Germany (British Element), PRO FO 371/ 50496.

[8] Note on Rhine Navigation, IPSG/JG/28 Jul 45, Control Commission for Germany (British Element) — Transport Division, PRO FO 371/50496.

setzt werden solle, bedürfe wegen der damit verbundenen politischen Auswirkungen einer sorgfältigen Prüfung. Deshalb sei es notwendig, zwischenzeitlich eine Interimsorganisation ins Leben zu rufen, die den Einsatz der deutschen Rheinflotte steuere und die technischen Aktivitäten auf dem Rhein mit den Belangen der Schiffahrt koordiniere. Diese Interimsorganisation könne durch die Wiederbelebung der Rhine Navigation Agency geschaffen werden unter gleichzeitiger Aufnahme von Vertretern Belgiens, Frankreichs und der Niederlande sowie der unmittelbar interessierten Besatzungsstreitkräfte[9]. In Verfolg dieser Vorschläge wurde am 14. August 1945 auf einer Zusammenkunft von Vertretern der britischen und amerikanischen Besatzungsstreitkräfte sowie Frankreichs, Belgiens und der Niederlande das Rhine Interim Working Comittee gegründet[10]. Die Aufgabe dieses Komitees bestand in der betrieblichen Regelung der Rheinschiffahrt in den besetzten Zonen und war rein praktischer Art. Die Schaffung einer neuen Rechtsgrundlage für die Rheinschiffahrt gehörte nicht zu seinen Aufgaben[11].

Fast gleichzeitig wurde vom amerikanischen Chief of Staff auf Empfehlung des Supreme Commander Allied Expeditionary Forces dem amerikanischen und dem britischen Außenministerium ein Memorandum übersandt, in dem auf die Notwendigkeit von navigation agencies

---

[9] The Rhine, Ziffer 8 und 13—15.

[10] *Ränk:* Einwirkung des Krieges auf die nichtpolitischen Staatsverträge, S. 141 und auf ihm fußend *Fuhrmann:* Die völkerrechtlichen Grundlagen der Rheinschiffahrt, S. 48, Anm. 1 geben als Zeitpunkt der Gründung den April 1945 an. Vgl. aber den von Vertretern des Rhine Interim Working Committee erstellten Rapport sur le Comité de Duisbourg vom 2. April 1946, Annexes au Protocole, Nr. 1, C.C.C. 1946-II-3, S. 14 ff., in dem der 14. August 1945 als Gründungsdatum angegeben ist.

Am 13. November 1945 wurde das Rhine Interim Working Committee um ein Standing Committee erweitert, das sich in erster Linie mit der Planung des zukünftigen Verkehrsaufkommens und der statistischen Erfassung durchgeführter Transporte befaßte. Vgl. Fonctions et responsabilités du Standing Committee, Annexes au Protocole 3, Nr. 2, C.C.C. 1946-II-3, S. 24. Auf Grund von Verhandlungen im Rahmen der European Central Inland Transport Organization (ECITO) und der als Not- und Übergangslösung wieder ins Leben gerufenen Zentralkommission für die Rheinschiffahrt wurde das Rhine Interim Working Committee am 4. Februar 1947 in das Temporary Committee for Rhine Traffic umgebildet, um seine Arbeit noch effektiver zu gestalten. Vgl. Comité Temporaire du Trafic Rhénan à Duisbourg, Annex au Protocole 2, C.C.C. 1947-II-2, S. 9 ff. sowie C.C.C. 1945-I-2, S. 7 ff., C.C.C. 1945-I-3, S. 15, C.C.C. 1945-II-15, S. 77 ff., Proposition de titre, fonctions, constitution et méthode de travail de l'Agence Internationale de Contrôle du Rhin devant prendre la place du Comité intérimaire pour le Rhin, Annexes au Protocole 15, Nr. 1, C.C.C. 1945-II-15, S. 80 ff., C.C.C. 1946-I-4, S. 11 ff., C.C.C. 1946-II-3, S. 11 ff. Vgl. auch den Entwurf eines vertraulichen Schreibens: Re-opening of the River Rhine to Navigation, BM/ITo (Ca)/519 vom 4. Oktober 1945, PRO FO 371/50408.

[11] *Ränk:* Einwirkung des Krieges auf die nichtpolitischen Staatsverträge, S. 141 f.

für die ehemaligen internationalen Ströme hingewiesen wurde[12]. Auf Grund dieses Gutachtens wurde von Präsident Truman auf der Potsdamer Konferenz am 23. Juli 1945 ein Memorandum über „free and unrestricted navigation of international inland waterways" vorgelegt, in dem vorgeschlagen wurde, für diejenigen Flüsse, die zwei oder mehrere Staaten durchfließen, eine freie und unbeschränkte Schiffahrt zu beschließen und durch internationale Organe überwachen zu lassen, in denen alle Staaten vertreten sein sollten, die ein unmittelbares Interesse an der Schiffahrt auf diesen Strömen hätten. Den Anfang sollten interim navigation agencies für Rhein und Donau machen, deren Aufgabe darin bestehen sollte, die Schiffahrt wieder zu ermöglichen und zu fördern, die Tätigkeit der Angehörigen der verschiedenen Staaten im Interesse einer Chancengleichheit zu überwachen und einheitliche Bestimmungen für die Schiffahrt, die Nutzung der Schiffahrtseinrichtungen, für die Zollerhebung, das Gesundheitswesen und dergleichen zu erlassen. Die Vereinigten Staaten, Großbritannien, Frankreich und die Sowjetunion sollten in beiden agencies, zusammen mit den Uferstaaten, vertreten sein. Außerdem sollte den Staaten, die ein erhebliches Interesse an der Schiffahrt geltend machten, die Mitgliedschaft vertraglich eingeräumt werden können[13]. Dieser Vorschlag wurde von Präsident Truman auf der Sitzung vom 23. Juli 1945 ausgedehnt auf den Kieler Kanal und die Wasserstraßen zwischen dem Schwarzen Meer und der Ägäis[14]. Da keine Entscheidung getroffen wurde, griff der amerikanische Außenminister die Frage am 25. Juli noch einmal auf. Sie wurde daraufhin an einen Unterausschuß verwiesen, der sich auf einer Sitzung am 27. Juli mit ihr befaßte. Da die englische Delegation befürchtete, die Russen würden wegen der systemwidrigen Einbeziehung des Kieler Kanals und der Meerengen zwischen Schwarzem Meer und Ägäis Schwierigkeiten machen, legten sie bei den Verhandlungen einen eigenen Entwurf vor, der bezüglich Rhein und Donau dem amerikanischen Vorschlag entsprach, für den Kieler Kanal und die Meerengen aber getrennte Vereinbarungen vorsah[15]. Tatsächlich lehnten die Russen auch die Prüfung des erweiterten

[12] Combined Chiefs of Staff, C.C.S. 896 (Terminal) 21st July, 1945, W 10047, PRO FO 371/50496. The Conference of Berlin (The Potsdam Conference) 1945, Foreign Relations of the United States, Diplomatic Papers, Bd. 2, Nr. 754, S. 651 ff.

[13] Free and unrestricted navigation of international inland waterways, Memorandum by the United States Delegation, Cabinet Office, Potsdam, P (Terminal) 33/23rd July, 1945, PRO FO 371/50496. The Conference of Berlin (The Potsdam Conference) 1945, Bd. 2, Nr. 755, S. 654. Vgl. auch *Wehle:* International administration of European Inland Waterways, S. 100 ff.

[14] Berlin Conference, July 25, 1945, US draft: Free and Unrestricted Navigation of International Inland Waterways, PRO FO 371/50496. The Conference of Berlin (The Potsdam Conference) 1945, Bd. 2, Nr. 758, S. 656 f.

[15] Draft Proposal by the British Delegation, International Inland Water-

amerikanischen Memorandums ab und warteten wegen der beiden Flußkommissionen auf Weisungen ihrer Regierung[16]. Eine weitere Sitzung des Unterausschusses kam trotz amerikanischen Drängens nicht mehr zustande[17]. Der amerikanische Präsident erreichte auf den Schlußbesprechungen der Potsdamer Konferenz lediglich die Verweisung an die Außenminister[18].

Auf der Außenministerkonferenz am 19. September 1945 in London legte die französische Delegation ein Memorandum zu dem amerikanischen Vorschlag vor[19]. In ihm bejahte sie zwar als eine Notlösung die Gründung von Interimsorganisationen für die europäischen Wasserstraßen, lehnte sie aber für diejenigen Flüsse ab, für die Organe noch vorhanden seien, die in der Vergangenheit wirkungsvolle Arbeit geleistet hätten. Dabei wies sie auf die Verträge hin, die vor 1936 in Kraft gewesen waren und die auch weiterhin Gültigkeit hätten. Die erneute Anwendung dieser Verträge — deren Inhalt gegebenenfalls modifiziert werden müsse — brauche man nur zu beschließen, und das entspreche wohl auch den amerikanischen Vorstellungen. Unter Hinweis auf die frühere Rechtslage und Frankreichs doppelte Funktion als Großmacht und als Uferstaat forderte die französische Delegation in der wieder einzuberufenden Kommission für den Rhein neben der Vertretung wie jeder andere Uferstaat erneut den Vorsitz und sprach sich für die Beibehaltung des Verwaltungssitzes in Straßburg aus. Wegen der gegenwärtigen Lage könne man in Duisburg, wo die Grenze zwischen der Schiffahrt flußaufwärts und flußabwärts verlaufe, eine Zweigniederlassung einrichten. Eine Ausweitung der territorialen Kompetenzen der Rheinkommission auf andere Wasser-

---

ways, 27th July, 1945, PRO FO 371/50496. The Conference of Berlin (The Potsdam Conference) 1945, Bd. 2, Nr. 759, S. 657 f.

[16] Inland Waterways, British Delegation, 29th July, 1945, W 10353, PRO FO 371/50496. Vgl. auch das Schreiben von Jack Ward an Rodney Gallop im Foreign Office, British Delegation, Berlin, 27th July, 1945, W 10194, PRO FO 371/50496 sowie das Schreiben des amerikanischen Chief of the Division of Central European Affaires (Riddleberger) to the Secretary of State, The Conference of Berlin (The Potsdam Conference) 1945, Bd. 2, Nr. 760, S. 658 sowie das Memorandum: Free und unrestricted navigation of international inland waterways, Babelsberg, July 29th, 1945, das Riddleberger über die Sitzung des Unterausschusses Inland Waterways vom 27. Juli 1945 für den Secretary of State verfaßte, S. 453 f.

[17] Telegramm Nr. 8839 an die britische Botschaft in Washington vom 25. August zur Tagesordnung der Außenminister § 2 item (4): international waterways, Ziffer 2, W 11430, PRO FO 371/50496.

[18] Vgl. Eleventh plenary meeting, Tuesday July 31, 1945, 4 p. m., The Conference of Berlin (The Potsdam Conference) 1945, S. 527 und 538 sowie twelfth plenary meeting, Wednesday August 1, 1945, 4 p. m., S. 577, 584 und 605 ff.

[19] Council of Foreign Ministers, European Inland Waterways, United States proposal for an Emergency Regime, Memorandum by the French Delegation, C.F.M. (45) 33, 19th September, 1945, PRO FO 371/50407.

straßen mache jedoch gewisse Vorbehalte notwendig und erfordere die Kontaktaufnahme mit den betroffenen Staaten. Unter Berücksichtigung dieser Vorbehalte könne der amerikanische Vorschlag eine nützliche Diskussionsgrundlage sein. Die französische Delegation schlage deshalb vor, ihn einem besonderen Ausschuß zuzuweisen, der im Laufe der Konferenz den Außenministern Bericht erstatten könne.

Während der Konferenz in London erörterten die Außenminister die Frage der Interimsorganisationen für die europäischen Wasserstraßen, ohne zu einer Verständigung zu gelangen. Der russische Außenminister Molotow erklärte am 24. September 1945, daß die Kontrolle über Rhein und Elbe bei den betreffenden Oberbefehlshabern belassen bleiben solle, während die russischen Oberbefehlshaber die Verantwortung für Oder und Donau den Uferstaaten übertragen würden[20]. Die Verhandlungen der Transportabteilung des Kontrollrates über eine agency, in der alle vier Mächte vertreten sein sollten, waren im Hinblick auf die Außenministerkonferenz schon vorher ohne Ergebnis geblieben. Nach Ansicht des Foreign Office war es deshalb notwendig, unverzüglich für den Rhein zu einer Sonderübereinkunft zu gelangen[21].

Schon am 1. September 1945[22] hatte in London eine informelle Besprechung über Fragen der Rheinschiffahrt zwischen Vertretern Großbritanniens, Belgiens, Frankreichs, der Niederlande und der Vereinigten Staaten stattgefunden, bei denen Mr. Cheetham als Vertreter des Foreign Office auf die Notwendigkeit einer interim agency zum Zwecke der Verkehrskoordinierung, der Zuteilung des vorhandenen Schiffsraumes und der Behandlung von Schiffahrtsfragen hinwies, die unter der Schirmherrschaft der European Central Inland Transport Organization (ECITO) oder der Provisional Organization for European Inland Transport (POEIT) eingerichtet werden könnte. In diesem Zusammenhang wies er auf eine kurz zuvor stattgefundene Erörterung mit dem französischen Vertreter, M. Lebel, hin, bei der dieser mit gro-

[20] International Inland Waterways, W 12902/142/803 vom 28. September 1945, PRO FO 371/50408.

[21] Draft Minutes of Informal Meeting at Ministry of War Transport, on 26th September, 1945, to Discuss the Establishment of an Emergency Agency for Control of Navigation of the Rhine, PRO FO 371/50408.

[22] Rhine Navigation, Protokoll der Sitzung vom 1. September 1945, PRO FO 371/50496. Vgl. auch den Entwurf eines vertraulichen Schreibens des Undersecretary of State for War an The Control Commission for Germany, British Element, Main H.Q.B.I.A., PRO FO 371/50407. Der Entwurf ist ohne Datum, doch kann der Zeitpunkt der Abfassung aus dem Schreiben selbst erschlossen werden. Da Bezug genommen wird auf die Außenministerkonferenz „now meeting in London", der Verfasser aber noch keine Kenntnis von der Erklärung Molotows vom 24. September 1945 — vgl. Anm. 20 — hatte, muß das Schreiben zwischen dem 12. und 24. September 1945 entworfen worden sein.

ßem Nachdruck erklärt habe, daß ebensowichtig wie die Koordinierung des Verkehrs Fragen der Schiffahrt seien, wie z. B. die Wiedererrichtung von Brücken, ohne daß dadurch die Schiffahrt behindert werde, Vorkehrungen gegen Hochwasser und Verabschiedung einer Schiffahrtspolizeiordnung. Diese Fragen könnten am besten gelöst werden, wenn man der Zentralkommission für die Rheinschiffahrt gestatte, ihre Arbeit auf einer Interimsbasis und ohne Präjudiz für einen Beschluß der kommenden Außenministerkonferenz über ein dauerhaftes Regime für internationale Wasserstraßen wieder aufzunehmen.

M. Lebel ergänzte seinen Vorschlag mit dem Hinweis, daß Italien sich seinerzeit aus der Zentralkommission zurückgezogen habe und keine Notwendigkeit für seine weitere Mitgliedschaft bestehe. Auch Deutschland sei aus der Kommission ausgeschieden, aber eine Vertretung in der Rheinzentralkommission für das deutsche Flußgebiet sei erforderlich. Er schlage deshalb vor, daß die amerikanischen, britischen und französischen Oberkommandierenden auf den Sitzungen der Zentralkommission durch Verbindungsoffiziere vertreten sein sollten.

Die britischen Konferenzteilnehmer machten auf die rechtlichen Schwierigkeiten aufmerksam, die die Ernennung von Verbindungsoffizieren beinhalte, da ihnen kein Stimmrecht in der Kommission zustehe. Sie gaben einer Neugründung den Vorzug, die sich des Personals und der Archive der Rheinzentralkommission bedienen und die Mannheimer Rheinschiffahrtsakte zur Anwendung bringen könne, soweit dies zweckmäßig sei.

Man einigte sich schließlich darauf, den Regierungen zu empfehlen,

— ohne Präjudiz für die Entscheidungen der kommenden Außenministerkonferenz die Zentralkommission für die Rheinschiffahrt ihre Arbeit auf einer Interimsbasis wieder aufnehmen zu lassen. Für das deutsche Ufergebiet sollten die alliierten Oberbefehlshaber Verbindungsoffiziere zu den Sitzungen der Kommission entsenden, die ebenso wie die Vertreter der Regierungen gleiches Stimmrecht bei den Beschlüssen der Kommission haben sollten.

— ECITO oder POEIT zu veranlassen, in Zusammenarbeit mit den Regierungen eine agency zu gründen, die den Einsatz des vorhandenen Schiffsraumes koordinieren und seine Zuteilung vornehmen solle,

— diese Maßnahmen — ohne das Ergebnis der Außenministerkonferenz abzuwarten — unverzüglich in die Wege zu leiten, da der Rhein ab 1. September geöffnet werden solle und es notwendig sei, Organisationen aufzubauen, die sich mit der Schiffahrt und den Verkehrsproblemen befaßten.

Auf einer weiteren Sitzung[23], die nach der Außenministerkonferenz am 26. September 1945 stattfand und auf der wiederum die gleichen Staaten vertreten waren, wurde beschlossen, obwohl die Zustimmung der amerikanischen, belgischen und niederländischen Regierung zu den Empfehlungen des 1. September 1945 noch nicht vorlag, das Foreign Office mit der Abfassung und Zustellung einer Note an die betreffenden Regierungen zu beauftragen. Im Anschluß an eine Zustimmung der Regierungen sollte die Schweiz unterrichtet werden, während Frankreich den Präsidenten der Zentralkommission für die Rheinschiffahrt auffordern sollte, diese auf der vorgeschlagenen Grundlage einzuberufen. Die Konferenzteilnehmer waren der Auffassung, daß man die russische Regierung nicht einladen müsse, sich an der agency für den Rhein zu beteiligen, da der russische Außenminister sich für die Belassung der Kontrolle über die internationalen Wasserstraßen bei den jeweiligen Alliierten Oberkommandos ausgesprochen habe[24]. Auch eine zusätzliche Vertretung der Alliierten Kontrollkommission neben derjenigen der amerikanischen, britischen und französischen Regierung, wurde nicht vorgesehen mit dem Argument, daß die Oberbefehlshaber auf Weisung handelten und keine Ansichten vertreten könnten, die im Widerspruch zur Politik ihrer Regierungen stünden. Die Kosten für die auf einer Interimsbasis einzuberufende Rheinzentralkommission sollten von den betreffenden Staaten zu gleichen Teilen aufgebracht werden, da auch bei den Beschlüssen der Kommission jede Vertretung gleichberechtigt sei und eine Stimme habe. Den Regierungen wurde es anheimgestellt, die Kosten für die Vertretung des in ihrer Besatzungszone gelegenen Stromanteils von Deutschland zurückzufordern. Der Ausschuß beschloß außerdem, die ECITO aufzufordern, eine

[23] Draft Minutes of Informal Meeting at Ministry of War Transport on 26th September, 1945, to Discuss the Establishment of an Emergency Agency for Control of Navigation of the Rhine, PRO FO 371/50408.

[24] Bereits in einer Aufzeichnung vom 4. August 1945, W 11230/142/803 und dann erneut in einem geheimen Gutachten vom 5. November 1945, ORC (45) 32, PRO FO 371/50406, hatte Cheetham darauf hingewiesen, daß eine amerikanische Beteiligung an einer Interim Rheine Navigation Agency von Frankreich und den Niederlanden akzeptiert würde, eine russische Beteiligung aber auf wenig Gegenliebe stoße. Die Sowjetunion habe aber auf Grund der Vertretung in der Allied Control Commission for Germany einen Anspruch darauf. Dieser Standpunkt wurde erst nach der Erklärung Molotows vom 24. September 1945 aufgegeben (W 12902/142/803 vom 28. September 1945, PRO FO 371/50408), und als feststand, daß Großbritannien von der Sowjetunion keine Vertretung in einer Donau-Kommission zugestanden werden würde (W 12256/142/803 vom 12. September 1945, PRO FO 371/50407 und W 13273 vom 6. Oktober 1945, PRO FO 371/50408). An einer Mitgliedschaft in einer Donau-Kommission war Großbritannien stark interessiert, im Gegensatz zum Rhein, wo es nur „little commercial interests“ hatte (W 11230, Ziffer 14: British Interests vom 4. Oktober 1945, PRO FO 371/50406). Vgl. auch *Vogel:* Besatzungspolitik in Westdeutschland nach dem Zweiten Weltkrieg im Spannungsfeld zwischen Ideologie und Macht, S. 129 ff. und Anm. 6 a.

agency zu gründen, die den Verkehr auf dem Rhein koordinieren und die Zuteilung des vorhandenen Schiffsraumes übernehmen sollte. Eine offizielle Einladung an die Schweiz, sich auch an dieser Organisation zu beteiligen, sollte so lange zurückgestellt werden, bis die betreffenden Regierungen die Vorschläge genehmigt hätten.

In einer Note vom 4. Oktober 1945[25] teilte das Foreign Office den beteiligten Regierungen das Ergebnis der Beratungen mit, wonach die Zentralkommission unverzüglich ihre Tätigkeit auf einer Not- und Übergangsgrundlage wieder aufnehmen sollte. Das Einverständnis der anderen Regierungen wurde durch einen Notenwechsel zwischen dem Foreign Office und den diplomatischen Vertretern der beteiligten Regierungen vom 8. Oktober bis zum 5. November 1945 herbeigeführt[26]. Die Schweiz wurde über das Ergebnis lediglich in Kenntnis gesetzt[27]. Während Belgien, Frankreich und die Niederlande ihre Zustimmung zwischen dem 8. und 15. Oktober 1945 erteilten, wobei Frankreich einer Vertretung der einzelnen Besatzungsbehörden durch Verbindungsoffiziere an Stelle einer Vertretung des Kontrollrates in Berlin den Vorzug gab[28], zögerten die Vereinigten Staaten, der Vereinbarung beizutreten. Wie aus einer Aufzeichnung[29] für den britischen Außenminister hervorgeht, hatten die Amerikaner Bedenken, Deutschlands Interessen in der Rheinzentralkommission durch Bevollmächtigte der drei westlichen Zonenbefehlshaber vertreten zu lassen. Sie fürchteten, dadurch die Russen zu verärgern und etwas zu tun, was sich als unvereinbar mit dem Grundsatz erweisen könnte, Deutschland als wirtschaftliche Einheit zu behandeln. Die Engländer teilten diese Befürchtungen nicht und vertraten die Ansicht, daß eine Vertretung des Alliierten Kontrollrates nicht nur rechtlich und tatsächlich schwierig, sondern auch nicht notwendig sei, da die Russen im Kontrollrat die Möglichkeit hätten, die Maßnahmen der Zonenbefehlshaber zu überprüfen[30].

---

[25] Schreiben Nr. W 12978/142/803 vom 4. Oktober 1945, PRO FO 371/50408. Vgl. auch *Fuhrmann:* Die völkerrechtlichen Grundlagen der Rheinschifffahrt, S. 48 f. *Schluckebier:* Internationales Rheinschiffahrtsrecht, S. 35. *Walther:* Le statut international de la navigation du Rhin, S. 9.

[26] Noten der belgischen Botschaft 824/41 Nr. 10751 vom 8. Oktober 1945, W 13407 und Nr. 12064 vom 29. Oktober 1945, W 14394. — Note der französischen Botschaft Nr. 702 vom 13. Oktober 1945, W 13761. — Note der niederländischen Botschaft Nr. 8212 vom 15. Oktober 1945, W 13760, PRO FO 371/50408.

[27] Schweizer Memorandum vom 22. September 1945, W 12909/142/803. — Britische Note vom 4. Oktober 1945, W 12978/142/803. — Note der Schweizer Delegation V.D.1.1945 vom 13. Oktober 1945, Britische Note vom 5. November 1945, W 14390. — Note der Schweizer Delegation V.D.1.45 vom 8. November 1945, PRO FO 371/50408.

[28] Navigation of the Rhine, W 13761, PRO FO 371/50408.

[29] Aufzeichnung für den britischen Außenminister vom 30. November 1945, W 14390, PRO FO 371/50408.

Mit großer Befriedigung nahmen die britische und französische Regierung[31] Kenntnis von der Note der Regierung der Vereinigten Staaten vom 29. Oktober 1945[32], in der diese ihre Bereitschaft zur Mitgliedschaft in der Zentralkommission für die Rheinschiffahrt unter folgenden Voraussetzungen erklärte:

— Die Vereinigten Staaten erhalten die volle Gleichberechtigung mit den anderen Staaten der Rheinzentralkommission. Sie gehen davon aus, daß jeder Staat einen Vertreter und eine Stimme hat und daß Entscheidungen mit der Mehrheit der anwesenden Stimmen getroffen werden.

— Als Folge dieser Gleichberechtigung übernehmen die Vereinigten Staaten einen gleichen Anteil an den Kosten für die Zentralkommission. Dabei erwarten sie, daß diese Kosten auf das für die Arbeit der Zentralkommission notwendige Maß beschränkt werden.

— Sie unterstellen, daß die Zentralkommission für die Rheinschiffahrt lediglich als Interimslösung wieder ins Leben gerufen wird und damit kein Präjudiz für den Abschluß eines dauerhaften Rheinregimes zwischen den interessierten Regierungen darstellt.

— Sie gehen davon aus, daß die Rheinzentralkommission ihre Tätigkeit im Rahmen der durch Mannheimer Akte und Versailler Vertrag festgelegten Zuständigkeiten und Funktionen ausüben wird.

— Sie erwarten, daß die Rheinzentralkommission ihre Tätigkeit mit der European Central Inland Transport Organization (ECITO) abstimmt.

---

[30] Ein Grund für das Zögern der Vereinigten Staaten, der Vereinbarung beizutreten, dürften die Verhandlungen in Berlin über die Errichtung eines Central German Transport Departments gewesen sein. Dieses Amt, in fünf Abteilungen gegliedert, sollte unter der Kontrolle des Alliied Directorate of Transport mit der Verwaltung und Organisation u. a. der deutschen Binnenwasserstraßen und Binnentransporte betraut werden. Amerikaner, Briten und Russen hatten sich über die Gründung bereits verständigt, die Franzosen aber verweigerten ihre Zustimmung und legten besonderen Nachdruck auf den Vorbehalt, daß die Kontrolle der Schiffahrt auf Flüssen und Kanälen, die als international angesehen würden, nicht in den Geschäftsbereich dieses neuen deutschen Amtes fallen dürften. Vgl. die maschinenschriftliche Notiz vom 27. Oktober 1945 auf der Rückseite der Aufzeichnung: Navigation of the Rhine, W 13761, PRO FO 371/50408. Zur Kompetenzverteilung zwischen dem Alliierten Kontrollrat und den Oberbefehlshabern der Besatzungszonen vgl. *Virally:* L'administration internationale de l'Allemagne du 8 mai 1945 au 24 avril 1947, S. 95 ff.

[31] Navigation of the Rhine, W 14390 vom 1. November 1945, PRO FO 371/ 50408.

[32] Der Notenwechsel mit dem amerikanischen Botschafter ist veröffentlicht in Treaties and other International Acts Series, TIAS 1571, S. 1—4 sowie United Statuts at large, 60 Stat. 1932—1934 und United Nation Treaty Series, 138 UNTS Nr. 1861, S. 75—83. Die Note Nr. 5028 des amerikanischen Botschafters Winand vom 29. Oktober 1945 an den britischen Außenminister findet sich TIAS 1571, S. 2 f., 60 Stat. 1933 f. und 138 UNTS 75.

— Sie halten es zwar für wünschenswert, daß die Alliierte Kontrollkommisison für Deutschland in der Rheinzentralkommission vertreten sei; um aber die Gründung der Kommission zum frühest möglichen Zeitpunkt zu ermöglichen, erklären sie sich mit der Vertretung der Zonenbefehlshaber durch Verbindungsoffiziere einverstanden.

Das britische Außenministerium hat am 5. November 1945 die Zustimmung der Vereinigten Staaten notifiziert, womit auch die übrigen beteiligten Regierungen dem Beitritt zustimmten. Gleichzeitig wurde die amerikanische und französische Regierung über die Zustimmung Belgiens und der Niederlande unterrichtet und die französische Regierung gebeten, dem Präsidenten der Rheinzentralkommission, den Frankreich bereits im Juli 1945 wieder gemäß Art. 355 des Versailler Vertrages ernannt hatte[33], den Wunsch zu übermitteln, die Kommission baldigst einzuberufen.

Am 20. November 1945 trat die Zentralkommission für die Rheinschiffahrt zu ihrer ersten Sitzung nach dem Zweiten Weltkrieg zusammen. An ihr nahmen aber die Vertreter der Vereinigten Staaten noch nicht teil[34]; erst auf der folgenden Sitzung am 12. Dezember 1945 waren sie vertreten. Anläßlich dieser Sitzung gab das amerikanische Außenministerium eine Presseerklärung[35] heraus, in der der Gang der Verhandlungen dargestellt und die Gründe angegeben wurden, warum die Vereinigten Staaten sich an der Zentralkommission beteiligt hatten. Dabei wurde noch einmal der Interimscharakter der Kommission unterstrichen, durch die kein Präjudiz für eine künftige dauerhafte Regelung des internationalen Rheinregimes geschaffen worden sei.

In der amerikanischen Note vom 29. Oktober 1945 wurde eindeutig zwischen dem geltenden Rheinregime selbst und der Mitgliedschaft in seinem Organ, der Rheinzentralkommission, unterschieden. Während die Vereinigten Staaten ausdrücklich der Kommission beitraten, war von Unterzeichnung und Ratifizierung des zugrundeliegenden Vertragswerkes nicht die Rede.

Ebenso wurde, als die Bundesrepublik Deutschland am 15. April 1950 ihren Wunsch auf volle und gleichberechtigte Mitgliedschaft im internationalen Rheinregime zum Ausdruck brachte, unterschieden zwischen dem Beitritt zu der auf vorläufiger Grundlage organisierten Zen-

---

[33] *Walther:* Le statut international du Rhin, S. 9 f.

[34] W 15791. Das Protokoll der Sitzung vom 20. November 1945 führt die Vereinigten Staaten jedoch als anwesend auf. Der Zweifel an der Richtigkeit wurde im Foreign Office durch ein rotes Fragezeichen am Rand zum Ausdruck gebracht. W 15995, PRO FO 371/50409.

[35] Department of State, For the Press, December 12, 1945, No. 933, PRO FO 371/50409.

tralkommission für die Rheinschiffahrt und der Übernahme aller Rechte und Pflichten, die sich aus dem Mannheimer Abkommen vom 17. Oktober 1868 und aus den seitdem vorgenommenen Abänderungen ergaben[36].

Die im Jahre 1957 eingeleiteten Verhandlungen über eine Revision der Mannheimer Rheinschiffahrtsakte, hatte zum Ziel, die in der Not- und Übergangslösung des Jahres 1945 vorgenommenen Abänderungen hinsichtlich Vertretung und Abstimmungsverfahren als Dauerlösung in das geltende Vertragswerk einzubeziehen[37]. Diese sogenannte „kleine Revision" war nach Art. VI, Abs. 1 ratifikationsbedürftig. Die amerikanische Regierung, die zunächst auch weiterhin an einer Mitgliedschaft in der Zentralkommission für die Rheinschiffahrt interessiert war und dem neuen Abkommen beitreten wollte, befürchtete aber bei der erforderlichen Ratifizierung verfassungsrechtliche Schwierigkeiten. Um den Vereinigten Staaten dennoch ein Verbleiben in der Zentralkommission zu ermöglichen, wurde der Art. IV in das Übereinkommen aufgenommen; danach werden sich die Regierungen der Mitgliedstaaten darüber verständigen, wie ein dritter Staat, der bis zum Inkrafttreten dieses Abkommen der Zentralkommission angehörte, ihr weiterhin in einem mitgliedsähnlichen Status mit den bisherigen Rechten und Pflichten angehören kann, auch ohne daß dieser dritte Staat das Abkommen ratifiziert. Die Einfügung dieser Bestimmung sollte den Regierungen der Signatarstaaten die Einholung der parlamentarischen Zustimmung zu den Vorstellungen der Vereinigten Staaten und zum späteren Abschluß eines Regierungsabkommens ermöglichen[38]. Mit Schreiben vom 27. November 1964[39] teilte die Vertreterin der Verei-

---

[36] Das Beitrittsgesuch erfolgte auf eine Einladung der Zentralkommission für die Rheinschiffahrt, in der die Bedingungen des Beitritts niedergelegt waren, und die durch das Schreiben der Alliierten Hohen Kommission vom 13. April 1950 übermittelt wurde. Das Einladungsschreiben der Rheinzentralkommission und das Begleitschreiben der Alliierten Hohen Kommission AGSEC (50) 680 vom 13. April 1950 sind wiedergegeben bei *Fuhrmann:* Die völkerrechtlichen Grundlagen der Rheinschiffahrt, S. 147 ff., das Antwortschreiben des Bundeskanzlers Adenauer 5424/3138/50 vom 15. April 1950 an den Geschäftsführenden Vorsitzenden der Alliierten Hohen Kommission, General Sir Brian H. Robertson, in C.C.R., 1950-I-2, Annexes au Protocole 2, Annex 2, S. 8. *Fuhrmann:* Die völkerrechtlichen Grundlagen der Rheinschiffahrt, S. 150. Zeitschrift für Binnenschiffahrt, 93. Jg., 1966, S. 338.

[37] Vgl. dazu im einzelnen das nachfolgende Kapitel.

[38] Mit Schreiben vom 2. April 1962 an den Generalsekretär der Rheinzentralkommission teilte die amerikanische Delegierte mit, unter welchen Voraussetzungen die Regierung der Vereinigten Staaten bereit sei, weiterhin Mitglied der Zentralkommission für die Rheinschiffahrt zu bleiben, ohne jedoch das Revisionsabkommen zu unterzeichnen. Annex 1 au Rev. Doc. 33 sowie Denkschrift der Bundesregierung zum Entwurf eines Gesetzes zu dem Übereinkommen vom 20. November 1963 zur Revision der am 17. Oktober 1868 in Mannheim unterzeichneten Revidierten Rheinschiffahrtsakte, Deutscher Bundestag, 5. Wahlperiode, Drucksache V/18, zu Art. IV und V, S. 14.

nigten Staaten der Zentralkommission aber mit, daß ihre Regierung die Mitgliedschaft in der Zentralkommission für die Rheinschiffahrt mit dem 31. Dezember 1964 zu beenden wünsche. Sie wies dabei unter Bezugnahme auf den Notenwechsel vom 4. und 29. Oktober sowie 5. November 1945 darauf hin, daß die Mitgliedschaft nur einen vorläufigen Charakter hatte und daß zur Sicherung der Interessen der Vereinigten Staaten eine solche Mitgliedschaft nicht mehr notwendig sei, da die übrigen Mitglieder der Zentralkommission die im internationalen Rheinregime verankerte Schiffahrtsfreiheit auf dem Rhein für die Schiffe aller Flaggen gewährleisteten.

Durch diese Note beendeten die Vereinigten Staaten ausdrücklich die Mitarbeit in der Zentralkommission für die Rheinschiffahrt. Von einer Kündigung des internationalen Rheinregimes ist nicht die Rede. Die amerikanische Note ist somit, ebenso wie das Übereinkommen über den Beitritt der Bundesrepublik Deutschland im Jahre 1950, ein Beweis dafür, daß die Vertragspartner klar zwischen der Mitgliedschaft in der Zentralkommission für die Rheinschiffahrt und dem Beitritt zu dem zugrundeliegenden Rheinregime unterschieden.

Für Großbritannien bedeutet dies, daß es durch die Vereinbarungen des Jahres 1945 zwar wieder Mitglied der Zentralkommission für die Rheinschiffahrt geworden ist, nicht aber Mitglied des ihr zugrundeliegenden Rheinregimes selbst.

[39] C.C.R., Doc. 1682 vom 3. Dezember 1964.

Sechstes Kapitel

Die Rechtsstellung Großbritanniens zum internationalen Rheinregime nach der Ratifizierung der sogenannten „kleinen Revision" der Rheinschiffahrtsakte

Anläßlich der Herbsttagung der Zentralkommission für die Rheinschiffahrt am 27. November 1956 in Paris sondierte der deutsche Delegationsleiter, Staatssekretär Seiermann, bei den Delegationschefs der übrigen Mitgliedsstaaten in offiziösen Gesprächen, wie ein deutscher Vorschlag über eine eventuelle Revision des internationalen Rheinregimes aufgenommen würde. Dabei kam man überein, daß ein derartiges Begehren von deutscher Seite rechtzeitig vor Aufnahme in die Tagesordnung den übrigen Mitgliedern notifiziert werden sollte[1]. Unter Bezugnahme auf Art. 45 Ziffer b der Mannheimer Rheinschiffahrtsakte regte die deutsche Delegation mit Schreiben an den Präsidenten Thierry vom 26. September 1957 an, in Verhandlungen über die Ergänzung und Abänderung einiger Bestimmungen des internationalen Rheinregimes einzutreten. Zur Begründung ihres Antrages wies sie darauf hin, daß nunmehr zwölf Jahre vergangen seien, seit die Rheinzentralkommission auf Grund eines Notenwechsels zwischen den Regierungen Großbritanniens und Frankreichs vom Oktober und November 1945 auf einer provisorischen Grundlage ihre Arbeiten wieder aufgenommen hätte, und es angezeigt erscheine, diese Tätigkeit auf eine beständigere Grundlage zu stellen. Zu diesem Zweck empfahl sie, die institutionelle Fragen behandelnden Bestimmungen der Art. 37 und 41 bis 47 der Mannheimer Akte, soweit sie die Organisation der Kommission und ihrer Ausschüsse sowie die Funktion der Zentralkommission als Berufungsinstanz in Verfahren der Rheinschiffahrtsgerichte betreffe, zu überprüfen. Ob neben diesen institutionellen Fragen auch solche materieller Art zu einem späteren Zeitpunkt in die Revision einzubeziehen seien, hänge wesentlich von den Beratungen im Rahmen der Europäischen Wirtschaftsgemeinschaft bzw. einer Europäischen Freihandelszone ab. Die deutsche Delegation bat daher, ihren Antrag in die Tagesordnung der Tagung vom 2. Oktober 1957 aufzunehmen

[1] C.C.R., 1957-II-2, S. 7. Insbesondere Frankreich und Belgien zeigten für den deutschen Wunsch Verständnis.

mit dem Ziel, einen Ausschuß einzuberufen, der die in eine Revision einzubeziehenden Bestimmungen festzustellen und der Kommission Vorschläge für deren Neufassung zu unterbreiten hätte[2].

Es dauerte aber fast ein volles Jahr, bis dieser Ausschuß seine Arbeit aufnehmen konnte. Auf der Tagung am 2. Oktober 1957 wurde der deutsche Antrag von Belgien, Frankreich und der Schweiz im Grundsatz angenommen. Die Bevollmächtigten der Niederlande und der Vereinigten Staaten vermochten sich — da sie ohne Instruktion ihrer Regierungen waren — zu dem Vorschlag noch nicht zu äußern. Auch der britische Delegierte, Sir Osborn Mance, war noch ohne Weisungen seiner Regierung und mußte deshalb selbst der grundsätzlichen Einsetzung eines Ausschusses seine Zustimmung versagen. Um seiner Regierung die Entscheidung zu erleichtern, forderte er von der deutschen Delegation ein Memorandum, in dem die Ergänzungs- und Abänderungsvorschläge niedergelegt sein sollten[3]. Seine persönliche Meinung wiedergebend erklärte er aber, daß es wünschenswert sei, keine Abänderung am Aufbau, den Kompetenzen und vor allem den Prinzipien vorzunehmen, die seit über 90 Jahren die Zentralkommission geleitet hätten, um sie gegen ein neues europäisches Gebilde einzutauschen, das keine vernünftige Gewähr für Stabilität böte. Es sei sehr bedauerlich, daß man eine Organisation wie die Zentralkommission, die ihr Funktionieren unter Beweis gestellt habe, zerstückeln wolle, um sie in einer Organisation aufgehen zu lassen, die nur Übergangscharakter habe. Es sei deshalb eine Lösung vorzuziehen, die der Zentralkommission gestatte, die Maßnahmen zu ergreifen, die sie in den Stand setze, allen neuen europäischen Aufgaben gerecht zu werden, und die ihre autonome Organisation so lange erhalte, bis ihre neuen Kompetenzen festgelegt seien. Die Erfahrung habe nämlich gezeigt, daß die Freiheiten und Garantien, die in der vorangegangenen Zeit des Liberalismus geschaffen worden seien, Gefahr liefen, zerstört zu werden, wenn sie in einer mehr dirigistischen Atmosphäre zur Diskussion gestellt würden. Deshalb sei es notwendig, die augenblicklich vorhandenen Freiheiten des internationalen Rheinregimes um jeden Preis zu bewahren, um sie im gegebenen Zeitpunkt als Modell für andere Bereiche und als Grundlage für einen neuen Fortschritt zu verwenden, dessen Verwirklichung man am besten der Rheinzentralkommission anvertraue[4].

Diese Erklärung, die den deutschen Absichten nicht gerecht wurde und von dem deutschen Bevollmächtigten zurückgewiesen wurde,

---

[2] Schreiben der deutschen Delegation an den Präsidenten der Zentralkommission für die Rheinschiffahrt vom 26. September 1957, Annexes au Protocole 2, Nr. 1, der Tagung vom 2. Oktober 1957, C.C.R., 1957-II-2, S. 12 f.

[3] Diese Forderung wurde anschließend von dem stellvertretenden britischen Delegierten Walter weiter präzisiert. C.C.R., 1957-II-2, S. 11 f.

[4] C.C.R., 1957-II-2, S. 7 f.

zeigt deutlich das tiefe Mißtrauen, das in Großbritannien gegenüber jeder Veränderung des vorhandenen Zustandes zugunsten einer Annäherung an die im Aufbau befindlichen europäischen Institutionen herrschte, sowie den Wunsch, die in jahrzehntelangen Bemühungen errungene Freiheit der Schiffahrt auf dem Rhein unter allen Umständen zu wahren und keine Schmälerung der Kompetenzen der Zentralkommission zugunsten einer wie immer gearteten europäischen Institution hinzunehmen[5].

Mit Schreiben vom 6. November 1957[6] legte die deutsche Delegation das vereinbarte Memorandum vor, in dem sie ihre Vorstellungen über die wünschenswerten Abänderungen und Ergänzungen niedergelegt hatte. Es sollte als Grundlage für die weitere Erörterung in der Zentralkommission und als Entscheidungshilfe für sie dienen, ohne die deutsche Delegation zu binden. Dabei sollten nicht nur die Vertrags-

---

[5] Diese Auffassung war keineswegs eine Ausnahme und entsprach den Zielsetzungen britischer Außenpolitik in den Nachkriegsjahren. Obwohl Großbritannien grundsätzlich bereit war, sich an einer zwischenstaatlichen Zusammenarbeit zu beteiligen, bestand wenig Bereitschaft, hoheitliche Befugnisse auf supranationale Einrichtungen zu übertragen. Die Kontinuität der eigenen Institutionen und der ungebrochene Glaube an die Gültigkeit des eigenen politischen Systems erschwerten es Großbritannien, dem Beispiel der europäischen Festlandstaaten zu folgen und eine Einschränkung der Nationalstaatlichkeit zugunsten supra-nationaler Organisationen hinzunehmen. Seit dem britisch-französischen Vertrag von Dünkirchen im Jahre 1947 gab es eine ununterbrochene Reihe von Vorschlägen, die Großbritannien Veranlassung gaben, seine Beziehungen zum europäischen Kontinent und den dort erfolgreichen Einigungsbemühungen laufend zu überprüfen. Großbritannien war jedoch nicht bereit, sich an Projekten zu beteiligen, welche die Einigung Europas auf föderativer oder supra-nationaler Basis anstrebten. Es beteiligte sich nur an solchen Vorhaben wie OEEC und NATO, bei denen die britische Unabhängigkeit gewahrt blieb. Großbritannien verfolgte, wie schon Churchill in seiner Züricher Rede 1946 anklingen ließ, eine Politik des patronizing detachment, von der es sich erst dann löste, als der Mißerfolg dieser Politik sich in einer zunehmenden Isolierung Großbritanniens und in einer politischen und wirtschaftlichen Erstarkung Kontinentaleuropas zeigte. Vgl. dazu *Beloff:* New dimensions in foreign policy, S. 73 f., deutsche Übersetzung: Neue Dimensionen in der Außenpolitik, S. 50 f. *Brissonnière:* Commenwealth d'abord, S. 60 ff. *Dalton:* High tide and after, S. 313 ff. *Gladwyn:* Großbritannien und Europa, S. 561 ff. *Harrod:* Britain and the Common Market, S. 226. *Heiser:* British policy with regard to the unification efforts on the European continent, S. 72 ff. *Kaiser:* Die Verhandlungen über eine europäische Freihandelszone 1955—1958, betrachtet als ein Abschnitt der Bemühungen um die Anbahnung institutionell verankerter Dauerverbindungen zwischen den westeuropäischen Staaten, gedruckt erschienen unter dem Titel: EWG und Freihandelszone: England und der Kontinent in der europäischen Integration, S. 61 ff. *Northedge:* British foreign policy, S. 167. *Schneider:* EWG-Diskussion in England und im Commonwealth, S. 11 ff. *Schneider:* Großbritanniens Weg nach Europa, S. 30.

[6] Schreiben der deutschen Delegation an den Präsidenten der Zentralkommission für die Rheinschiffahrt vom 6. November 1957, Annexes au Protocole 2, Nr. 2, der Tagung vom 2. Oktober 1957, C.C.R., 1957-II-2, S. 13 ff.

änderungen Berücksichtigung finden, die bisher erfolgt waren, sondern auch eine Anpassung an die neuen Verhältnisse vorgenommen werden, die sich im Verlauf der letzten Jahre entwickelt hatten. In der Denkschrift wurden zehn Punkte behandelt:

— die Zusammensetzung der Zentralkommission
  a) bei ordentlichen Plenartagungen (Art. 43)
  b) in ihrer Eigenschaft als Berufungsinstanz (Art. 37)
— die Tagungen der Kommission
— der Vorsitz der Kommission
— die Beschlüsse der Kommission
— die Zuständigkeiten der Kommission
— die Vertretung der Zentralkommission bei anderen internationalen Organisationen
— die Amtssprachen
— die Einrichtung ständiger Ausschüsse
— das Sekretariat
— die Inspektionsbezirke.

Eine Analyse der Denkschrift zeigt, daß in ihr die Abänderung der gleichen Regelungen vorgeschlagen wurde, deren Revision von deutscher Seite schon in der Zwischenkriegszeit angestrebt worden war, um die durch den Versailler Vertrag erfolgte Diskriminierung Deutschlands im internationalen Rheinregime zu beseitigen. Das kommt insbesondere in den Vorschlägen über eine Reform der Rheinzentralkommission hinsichtlich ihrer Zuständigkeit, Arbeitsweise und Organisation sowie der Modalitäten ihrer Beschlußfassung zum Ausdruck. Wie aus den Unterlagen hervorgeht, handelt es sich nicht um eine zufallsbedingte Kontinuität der Probleme und Ziele, sondern um die bewußte Wiederaufnahme einer Revisionspolitik, die darauf abzielte, die durch den Versailler Vertrag vorgegebenen Rahmenbedingungen einer friedlichen und einvernehmlichen Abänderung zu unterziehen. Darüber hinaus — und das waren die einzigen Neuerungen — enthielt die Denkschrift Anregungen für die Errichtung von Vertretungen der Rheinzentralkommission bei anderen internationalen Organisationen, die Bildung ständiger Ausschüsse und die Aufhebung der Inspektionsbezirke.

Im einzelnen wurde in der Denkschrift hierzu ausgeführt:

— Zusammensetzung der Zentralkommission

Die Zusammensetzung der Kommission wurde in Art. 43 der Mannheimer Akte geregelt. Danach hatte jeder Uferstaat das Recht, einen Delegierten zu entsenden. Durch Art. 355 des Versailler Vertrages wurde die Zahl der Delegierten erhöht und die Nichtuferstaaten Belgien, Großbritannien und Italien in die Kommission aufgenommen. Nach 1945 folgten an Stelle Italiens, das 1938 endgültig ausgeschieden war, die Vereinigten Staaten. Außerdem hatten einige Delegationen, ohne Präjudiz für ein zusätzliches Stimmrecht, stellvertretende Delegierte ernannt, die zusammen mit den ordentlichen Bevollmächtigten regelmäßig an den Tagungen teilnahmen. Der deutschen Delegation erschien es deshalb wünschenswert, die Zusammensetzung der Zentralkommission im Hinblick auf die Zahl und die Stellung der Delegierten zu klären. In diesem Zusammenhang warf sie die Frage auf, ob es nicht zweckmäßig sei, eine Unterscheidung vorzunehmen zwischen

1. Bevollmächtigten, deren Regierungen sowohl auf administrativem als auch auf wirtschaftlichem Gebiet die volle Verantwortung für die Rheinschiffahrt obliege (Uferstaaten).
2. Bevollmächtigten, die aus anderen Gründen Mitglied der Zentralkommission seien, deren Regierungen an der praktischen Abwicklung des Verkehrs auf dem Rhein aber nur ein geringes oder kein Interesse hätten und für die sich die Frage stelle, ob sie auf die Dauer durch ordentliche Bevollmächtigte in der Zentralkommission und allen ihren Ausschüssen vertreten sein wollten (Nichtuferstaaten).
3. Vertretern anderer europäischer Organisationen, die auf dem Verkehrsgebiet tätig seien (insbesondere Vertretern der Europäischen Wirtschaftsgemeinschaft).

Mit der Unterscheidung zwischen Uferstaaten und Nichtuferstaaten griff die deutsche Delegation eine Frage auf, die in der deutschen Rheinschiffahrtspolitik in der Zeit zwischen den beiden Weltkriegen eine nicht unbedeutende Rolle gespielt hatte.

Das gleiche gilt für die Zusammensetzung der Kommission im Hinblick auf ihre Aufgabe als Appellationsinstanz in Rheinschiffahrtsgerichtsverfahren. Die Wahrnehmung von judikativen Aufgaben durch eine Konferenz von Regierungsvertretern entsprach nicht der Forderung nach Unabhängigkeit der Richter. Deshalb schlug die deutsche Delegation vor, die richterlichen Funktionen einem Organ aus unabhängigen und kompetenten Juristen zu übertragen. Sie verwies in diesem Zusammenhang auf den Art. 34 des Moselstatuts, der vorsieht, daß jeder Vertragsstaat für die Dauer von vier Jahren einen Richter oder Professor der Rechtswissenschaften benennt, der seine Aufgabe in voller Unabhängigkeit und ohne an Weisungen gebunden zu sein, auszuüben hat[7].

---

[7] Vgl. *Ruzié:* Le régime juridique de la Moselle, S. 811. *Fleskes:* Der internationale Rechtsstatus der Mosel, S. 69.

— Tagungen der Kommission

Die Zahl der jährlichen Tagungen der Kommission war in Art. 41 Abs. 1 der Mannheimer Akte geregelt, der vorsah, daß die Kommission jedes Jahr regelmäßig im August zusammentritt. Noch bei den Revisionsverhandlungen der dreißiger Jahre war eine Tagung im Jahr als ausreichend angesehen worden. Nach dem Kriege wurden zwei Tagungen pro Jahr die Regel. Die deutsche Delegation regte an, die Zahl der ordentlichen Tagungen vertraglich auf zwei festzulegen, da sich diese Regelung bewährt habe. Außerdem sollten durch eine zweckentsprechende Geschäftsordnung die Tagungen entlastet und dadurch der Ablauf der Beratungen beschleunigt werden.

— Vorsitz der Kommisison

Art. 44 Abs. 2 der Mannheimer Akte sah vor, daß der Vorsitzende der Zentralkommission durch das Los bestimmt wurde. Mit Art. 355 des Versailler Vertrages wurde der Vorsitz jedoch für immer Frankreich übertragen. Der Vorschlag der deutschen Delegation sah die Wahl des Vorsitzenden aus dem Kreis der Delegierten jeweils für die Dauer von 2—3 Jahren vor. Auf den amtierenden Präsidenten sollte diese Neuregelung keine Anwendung finden. Der turnusmäßige Wechsel im Amt des Präsidenten sollte die im Versailler Vertrag vorgenommene einseitige Begünstigung Frankreichs beseitigen.

— Beschlußfassung

Nach Art. 46 der Mannheimer Akte wurden Beschlüsse der Zentralkommission mit absoluter Mehrheit der Stimmen gefaßt. Sie erlangten für die Uferstaaten jedoch erst dann Verbindlichkeit, wenn die Regierungen ihre Zustimmung erteilt hatten. Durch Art. 355 des Versailler Vertrages wurde die Zahl der Delegierten und damit die Zahl der Stimmen erhöht. Während der Revisionsverhandlungen der Zwischenkriegszeit hatte man sich dann darauf verständigt, daß jeder Staat, unabhängig von der Zahl seiner Delegierten, nur eine Stimme haben sollte. Diese Regelung wurde seit 1945 angewandt. Entsprechend dem Zusatzprotokoll von 29. März 1923, das den Vertrag über die niederländische Zustimmung zu den schifffahrtsrechtlichen Bestimmungen des Versailler Vertrages ergänzte, war jedoch diejenige Regierung an einen Beschluß nicht gebunden, deren Delegierter sich der Stimme enthalten oder gegen den Beschluß gestimmt hatte. Die deutsche Delegation empfahl, die Regelung, wonach jede Delegation eine Stimme hatte, beizubehalten, da ein solches Verfahren der Stellung und den Aufgaben der Zentralkommission angemessen sei und sich in der Praxis bewährt habe. Sie schlug außerdem vor, die Beschlüsse der Kommission in

Zukunft einstimmig zu fassen. In diesem Zusammenhang war auch zu prüfen, welche Bedeutung die so zustande gekommenen Beschlüsse für die Mitgliedstaaten haben sollten. Mit der Neuregelung des Stimmrechts beabsichtigte die deutsche Delegation, eine Majorisierung Deutschlands bei der Beschlußfassung in der Zentralkommission unmöglich zu machen.

— Zuständigkeiten der Kommission

Der Zentralkommission waren im Laufe der Jahre zahlreiche neue Aufgaben zugefallen, wozu insbesondere die Zusammenarbeit mit anderen internationalen Organisationen gehörte. Der deutschen Delegation erschien es deshalb angebracht, zusammen mit der Untersuchung über den Rechtsstatus der Beschlüsse der Zentralkommission zu prüfen, ob die in Art. 45 der Mannheimer Akte festgelegten Kompetenzen neu geregelt werden müßten.

— Vertretung der Zentralkommission bei anderen internationalen Organisationen

Die Überprüfung der Kompetenzen der Zentralkommission gab — nach Ansicht der deutschen Delegation — auch Gelegenheit zu untersuchen, ob und wie etwa durch Maßnahmen der Geschäftsordnung die Zusammenarbeit mit anderen internationalen Organisationen festgelegt werden könnte.

— Amtssprachen

Die Frage der Amtssprachen war schon in der Zwischenkriegszeit ein Politikum gewesen. Nach dem Zweiten Weltkrieg war die offizielle Amtssprache Französisch. Der deutsche Vorschlag sah neben Französisch auch Deutsch als offizielle Amtssprache vor. Übersetzungen in die Sprachen der übrigen Mitgliedstaaten sollten auf Anforderung vorgenommen werden.

— Einrichtung ständiger Ausschüsse

In der Praxis der Rheinzentralkommission hatte sich die Übung entwickelt, Ausschüsse für bestimmte Aufgaben einzusetzen. Die deutsche Delegation empfahl deshalb, die Einsetzung von Ausschüssen in der Mannheimer Akte zu regeln und damit die Akte der bisher geübten Praxis anzupassen. Dabei war neben der Bildung von Ad hoc-Ausschüssen auch die Einsetzung von ständigen Ausschüssen vorzusehen. Diese sollten für Aufgaben zuständig sein, die bei der Zentralkommission regelmäßig anfallen und die geeignet sind, zur Vorbereitung oder endgültigen Erledigung einem Ausschuß übertragen zu werden. In diesem Zusammenhang müßten — wie die deutsche Delegation darlegte — folgende Fragen geklärt werden:

a) Die Festlegung der Aufgaben der ständigen Ausschüsse;

b) die Regelung des Vorsitzes in den Ausschüssen, wobei ein turnusmäßiger Wechsel unter den Delegierten stattfinden könnte;

c) die Zusammensetzung der Ausschüsse und die Mitwirkung von Sachverständigen: Dabei war insbesondere die Frage zu entscheiden, ob neben Mitgliedern der Zentralkommission auch Sachverständige in die Ausschüsse entsandt werden könnten, denen dann ein Stimmrecht eingeräumt werden müßte.

— Sekretariat

Die Bestimmungen über das Sekretariat waren in Art. 47 der Mannheimer Akte niedergelegt. Sie sollten — nach Auffassung der deutschen Delegation — den gegenwärtigen Verhältnissen angepaßt werden. In diesem Zusammenhang war insbesondere zu prüfen, ob in Zukunft die Nichtuferstaaten im gleichen Verhältnis wie die Uferstaaten zur Deckung der Ausgaben der Zentralkommission heranzuziehen seien, vor allem dann, wenn ihnen ein neuer Rechtsstatus eingeräumt werden sollte.

— Inspektionsbezirke

Die Bestellung von Rheinschiffahrtsaufsehern gemäß Art. 41 und 42 der Mannheimer Akte stammte noch aus der Zeit des Octroi von 1804. Zwischenzeitlich hatten die nationalen Wasserstraßenverwaltungen die Aufgaben der Rheinschiffahrtsaufseher in zufriedenstellender Weise übernommen. Die deutsche Delegation schlug deshalb vor, diese beiden Artikel zu streichen und durch eine Vorschrift über eine von Zeit zu Zeit vorzunehmende Inspektionsfahrt der Zentralkommission zu ersetzen.

In diesem Zusammenhang verwies sie auf den Art. 27 der Mannheimer Akte, der die Bestellung von Hafenkommissaren vorsah. Auch diese Bestimmung sollte gestrichen werden, da sie durch den Ausbau der staatlichen Verwaltung überflüssig geworden war.

Zum Schluß der Denkschrift wies die deutsche Delegation noch einmal auf den unverbindlichen Charakter ihrer Vorschläge hin, die keinen Anspruch auf Vollständigkeit besäßen. Sie behielt sich deshalb auch das Recht vor, im weiteren Verlauf der Verhandlungen Modifizierungen und Ergänzungen vorzulegen.

Nach Vorlage dieser Denkschrift wurde auf Wunsch der niederländischen[8], amerikanischen[9] und britischen Delegation die Frage, ob und

[8] Mitteilung der niederländischen Delegation vom 10. Januar 1958, Annexes au Protocole 2, Nr. 3, der Tagung vom 7. Mai 1958, C.C.R., 1958-I-2, S. 17.

[9] Mitteilung der Delegation der Vereinigten Staaten vom 13. Februar 1958, Annexes au Protocole 2, Nr. 7, der Tagung vom 7. Mai 1958, C.C.R., 1958-I-2, S. 19 f.

in welchem Rahmen eine Revision der Mannheimer Akte vorgenommen werden sollte, auf der Frühjahrstagung 1958 erneut behandelt[10], nachdem Frankreich auf die deutschen Wünsche mit dem Vorschlag reagiert hatte, die Revision auf die Frage der sachlichen und örtlichen Zuständigkeit der Rheinzentralkommission auszudehnen. Unter Bezug auf das Schreiben vom 3. Februar 1958[11] erklärte der britische Delegierte, daß es notwendig sei, die Arbeit der Zentralkommission für den Rhein auf eine beständige Grundlage zu stellen. Zur Zeit wisse man nicht, auf welcher Rechtsgrundlage die Zentralkommission tätig sei. So habe z. B. jede Delegation nur eine Stimme bis auf die Schweiz; diese habe zwei. Die Mannheimer Akte müsse einer Revision unterzogen werden, eine Arbeit, die man schon vor dem Kriege begonnen, aber niemals zu Ende geführt habe. Sie solle nun fortgesetzt werden. Es sei indessen zweifelhaft, ob der Zeitpunkt hierfür gut gewählt sei. Große Veränderungen vollzögen sich in Europa; eine Reihe von europäischen Gemeinschaften seien gegründet worden. Die Aufgaben dieser Gemeinschaften schienen sich zu überschneiden mit denen der Zentralkommission, die schon immer die Hüterin der Freiheit der Rheinschiffahrt gewesen sei. Es gälte die Freiheit des Verkehrs und das Prinzip der Nichtdiskriminierung zwischen den Staaten aufrechtzuerhalten, Prinzipien, die die britische Regierung immer verteidigt habe und immer — auch im Rahmen der europäischen Gemeinschaften — verteidigen werde, zumal man das Prinzip der Schiffahrtsfreiheit schon zu einem Zeitpunkt respektiert habe, als man an die Schaffung neuer europäischer Organisationen noch nicht dachte. Die britische Delegation wünsche deshalb, daß die Rheinzentralkommission als Promotor dieses Prinzips ihren Platz im Rahmen eines neuen Europa behalte. Da man nicht wisse, wie sich die europäischen Institutionen entwickelten, sei es vorrangig, die Revision der Mannheimer Akte in Angriff zu nehmen. Man solle sich deshalb schlüssig werden, ob man schon jetzt einen Ausschuß einsetzen oder die Entscheidung vertagen wolle. Die deutsche Note enthalte zwei verschiedene Kategorien von Vorschlägen: Fragen formaler und materieller Art. Es sei zu entscheiden, welche Fragen im Ausschuß, dessen Aufgaben genau festzulegen seien, Gegenstand der Beratungen werden sollten[12].

Die Zentralkommission einigte sich nach eingehender Erörterung der in ähnlicher Form auch von den übrigen Delegationen vorgetragenen

[10] Schreiben des Präsidenten an die Bevollmächtigten der Zentralkommission vom 15. März 1958, Annexes au Protocole 2, Nr. 1, der Tagung vom 7. Mai 1958, C.C.R., 1958-I-2, S. 15 f.

[11] Schreiben der britischen Delegation vom 3. Februar 1958, Annexes au Protocole 2, Nr. 6, der Tagung vom 7. Mai 1958, C.C.R., 1958-I-2, S. 18 f.

[12] C.C.R., 1958-I-2, S. 10 f.

Gesichtspunkte[13] auf die Einsetzung eines Revisionsausschusses, der unter dem Vorsitz des Präsidenten am 20. Juni 1958 seine Arbeit in Paris aufnehmen sollte[14].

Ließ das Schreiben der britischen Delegation vom 3. Februar 1958 und die inhaltlich im wesentlichen gleiche Erklärung auf der Tagung am 7. Mai 1958 schon erkennen, daß Großbritannien einer Revision des internationalen Rheinregimes nur mit erheblichen Vorbehalten und großer Zurückhaltung gegenüberstand, so zeigt die Erklärung des britischen Delegierten auf der Eröffnungssitzung des Revisionsausschusses, daß Großbritannien eine Abänderung der Mannheimer Rheinschiffahrtsakte im Grunde ablehnte. Der britische Vertreter in der Rheinzentralkommission, Walter, bestritt der Kommission jedes Recht, eine Revision der Mannheimer Akte vorzunehmen. Zur Begründung und um Mißverständnissen vorzubeugen wies er darauf hin, daß durch den Notenwechsel im Oktober und November 1945 zwischen dem Foreign Office und den diplomatischen Vertretungen Frankreichs, der Vereinigten Staaten, Belgiens und der Niederlande die Zentralkommission ihre Tätigkeit auf der Grundlage einer Not- und Übergangslösung wieder aufgenommen habe, wobei die Wiedereinsetzung der Kommission in ihre früheren Funktionen kein Präjudiz für die zukünftige Ausgestaltung eines dauerhaften Rheinregimes bedeute. Diese Rechtslage sei niemals geändert worden; die jetzige Zentralkommission habe daher kein Recht, etwas zu unternehmen, was in irgendeiner Weise ein dauerhaftes Rheinregime präjudizieren könne. Jede Revision der Mannheimer Akte habe aber Auswirkungen auf die ständige Rechtsordnung für den Rhein. Folglich habe die jetzige Kommission, obwohl sie gemäß Art. 45 der Mannheimer Akte über die Vorschläge der Uferstaaten zur prospérité der Rheinschiffahrt zu beraten habe, kein Recht, die Mannheimer Akte einer Revision zu unterziehen. Der britische Delegierte schloß mit dem Hinweis, daß Großbritannien, obwohl es bereit sei, alle Vorschläge der übrigen Delegierten zu beraten, sich nicht in der Lage sähe, irgendeinen Vorschlag der provisorischen Rheinzentralkommission zu akzeptieren, der geeignet sei, das internationale Rheinregime zu beeinflussen[15].

Die Erklärung des britischen Bevollmächtigten stieß auf den entschiedenen Widerspruch der übrigen Delegierten. Diese wiesen darauf hin, daß der Notenaustausch von 1945 zwischen den Regierungen das Ziel gehabt habe, die Rheinzentralkommission wieder in ihre vertrag-

---

[13] C.C.R., 1958-I-2, S. 9 ff.

[14] Beschluß der Zentralkommission vom 7. Mai 1958, C.C.R., 1958-I-2, S. 15.

[15] Compte rendu du Secrétariat de la Réunion du Comité de Révision vom 20. Juni 1958, Annexes au Protocole 2, Nr. 1, der Tagung vom 29. Oktober 1958, C.C.R., 1958-III-2, S. 7.

lich festgelegten Funktionen einzusetzen. Seit 1945 habe die Kommission mit Zustimmung aller Regierungen Rechtsakte gesetzt und Entscheidungen formaler wie materieller Art gefällt, denen die britische These jede Gültigkeit nähme. Insbesondere die Beschlüsse, die sich auf die Mannheimer Akte als Rechtsgrundlage stützten, würden dadurch wieder in Frage gestellt. Die Vertreter der Uferstaaten und Belgiens seien mit umfassenden Vollmachten ausgestattet und könnten als Repräsentanten ihrer Regierungen Vorschläge zur Revision der Akte unterbreiten und darüber beraten. Die Zentralkommission sei daher berechtigt, in Anwendung des Art. 45 der Mannheimer Akte eine Revision unter Vorbehalt der Ratifikation vorzunehmen[16].

Auf der dritten Tagung des Revisionsausschusses am 11. und 12. Februar 1959 kam es wegen des deutschen Vorschlages einer Differenzierung zwischen dem Status der Uferstaaten und der Nichtuferstaaten zu einer heftigen Kontroverse. Die deutsche Delegation vertrat dabei den Standpunkt, daß die auf französische Initiative beabsichtigte Erweiterung der Kompetenzen der Zentralkommission auf wirtschaftlichem Gebiet in Verbindung mit der im Jahre 1945 vereinbarten Einstimmigkeit der Beschlußfassung sich nicht nur auf die nationalen Verkehrswirtschaften auswirke, sondern auch auf die internationale Verkehrspolitik, die auf Grund des Art. 74 des Vertrages von Rom geschaffen werden sollte. Deshalb müsse vor einer Zuerkennung oder Bestätigung von Zuständigkeiten der Zentralkommission auf wirtschaftlichem Gebiet die Frage geklärt werden, in welcher Form die Staaten, die weder Uferstaaten noch Mitglieder der Europäischen Wirtschaftsgemeinschaft seien, an den Beratungen und Beschlüssen der Zentralkommission teilhaben könnten. Mit ungewöhnlicher Heftigkeit erklärte hierauf der britische Bevollmächtigte, daß Großbritannien durch den Versailler Vertrag gleichberechtigtes Mitglied der Zentralkommission geworden sei und seit 37 Jahren mit allen Rechten und Pflichten in der Kommission mitgearbeitet habe. Auch die jetzige Zusammensetzung der Kommission beruhe auf einem diplomatischen Notenwechsel, an dem die britische Regierung 1945 beteiligt gewesen sei. Es sei höchst ungewöhnlich, daß man zu einem Zeitpunkt, in dem sich die Regierung Großbritanniens bemühe, ihre insulare Stellung aufzugeben und bereit sei, in europäischen Organisationen wie OEEC und NATO mitzuwirken, den Ausschluß dieser Regierung aus einer internationalen Organisation beantrage, deren Recht sich aus geltenden Verträgen ableite. Der englische Bevollmächtigte richtete deshalb an die deutsche Delegation die Frage, ob es sich bei dem Vorschlag um den Standpunkt der Bundesregierung handele und ob damit der völ-

[16] Compte rendu du Secrétariat de la Réunion du Comité de Révision vom 20. Juni 1958, S. 7 f.

lige Ausschluß der Nichtuferstaaten oder eine Deklassierung vorgesehen sei. Schließlich forderte er die übrigen Delegationen auf, ihre Auffassung in dieser Frage bekannt zu geben.

In seiner Antwort wies der deutsche Bevollmächtigte auf die in dieser Angelegenheit schon früher abgegebenen Erklärungen und Erläuterungen hin; es handele sich um Überlegungen innerhalb der Delegation, die weder einen Ausschluß noch eine Deklassierung beabsichtigten. Den Vertretern der beiden Nichtuferstaaten Großbritannien und der Vereinigten Staaten habe man lediglich im Hinblick auf die möglichen Änderungen der Zuständigkeiten der Zentralkommission nahelegen wollen zu prüfen, ob nicht eine andere Form der Mitwirkung und Teilhabe an der Arbeit der Zentralkommission angemessener sei. Im weiteren Verlauf der Erörterung räumte der britische Bevollmächtigte ein, daß Großbritannien sich anderen europäischen Organisationen auf dem Wege der Assoziation angeschlossen habe. Zwar bestehe bei der Rheinzentralkommission eine andere Ausgangslage, doch könne möglicherweise in dieser Form der Beteiligung ein Ansatzpunkt für eine Lösung der Frage gefunden werden. In einem im Anschluß an die Tagung des Revisionsausschusses geführten Briefwechsel zwischen dem deutschen und dem englischen Delegationsleiter gab der britische Bevollmächtigte noch einmal eine eingehende Begründung des britischen Standpunktes. Damit wurde die Frage einer Differenzierung innerhalb der Mitglieder der Rheinzentralkommission zunächst zurückgestellt, um in einem späteren Stadium der Verhandlungen erneut, diesmal von britischer Seite, aufgeworfen zu werden.

Im Zusammenhang mit der Frage der Erweiterung der Kompetenzen der Zentralkommission nahm die Erörterung der Beziehungen zu den europäischen Institutionen einen breiten Raum ein. Die französische Delegation hatte die Beratungen mit dem Vorschlag eröffnet, diesen Institutionen einen Sitz in der Zentralkommission einzuräumen. Sie begründete ihr Vorhaben mit der teilweisen Abtretung staatlicher Rechte auf dem Gebiet des Verkehrs. Deshalb sollten in Zukunft diese Aufgaben in der Zentralkommission gemeinsam durch die Vertreter der Regierungen und der europäischen Institutionen wahrgenommen werden.

Hiergegen wandte sich die britische Delegation mit dem Hinweis, daß sie keinen Grund sähe, von der bisherigen Übung abzuweichen, nur weil einige Regierungen sowohl Mitglied der Rheinzentralkommission als auch der europäischen Gemeinschaften seien. Diese Institutionen könnten auch durch die Bevollmächtigten der Mitgliedstaaten vertreten werden, denen man das Recht nicht absprechen könne, daß sie innerhalb der verschiedenen Organisationen eine unterschiedliche Politik verträten.

Demgegenüber stellte der Ausschuß fest, daß die europäischen Gemeinschaften nicht länger durch die Mitgliedstaaten vertreten werden könnten. Diese hätten von den Regierungen der Mitgliedstaaten unabhängige Organe und handelten im Rahmen der Gründungsverträge autonom. Dies gelte im Hinblick auf die Aufgaben des Ministerrates jedoch nicht uneingeschränkt, so daß die Begründung des französischen Vorschlages zu weit gehe, weil sie den Gemeinschaften auf dem Gebiet des Verkehrs mehr Zuständigkeiten zuschreibe als diese auf Grund der Gründungsverträge besäßen.

Aus dieser Erörterung ergab sich die Frage, wie die Beziehungen der Zentralkommission zu den anderen Gemeinschaften beschaffen sein sollten und welche Bedeutung der Kommission innerhalb der europäischen Gemeinschaften zukommen solle. Dabei kamen die Bevollmächtigten zu dem Ergebnis, die Zentralkommission liefe Gefahr, über kurz oder lang aufgelöst zu werden, wenn ihre Kompetenzen auf die traditionellen Aufgaben der Kontrolle der technischen Schiffahrtsfreiheit beschränkt und die wirtschaftlichen Fragen sowie die allgemeine Verkehrspolitik der Europäischen Wirtschaftsgemeinschaft überlassen würde. Es sollte deshalb mit der Europäischen Wirtschaftsgemeinschaft eine zufriedenstellende Zusammenarbeit gesucht werden, damit die Zentralkommission sich nicht selbst aus den ökonomischen und kommerziellen Fragen der Rheinschiffahrt ausschlösse. Zu diesem Zweck solle sie ihr Aufgabengebiet erweitern, um als Spezialorgan für die Fragen der Binnenschiffahrt der Gemeinschaftsländer ihre Erfahrungen und Möglichkeiten in den Dienst der Verwirklichung der wirtschaftlichen Ziele der Europäischen Wirtschaftsgemeinschaft zu stellen. Es wurde deshalb beschlossen, Kontakte mit der Europäischen Wirtschaftsgemeinschaft aufzunehmen, um die Aufgaben und die Rolle der Zentralkommission im Rahmen des Gemeinsamen Marktes zu klären und vorzuschlagen, daß

— die Europäische Wirtschaftsgemeinschaft keine Entscheidungen über die Rheinschiffahrt ohne Konsultation der Zentralkommission trifft,

— die Europäische Wirtschaftsgemeinschaft der Zentralkommission die Lösung aller Fragen der Rheinschiffahrt im Rahmen der allgemeinen Verkehrspolitik überläßt.

  In diesem Zusammenhang sollte auch die Möglichkeit erörtert werden, ob nicht die Zentralkommission mit der Prüfung aller Flußschiffahrtsfragen für Rechnung der Europäischen Wirtschaftsgemeinschaft betraut werden könne.

Diese Vorschläge sollten als Richtlinie dienen, ohne daß sie von allen Bevollmächtigten ausdrücklich gebilligt worden waren. Die deutsche Delegation machte zunächst einen ausdrücklichen Vorbehalt wegen des zweiten Vorschlages, weil er eine materielle und territoriale Erweiterung der Zuständigkeit der Zentralkommission bedeute, von der die Elbe und die Donau aber ausgeschlossen sein müßten[17].

Die britische Erklärung im Revisionsausschuß zu den deutschen Abänderungsvorschlägen war Anlaß zu einer Aufzeichnung der deutschen Delegation, die auf der Tagung vom 14. Mai 1959[18] zur Verteilung gelangte und gewissen emotionalen Reaktionen Rechnung tragen sollte, die durch den Vorschlag einer differenzierten Mitgliedschaft in der Zentralkommission hervorgerufen worden waren[19]. In dieser Denkschrift ging die deutsche Delegation noch einmal auf die Gründe ein, die eine Revision notwendig machten, sowie auf die Schwierigkeiten, die dadurch entstanden seien, daß im Revisionsausschuß die allgemeinen Probleme zurückgestellt und die Verwaltungs- und technischen Fragen zuerst behandelt wurden. Sodann wurden Wesen und Zuständigkeit der Zentralkommission umrissen und herausgestellt, daß es in erster Linie Aufgabe der Kommission sei, für eine von äußeren Störungen unbeeinflußte Schiffahrt zu sorgen. Sie habe sich um den Zustand der Rheinwasserstraße zu kümmern und die Sicherheit der Schiffahrt zu gewährleisten. Dagegen liege der Schwerpunkt der Verkehrsaufgaben der Europäischen Wirtschaftsgemeinschaft im verkehrswirtschaftlichen und verkehrspolitischen Bereich, wodurch sich die durch die Mannheimer Akte übertragenen Aufgaben wesentlich von den Aufgaben der europäischen Gemeinschaften unterschieden und ein Zwang zu einer dauernden Verbindung mit ihren Organen nicht bestehe. Auch ein historischer Rückblick bis zu den Anfängen der Octroiverwaltung zeige, daß die Zentralkommission ihrem Wesen nach ein unpolitisches, hauptsächlich verkehrstechnisch ausgerichtetes Organ sei. Dieser Konzeption widerspreche zwar die Aufnahme von Nichtuferstaaten in die Kommission, die schon an den Beratungen des Flußschiffahrtsausschusses des Wiener Kongresses beteiligt gewesen seien und dort, wie die Protokolle zeigten, eigene Interessen wahrgenommen hätten, ohne daß sich jedoch ein Hinweis darauf fände, daß sie einen Anspruch auf Sitz und Stimme in der Kommission hätten. Dieser Schritt sei erst 100 Jahre später vollzogen worden, und die Äußerung des italienischen Delegierten im Jahre 1935, wonach Großbritannien und Italien die Inter-

[17] Compte rendu de Secrétariat de la Réunion du Comité de Révision vom 20. Juni 1958, S. 8 ff. Der deutsche Vorbehalt wurde durch ein Telegramm des Staatssekretärs des Bundesverkehrsministeriums Seiermann vom 30. Juni 1958 aufgehoben, Annexes au Protocole 2, Nr. 2, der Tagung vom 29. Oktober 1958, C.C.R., 1958-III-2, S. 10.

[18] Aufzeichnung der deutschen Delegation vom 13. Mai 1959, Annexes au Protocole 2, Nr. 1, der Tagung vom 13. Mai 1959, C.C.R., 1959-I-2, S. 8 ff.

[19] Vgl. die Erklärung des deutschen Bevollmächtigten, C.C.R., 1959-I-2, S. 7.

essen der in der Kommission nicht vertretenen Staaten wahrzunehmen, ansonsten aber kein unmittelbares Interesse an den Rheinschiffahrtsangelegenheiten hätten, erlaube die Feststellung, daß durch das politische Interesse der Nichtuferstaaten der Charakter der Verhandlungen der Kommission beeinflußt werden könne.

Im Jahre 1919 habe man den provisorischen Charakter der Zentralkommission dadurch zum Ausdruck gebracht, daß man eine Revision der Akte vorsah. Nach 1945 habe man der Zentralkommission wiederum nur einen provisorischen Status zuerkannt und damit ein endgültiges Rheinregime nicht präjudizieren wollen. Wenn nunmehr im Rahmen der europäischen Integrationsbestrebungen die Frage nach den Funktionen der Zentralkommission aufgeworfen werde, so scheine das Streben nach einer dauerhaften Gestaltung des internationalen Rheinregimes nicht unberechtigt zu sein. Es folgte eine Aufzählung der aus Art. 45 der Mannheimer Akte resultierenden Befugnisse der Zentralkommission, die deren technisch-administrativen Charakter unterstreichen sollten. Daraus wurde die Schlußfolgerung gezogen, daß alle übrigen Zuständigkeiten, die für die Rheinzentralkommission in Anspruch genommen würden, allenfalls durch eine Auslegung der Generalklauseln der Art. 1 und 4 begründet werden könnten. Eine Analyse der einzelnen Aufgaben der Zentralkommission schloß sich an und endete mit der Feststellung, daß überall dort, wo sich die Tätigkeit der Zentralkommission auf die vertraglich unumstritten geregelten Zuständigkeiten beschränkte, keine Schwierigkeiten auftraten. Soweit wirtschaftliche Probleme der Rheinschiffahrt durch die Zentralkommission behandelt wurden, seien diese nur von Fall zu Fall und in Zeiten gewisser Spannungen aufgegriffen worden. In ihrem Memorandum vom 8. Mai 1958[20] habe deshalb die französische Delegation auch auf Art. CXVII der Wiener Schlußakte zurückgreifen müssen, um mit Hilfe dieser Bestimmung aus dem Jahre 1815 die Zuständigkeiten der Zentralkommission mit denen der neuen europäischen Organisationen harmonisieren zu können. Dazu gäbe es zwei Möglichkeiten:

— die Zentralkommission beschränkt sich auf die ihr von der Mannheimer Akte überwiesenen technischen und administrativen Aufgaben und vermeidet jede Kollision mit anderen Organisationen.

— die Zentralkommission übernimmt weitere Funktionen. Dazu ist ein Zusatzabkommen zur Mannheimer Akte und die Einigung der Uferstaaten mit den übrigen Signatarstaaten des Vertrages zur Gründung der Europäischen Wirtschaftsgemeinschaft über die verkehrspolitischen Grundsätze erforderlich, damit auf dem Gebiet der Rheinschiffahrt Aufgaben der Europäischen Wirtschaftsgemein-

[20] Memorandum der französischen Delegation vom 22. März 1958, Annexes au Protocole 2, Nr. 8, der Tagung vom 7. Mai 1958, C.C.R., 1958-I-2, S. 20.

schaft und darüber hinaus heute noch autonom zu lösende Funktionen der Uferstaaten übernommen werden können.

Auf Grund des deutschen Memorandums und eines französischen Vorschlages für die Neufassung des Art. 45 der Mannheimer Akte erörterte der Revisionsausschuß am 5. November 1959 in Paris eingehend den Umfang der bestehenden Zuständigkeiten der Zentralkommission und die Möglichkeiten einer Kompetenzerweiterung. Dabei standen die Zuständigkeit auf wirtschaftlichem Gebiet und die zukünftigen Beziehungen zu den europäischen Organisationen wiederum im Mittelpunkt der Beratungen. Die Mehrheit der Delegationen war der Meinung, daß die Zentralkommission wegen der Erwähnung der prospérité der Schiffahrt in Art. 45 auch über Zuständigkeiten auf wirtschaftlichem Gebiet verfüge, zumal schon die technischen und administrativen Befugnisse wirtschaftliche Auswirkungen hätten. Das Hauptaugenmerk richtete sich deshalb auf die Frage, welcher Inhalt dem Rheinregime für die Zukunft gegeben werden sollte[21]. Da der deutschen Delegation die bisherigen Beratungen zu allgemein gehalten waren, wurde der Generalsekretär beauftragt, einen Text und einen Plan für die Revision der Rheinschiffahrtsakte auszuarbeiten, zu dem die Delegationen ihre Vorstellungen beisteuern sollten. Diese Ausarbeitung fand jedoch nicht die Zustimmung aller Delegationen[22], so daß die Angelegenheit an den Revisionsausschuß zurückverwiesen wurde. Auf Beschluß der Zentralkommission befaßte sich dieser erst wieder im Februar 1961 mit der geplanten Revision, da die Delegierten, unter ihnen besonders der britische Bevollmächtigte, genügend Zeit zur Überprüfung der Vorschläge gefordert hatten[23]. Dem Protokoll der Tagung vom 2. und 3. Februar 1961 in Paris ist zu entnehmen, daß zwischenzeitlich der Meinungsbildungsprozeß der Delegierten über die Zweckmäßigkeit einer Erweiterung der Kompetenzen der Zentralkommission abgeschlossen worden sein muß, da nunmehr von einer Ausweitung der Aufgaben und Befugnisse der Rheinzentralkommission nicht mehr die Rede war[24]. Zuvor hatte am 2. Juni 1960 in Paris der Wirtschaftsausschuß der Zentralkommission getagt, wobei ebenso wie auf den vorangegangenen ordentlichen Tagungen der Zentralkommission die Beziehungen zur Europäischen Wirtschaftsgemeinschaft bevorzugter Gegenstand der Erörterung gewesen waren[25]. Während dieser

---

[21] Compte rendu de Secrétariat de la Réunion du Comité de Révision vom 5. November 1959, Annexes au Protocole 2 der Tagung vom 4. Mai 1960, C.C.R., 1960-I-2, S. 7.

[22] C.C.R., 1960-I-2, S. 5 f.

[23] C.C.R., 1960-III-2, S. 7 f.

[24] Compte rendu du Secrétariat de la Réunion du Comité de Révision vom 2. und 3. Februar 1961, Annexes au Protocole 2, Nr. 1, der Tagung vom 14. April 1961, C.C.R., 1961-I-2, S. 10.

Beratungen und einer deutsch-französischen Konsultation am 14. Oktober 1960 in Paris hat sich immer mehr die Auffassung durchzusetzen vermocht, daß es im Hinblick auf die Europäische Wirtschaftsgemeinschaft nicht opportun sei, die Zuständigkeit der Rheinzentralkommission auf wirtschaftlichem Gebiet festzulegen, zumal über das Ausmaß dieser Kompetenzen selbst unter den Mitgliedern der Kommission keine Einigkeit zu erzielen war[26]. Es wurde deshalb für zweckmäßig erachtet, die Zentralkommission auf ihren früheren Bereich der technisch-administrativen Zusammenarbeit zurückzuführen, die wirtschaftlichen und politischen Probleme aber möglichst der Europäischen Wirtschaftsgemeinschaft zuzuweisen. Nach Auffassung der Delegierten bot sich diese Aufteilung auch deshalb an, weil die Wirtschaftsfragen der Rheinschiffahrt — wie der Fehlschlag der beiden Wirtschaftskonferenzen für die Rheinschiffahrt zeige — nur im Zusammenhang mit einer europäischen Wasserstraßenpolitik und zusammen mit den Problemen der Eisenbahn und des Straßenverkehrs gelöst werden könnten. Außerdem scheint sich bei den Bevollmächtigten der Staaten, die Mitglied beider Organisationen waren, neben dem Zweifel, ob beide Verträge miteinander vereinbar seien, die Meinung verfestigt zu haben, daß eine Erweiterung der Kompetenzen der Zentralkommission unübersehbare Rückwirkungen auf die Europäische Wirtschaftsgemeinschaft habe und daher eine weitere Behandlung dieser Frage in der Kommission zu diesem Zeitpunkt nicht angebracht sei[27]. Nachdem die Beziehungen zur Europäischen Wirtschaftsgemeinschaft durch einen Briefwechsel zwischen den Präsidenten der Rheinzentralkommission und der Europäischen Wirtschaftsgemeinschaft[28] geregelt worden waren, wurde diese Frage im Rahmen der Revisionsverhandlungen nicht weiter erörtert. Zwar waren die Beziehungen zu den Europäischen Gemeinschaften auch weiterhin Gegenstand der Diskussionen innerhalb der Zentralkommission, die weiteren Beratungen über die Revision wurden davon nicht mehr berührt.

---

[25] Compte rendu du Secrétariat de la Réunion du Comité économique vom 2. Juni 1960, Annexes au Protocole 2, Nr. 1, der Tagung vom 5. Juli 1960, C.C.R., 1960-II-2, S. 6 ff. Vgl. auch C.C.R., 1958-I-3, S. 21 ff., C.C.R., 1958-II-1, S. 2 f., C.C.R., 1958-III-3, S. 11 ff., C.C.R., 1959-I-3, S. 17 ff., C.C.R., 1959-II-3, S. 7 ff., C.C.R., 1960-I-3, S. 9 ff.

[26] C.C.R., 1960-III-2, S. 3 ff. sowie Compte rendu du Secrétariat de la Réunion économique vom 2. Juni 1960, S. 8.

[27] Diese Frage war schon im Oktober 1958 von dem französischen Bevollmächtigten Gros aufgeworfen worden, C.C.R., 1958-III-3, S. 14, und wurde seitdem immer wieder erörtert. So insbesondere C.C.R., 1960-I-3, S. 9 ff.

[28] Dieser Briefwechsel ist wiedergegeben in Annexes au Protocole 3, Annexes 3 und 4, der Tagung vom 18. Oktober 1961, C.C.R., 1961-II-3, S. 13 f. Vgl. dazu auch den Schriftwechsel in Annexes au Protokole 3 der Tagung vom 26. Oktober 1960, C.C.R., 1960-III-3, S. 13 ff. und der Tagung vom 12. April 1961, C.C.R., 1961-I-3, S. 9 f.

Die Verhandlungen im Revisionsausschuß hatten ergeben, daß einer Abänderung der Mannheimer Rheinschiffahrtsakte oder ihrer leitenden Grundsätze unüberwindbare Hindernisse entgegenstanden, wenn man die Revision im Rahmen des Art. 45 der Mannheimer Akte durchführen wollte. Dagegen wurde es für möglich erachtet, daß eine kleine Revision, die sich auf die Anpassung einiger administrativer und institutioneller Bestimmungen beschränken würde, die Zustimmung aller Beteiligten finden könne.

Auch die deutsche Delegation fand sich — um den inneren Zusammenhalt der Zentralkommission zu stärken und die Revision nunmehr beschleunigt durchzuführen[29] — zu einer Beschränkung auf die Abänderung dieser Bestimmungen bereit, nachdem die Frage des Status der Nichtuferstaaten durch die inhaltlich übereinstimmenden Erklärungen des englischen Vertreters, Brigadier Walter, und der Vertreterin der Vereinigten Staaten, Generalkonsul Constance Harvey, gelöst worden war. Beide Delegierten erklärten für sich und ihre Nachfolger, daß die Bevollmächtigten Großbritanniens und der Vereinigten Staaten niemals eine Wahl zum Präsidenten der Rheinzentralkommission annehmen würden und daß sie sich in Zukunft an allen Abstimmungen, die wesentliche, nur die Uferstaaten berührende Fragen betreffen, nicht beteiligen würden[30]. Mit dieser Erklärung entsprachen die beiden Regierungen de facto insoweit dem deutschen Antrag, als ein unterschiedlicher Status zwischen Uferstaaten und Nichtuferstaaten bedingt anerkannt wurde, auch wenn nicht verkannt werden darf, daß durch die später erfolgte Unterzeichnung und Ratifikation der kleinen Revision de jure die Stellung Großbritanniens gefestigt worden ist.

Die Fragen, die nach übereinstimmender Auffassung Gegenstand der sogenannten kleinen Revision sein sollten, wurden mit einem Kommentar versehen in einer Liste zusammengestellt, um dem Sekretariat den Entwurf eines Textvorschlages zu ermöglichen. Diese Liste enthielt folgende Punkte:

— Präsidentschaft

Der Revisionsausschuß hielt an dem bereits beschlossenen Prinzip der Rotation fest, räumte aber die Möglichkeit einer Wiederwahl ein.

---

[29] Compte rendu du Secrétariat de la Réunion du Comité de Révision vom 2. und 3. Februar 1961, C.C.R., 1961-I-2, S. 10.

[30] Die Vereinigten Staaten wiederholten unter ausdrücklicher Bezugnahme auf die während der Sitzung des Revisionsausschusses vom 2. Februar 1961 abgegebene Erklärung, diesen Verzicht noch einmal schriftlich, als sie den übrigen Delegationen die Bedingungen für ihr Verbleiben in der Rheinzentralkommission mitteilten. Vgl. Schreiben der amerikanischen Delegierten, Constance Harvey, vom 2. April 1962, Annex 1 au Rev. Doc. 33.

— Zusammensetzung der Kommission

Die Zahl von vier Mitgliedern und vier Stellvertretern wurde beibehalten, wobei die Funktion der Letztgenannten auf die Stellvertretung oder die Teilnahme an den Ausschüssen beschränkt wurde.

— Stimmrecht

Das bestehende Abstimmungsverfahren, nach dem jeder Staat eine Stimme hat, wurde beibehalten, ebenso das Einstimmigkeitsprinzip mit Ausnahme der Entschließungen über innere Angelegenheiten.

— Funktion als Berufungsinstanz

Der Ausschuß war mit Ausnahme der deutschen Delegation für die Beibehaltung des bestehenden Systems. Das Sekretariat sollte deshalb zwei Varianten ausarbeiten.

— Komitees und Tagungen

Der Ausschuß wollte sich nicht festlegen und ließ die Frage, ob eine oder zwei Tagungen pro Jahr stattfinden sollten, offen.

— Sprachen

Das Sekretariat erhielt den Auftrag, die Kosten für die Mehrsprachigkeit zu prüfen.

— Sekretariat

Es sollte der deutsche Vorschlag wiederaufgegriffen werden. Hiernach sollte die Zentralkommission ein Sekretariat einrichten und einen Generalsekretär auf Dauer bestellen, während die anderen Mitglieder des Sekretariats auf Zeit aus den Beamten der nationalen Verwaltungen benannt werden sollten.

— Schiffahrtsaufseher

Die niederländische Delegation sah Schwierigkeiten bei der vollständigen Aufhebung der Posten von Schiffahrtsaufsehern und kündigte eine Note an.

Der vom Sekretariat ausgearbeitete Entwurf wurde auf den nachfolgenden Tagungen des Revisionsausschusses zügig beraten. Unterschiedliche Auffassungen ergaben sich lediglich hinsichtlich der Bestimmungen über das Abstimmungsverfahren und seine Rechtswirkungen für die Mitgliedstaaten sowie über die Regelung des Berufungsverfahrens in Rheinschiffahrtsangelegenheiten[31]. Die Verhand-

---

[31] Compte rendu du Secrétariat de la Réunion du Comité de Révision vom 13. April 1961, Annexes au Protocole 2, Nr. 2, der Tagung vom 14. April 1961, C.C.R., 1961-I-2, S. 11 ff. Aufzeichnung des Sekretariats über Beschlüsse der Zentralkommission, Nr. 3, S. 14 ff. Bemerkungen der deutschen Delegation vom 27. Mai 1961, Nr. 4, S. 18 ff. C.C.R., 1962-I-2, S. 7 ff., C.C.R., 1962-IV-2, S. 11 ff.

lungen über das Abstimmungsverfahren und seine Rechtswirkungen zogen sich über insgesamt zwei Jahre hin. Die Schwierigkeiten ergaben sich daraus, daß es über das Abstimmungsverfahren bis dahin keine hinreichend klare Regelung gab, da vier verschiedene Bestimmungen, die einander widersprachen, nebeneinander gültig waren: Art. 46 der Mannheimer Akte, Art. 355 des Versailler Vertrages, das Beitrittsprotokoll der Niederlande von 1923 und die Regelung auf Grund des Notenwechsels von 1945. In der Praxis führte die Auslegung der geltenden Bestimmungen zu Rechtsunsicherheit, so daß man auf das alte Verfahren des einstimmigen Beschlusses zurückgriff, bei dem allerdings die rechtliche Geltung und die Verpflichtung der Mitgliedstaaten die unterschiedlichsten Interpretationen zuließen. Da hier handfeste Interessen auf dem Spiel standen, war eine Einigung besonders schwer. Nur dem ständigen Drängen der deutschen Delegation war es zu verdanken, daß die Frage schließlich einer Lösung zugeführt wurde, die einen Kompromiß zwischen den sich widersprechenden Thesen bildete und eindeutig die rechtliche Tragweite der Entschließungen der Rheinzentralkommission und die Verpflichtung der Mitgliedstaaten festlegte[32].

Bei der Regelung des Berufungsverfahrens in Rheinschiffahrtsangelegenheiten war man bereit, den deutschen Vorstellungen Rechnung zu tragen und ein unabhängiges weisungsfreies Richterkollegium als Appellationsinstanz zu berufen. Dabei war zunächst vorgesehen, den Richtern Immunität in den Mitgliedstaaten zu verleihen. Dies führte zum Widerspruch des britischen Delegierten, der darauf hinwies, daß Großbritannien bisher keinen Vertrag abgeschlossen habe, in dem bestimmten Personen Immunität zugestanden werde. Es sei Großbritannien nicht möglich, eine derartige Immunität anzuerkennen, und er sehe keine Möglichkeit, daß das britische Parlament einen Vertrag ratifizieren werde, der etwas Derartiges vorsehe. Da es sich aber um Richter handele, die nicht britischen Gerichten angehören, und um Ereignisse, die sich nicht in Großbritannien begeben, sei die Frage rein theoretischer Art. Die britische Regierung würde sich deshalb mit einem Vorbehalt zufriedengeben, der in das Unterzeichnungsprotokoll aufzunehmen sei und feststelle, daß Großbritannien nicht in der Lage sei, der in Art. 45 b vorgesehenen Immunität zuzustimmen[33].

---

[32] C.C.R., 1962-IV-2, S. 11 ff. Compte rendu du Secrétariat de la Réunion du Comité de Révision vom 9. Oktober 1962 in Basel. Annexes au Protocole 2, Nr. 1, C.C.R., 1962-IV-2, S. 15 ff. Vorschlag der deutschen Delegation zu Art. 46, Nr. 2, S. 17 f. C.C.R., 1963-I-2, S. 5 ff. Compte rendu du Secrétariat du Comité de Révision, Réunion du 26 Février 1963. Annexes au Protocole 2, Nr. 2 der Tagung vom 24. April 1963, C.C.R., 1963-I-2, S. 22 ff. Commentaire du Secrétariat sur les amendements apportés à la Convention de Mannheim vom 10. Oktober 1963, Annexes au Protocole 3, C.C.R., 1963-III-3, S. 17 f.

Die Erklärung des britischen Delegierten führte zu einer eingehenden Beratung über die Notwendigkeit der Aufnahme dieser Bestimmungen in den Vertrag. Während eine Reihe von Delegierten keine Bedenken hatte, diese Bestimmung fallen zu lassen, befürchtete der deutsche Bevollmächtigte, daß aus der Erörterung dieser Frage in der Zentralkommission und dem Verzicht auf Aufnahme in den Vertrag der Schluß gezogen werden könne, daß eine richterliche Immunität in den Mitgliedstaaten nicht gegeben sei. Um dieser Auslegung vorzubeugen, trotzdem aber dem britischen Ansinnen Rechnung zu tragen, machte der deutsche Delegierte den Vorschlag, eine entsprechende Erklärung in das Verhandlungsprotokoll aufzunehmen. Diese Anregung fand die Billigung aller Bevollmächtigten, so daß die von Großbritannien beanstandete Bestimmung gestrichen werden konnte, ohne daß materiell eine Abänderung vorgenommen wurde[34].

Da durch das Revisionsabkommen Teile der bis dahin geltenden Rechtsordnung für den Rhein, die selbst einem Ratifikationsverfahren unterlegen hatte, abgeändert werden sollten, ergab sich die Notwendigkeit, auch diese neuen Bestimmungen durch die Mitgliedstaaten ratifizieren zu lassen. Das warf für die Staaten, die die Mannheimer Akte weder direkt noch indirekt ratifiziert hatten, die Frage auf, ob nicht eine Ratifikation des gesamten Rheinstatuts vorzunehmen sei, da die Ratifikation einzelner Bestimmungen nicht sinnvoll erschien[35]. Insbesondere die Schweiz legte auf die Ratifikation des gesamten Rheinstatuts großen Wert und schlug deshalb die Aufnahme einer Bestimmung in das Abänderungsabkommen vor, wonach für diejenigen Vertragsstaaten, die nicht die Eigenschaft von Unterzeichnerstaaten der Mannheimer Akte hatten, die Unterzeichnung und Ratifikation des Revisionsabkommens bewirken sollte, daß sie von Rechts wegen die Eigenschaft eines Vertragsstaates der Mannheimer Akte und ihrer späteren Änderungen, soweit sie durch das vorliegende Übereinkommen nicht aufgehoben oder abgeändert werden, erhalten[36]. Dieser Formulierung — als Art. V in den Abkommensentwurf aufgenommen — erteilte der britische Bevollmächtigte ausdrücklich seine Zustimmung. Nachträglich müssen aber im Foreign Office Bedenken gegen diese Fassung aufgekommen sein. Der britische Delegierte erklärte auf der Sitzung der Zentralkommission vom 4. Oktober 1963[37], daß er seine

[33] C.C.R., 1963-III-2, S. 3.

[34] C.C.R., 1963-III-2, S. 4 f.

[35] Compte rendu du Secrétariat de la Réunion du Comité de Révision vom 13. April 1961, Annexes au Protocole 2, Nr. 2, C.C.R., 1961-I-2, S. 12.

[36] So der Schweizer Entwurf zu Art. V, vgl. Strom und See, 58. Jg., 1963, S. 318. Vgl. auch *Walther:* La révision de la Convention de Mannheim pour la Navigation du Rhin, S. 818 f.

[37] C.C.R., 1963-III-2, S. 5.

ursprünglich gegebene Zustimmung zu der Formulierung des Art. V zurückziehen müsse. In London habe man diese Bestimmung einer eingehenden Prüfung unterzogen und sähe es am liebsten, wenn sie fallen gelassen werden könnte. Seit die britische Delegation die Zustimmung zu dieser Bestimmung gegeben habe, hätten sich die Bedingungen in Europa so grundlegend geändert, daß sich die Regierung Großbritanniens gezwungen gesehen habe, die Weisungen an die britische Delegation zu ändern. Die Rechtsstellung Großbritanniens in der Zentralkommission beruhe auf dem Versailler Vertrag; diese Rechtsstellung sei der britischen Regierung von solcher Wichtigkeit, daß sie alles vermeiden wolle, was ihre Situation innerhalb der Zentralkommission ändern könne. Durch die Zustimmung zu Art. V fürchte die britische Delegation, daß der falsche Eindruck entstehen könne, als sei ihre Position in der Rheinzentralkommission nicht genügend gesichert und als wolle sie diese konsolidieren. Da die Bestimmung für andere Mitglieder der Zentralkommission aber von Bedeutung sei, müsse man durch eine gründliche Erörterung nicht nur eine Lösung für Art. V finden, sondern auch für weitergehende Fragen, die die gesamte Stellung Großbritanniens in Europa beträfen[38]. Auch ein weiterer Vorschlag der Schweizer Delegation, wonach jeder Vertragsstaat eine Erklärung abgeben kann, daß durch seine Unterzeichnung und Ratifikation des Abänderungsabkommens er gleichzeitig die Eigenschaft eines Vertragsstaates der Mannheimer Akte erhalten soll, fand nicht die Billigung des britischen Bevollmächtigten, weil dadurch die Frage aufgeworfen werde, wer nun Signatarstaat der Mannheimer Akte sei und wer nicht[39]. Von Seiten der Niederlande wurden auch rechtliche Bedenken gegen eine derartige Erklärung geltend gemacht. Die bri-

[38] Der Grund für die Änderung der Haltung der britischen Regierung ist in dem Scheitern der Verhandlungen über den Beitritt Großbritanniens zur Europäischen Wirtschaftsgemeinschaft zu sehen. Die Beitrittsverhandlungen waren auf Antrag der britischen Regierung vom 9. September 1961 und Beschluß des Ministerrats der Europäischen Wirtschaftsgemeinschaft vom 27. September 1961 am 10. Oktober des gleichen Jahres aufgenommen worden. Sie scheiterten am 29. Januar 1963, da Frankreich im Gegensatz zu den anderen fünf Mitgliedstaaten die Auffassung vertrat, daß Großbritannien nicht bereit sei, wesentliche Bestimmungen des Gründungsvertrages von Rom anzunehmen. Der ablehnende Standpunkt Frankreichs war schon in der Pressekonferenz des französischen Staatspräsidenten de Gaulle vom 14. Januar 1963 bekannt geworden und hatte auch durch einen Vermittlungsvorschlag von Bundeskanzler Adenauer nicht geändert werden können. In einer Fernsehrede am 30. Januar 1963 begründete der britische Premierminister Macmillan das Scheitern der Verhandlungen und forderte zu einer Neuorientierung der britischen Außenpolitik auf. Eine inhaltlich gleiche Erklärung gab der britische Europaminister Heath am gleichen Tage vor dem Unterhaus ab. Vgl. Archiv der Gegenwart, Bd. 33, 1963, S. 10357 f. und 10386 ff. *Beloff:* The General says no, S. 3 ff. *Kaiser:* EWG und Freihandelszone, S. 234 f.

[39] C.C.R., 1963-III-2, S. 8.

tische, niederländische und schweizerische Delegation arbeiteten deshalb gemeinsam einen neuen Vorschlag aus, der mit gewissen Streichungen schließlich die Zustimmung der übrigen Delegationen fand, auch wenn er rechtlich gesehen die etwas ungewöhnliche Regelung vorsah, daß die Mannheimer Akte als Basisabkommen, von dem man nur einige Bestimmungen änderte, integrierender Bestandteil des Änderungsabkommens werden sollte, obwohl der umgekehrte Fall der logischere gewesen wäre[40].

Das Übereinkommen zur Revision der am 17. Oktober 1868 in Mannheim unterzeichneten Revidierten Rheinschiffahrtsakte wurde von Großbritannien zusammen mit den übrigen in der Rheinzentralkommission vertretenen Staaten am 20. November 1963 unterzeichnet[41], am 22. März 1965 ratifiziert und die Ratifikationsurkunde am 20. April 1965 in Straßburg hinterlegt[42]. Damit war die Rechtsstellung Großbritanniens zum internationalen Rheinregime eindeutig geklärt. Seit diesem Zeitpunkt ist Großbritannien nicht nur Mitglied der Rheinzentralkommission, sondern auch Signatarstaat des gesamten internationalen Rheinregimes.

Ein hundertfünfzigjähriger Entwicklungsprozeß hatte damit seinen Abschluß gefunden. Er begann, als Großbritannien sich bei der Neuordnung Europas auf dem Wiener Kongreß bei der Ausgestaltung der leitenden Grundsätze des internationalen Flußschiffahrtsrechts für eine allgemeine, allen Flaggen geöffnete freie Schiffahrt auf dem Rhein einsetzte und auf dem Kongreß von Verona für die Beachtung der Wiener Grundsätze eintrat. Er führte am Ende des Ersten Weltkrieges nach einer Zeit politischer Zurückhaltung zur Durchsetzung dieses Prinzips für den Rhein und zur Mitwirkung Großbritanniens in der Rheinzentralkommission. Daraus folgte in der Zwischenkriegszeit die Beteiligung an der Ausarbeitung einer neuen Rheinschiffahrtsordnung und die weitergehende Bindung Großbritanniens durch die Unterzeichnung des Modus Vivendi, dem als Anhang das neue Rheinstatut angefügt war. Dieses Engagement fand seine Fortsetzung in der britischen Anregung zur Wiederaufnahme der Rheinschiffahrt nach dem Zweiten Weltkrieg und der Wiedereinsetzung der Rheinzentralkommission auf der Grundlage einer Not- und Übergangslösung. Den Abschluß bildete nach erneuten schwierigen Verhandlungen über eine Änderung des internationalen Rheinstatuts der offizielle Beitritt zur

---

[40] C.C.R., 1963-III-2, S. 10.

[41] C.C.R., 1963-IV-2, S. 9 ff. — Für Großbritannien unterzeichnete der britische Bevollmächtigte Clarke. Der deutsche Delegierte unterzeichnete lediglich ad referendum.

[42] Schreiben des britischen Vertreters in der Rheinzentralkommission Clarke an den Verfasser, IT 15/11/01 Pt. 5 vom 9. Mai 1967.

geltenden Rechtsordnung für den Rhein durch die Unterzeichnung und Ratifikation des Revisionsabkommens von 1963.

Nun ist, da in diesem Revisionsabkommen von einer eingeschränkten Rechtsposition Großbritanniens nicht ausdrücklich die Rede ist, die Frage aufgeworfen worden, welche rechtliche Bedeutung nach der Ratifikation des Abkommens noch der in der Sitzung des Revisionsausschusses vom 2. Februar 1961 abgegebenen mündlichen Erklärung des britischen Delegierten zukomme, in der er für sich und seine Nachfolger auf die Wahl zum Präsidenten der Rheinzentralkommission und auf eine Beteiligung an allen Abstimmungen, die wesentliche, nur die Uferstaaten berührende Fragen betreffen, verzichtete, und ob diese Erklärung auch wieder einseitig zurückgenommen werden könne.

Die Beantwortung dieser Frage hängt davon ab, ob in der Erklärung des britischen Delegierten die feste Absicht seiner Regierung gesehen werden kann, sich in der erklärten Weise zu binden, und ob diese Erklärung eine solche Rechtskraft besitzt, daß sie die britische Regierung daran hindert, ihre Ansicht zu ändern und gegenüber den übrigen in der Rheinzentralkommission vertretenen Staaten eine andere als die erklärte Politik zu verfolgen, ohne rechtsbrüchig zu werden. Sollte man zu dem Ergebnis kommen, daß eine rechtliche Bindung Großbritanniens vorliegt, ist sodann zu prüfen, ob nicht durch das zeitlich spätere Revisionsabkommen die zeitlich frühere Erklärung aufgehoben wurde.

Der Internationale Gerichtshof hat in seinem Urteil vom 20. Dezember 1974[43] in Sachen Atomtestversuche im Südpazifik einen ähnlichen Fall entschieden. Auch hier ging es im Streit zwischen Australien und Neuseeland einerseits und Frankreich andererseits um die rechtliche Bedeutung der einseitigen Erklärung der französischen Regierung, keine weiteren Atomtestversuche in der Atmosphäre durchzuführen.

In der Begründung seiner Entscheidung ging der Internationale Gerichtshof ausführlich auf die Natur derartiger Erklärungen und ihre Tragweite auf internationalem Gebiet ein und stellte fest, daß nach allgemeiner Auffassung

— einseitige Erklärungen, die eine tatsächliche Lage oder einen Rechtszustand betreffen, einen bindenden Charakter haben, auch wenn sie nicht in internationalen Verhandlungen abgegeben wurden und sich oft auf einen ganz bestimmten Sachverhalt beziehen.

— die Erklärung an keine Formvorschriften gebunden ist, also mündlich oder schriftlich erfolgen kann, jedoch die Absicht, eine Bindung eingehen zu wollen, klar erkennbar sein muß.

[43] Cour International de Justice, Recueil des Arrêts, Avis consultatifs et Ordonnances, Affaire des Essais Nucléaires (Australie c. France, Nouvelle Zélande c. France), Arrêt du 20 Décembre 1974.

— die Erklärung durch Organe abgegeben werden muß, die dazu befugt sind.

— keine Gegenleistung, Annahme, Antwort oder irgendeine Reaktion des begünstigten Staates erforderlich ist, damit die Bindung eintritt.

— nicht alle einseitigen Erklärungen bindenden Charakter haben, die Bindungsabsicht vielmehr auf dem Wege restriktiver Auslegung festzustellen ist.

— im internationalen Recht für einseitige Erklärungen mit Bindungswirkung der Grundsatz der bona fides ebenso wie im Vertragsrecht der Grundsatz pacta sunt servanda gilt, so daß der begünstigte Staat auf die Bindungswirkung vertrauen kann.

— der die Erklärung abgebende Staat verpflichtet ist, seine Politik so einzurichten, daß sie mit der abgegebenen Erklärung nicht in Widerspruch gerät[44].

Untersucht man an Hand dieser Kriterien die britische Erklärung vom Februar 1961, so ist festzustellen:

— Die Frage der Rechtsstellung Großbritanniens wurde in den Revisionsverhandlungen zu diesem Zeitpunkt von dem britischen Delegierten einseitig aus freien Stücken in Abstimmung mit der amerikanischen Delegierten aufgegriffen. Seine Verzichtserklärung bezog sich dezidiert auf den Präsidentenposten und die Mitwirkung bei Abstimmungen, die wesentliche, nur die Uferstaaten berührende Fragen betreffen.

— Sie wurde mündlich abgegeben, sollte aber ausdrücklich den betreffenden Regierungen zur Kenntnis gebracht werden und für den amtierenden Delegierten wie auch für seine Nachfolger gelten.

— Der britische Delegierte in der Rheinzentralkommission war auch befugt, eine solche Erklärung abzugeben, wies er doch zu Beginn seiner Erklärung ausdrücklich darauf hin, daß er von seiner Regierung zu ihrer Abgabe ermächtigt sei.

— Die Erklärung war an keine Gegenleistung oder sonstige Bedingung gebunden. Sie sollte den betreffenden Regierungen zur Kenntnis gebracht werden, eine Annahmeerklärung durch diese war nicht vorgesehen.

Damit sind alle Forderungen, die der Internationale Gerichtshof an eine einseitige Erklärung mit Bindungswirkung für den sie abgebenden Staat stellt, gegeben. Selbst bei restriktiver Auslegung ist die

[44] I.C.J. Recueil 1974, Ziffer 45 ff., S. 19 ff. und Ziffer 42 ff., S. 472 ff. Vgl. auch die mit diesen Kriterien übereinstimmende Auffassung des Richters de Castro in seiner sonst abweichenden Entscheidung, Ziffer 3, S. 374 f.

Erklärung, die der britische Delegierte anläßlich der Revisionsverhandlungen vom 2. Februar 1961 abgab, als bindend für Großbritannien anzusehen und kann ohne Zustimmung der übrigen in der Rheinzentralkommission vertretenen Staaten weder zurückgenommen noch abgeändert werden.

Ist somit die bindende Wirkung der britischen Erklärung von 1961 erwiesen, bleibt noch die Frage zu beantworten, ob diese Rechtslage durch das Revisionsabkommen von 1963 eine Änderung erfahren hat.

Bei multinationalen Verträgen kann man — die gleichen Vertragspartner vorausgesetzt — im allgemeinen davon ausgehen, daß durch den zeitlich späteren Vertrag der zeitlich frühere Vertrag aufgehoben oder abgeändert wird, es sei denn, daß die Vertragspartner als Herren des Vertrages eine andere Regelung vorsehen. In den Artikeln III und V des Revisionsabkommens von 1963 ist das Verhältnis zu zeitlich früheren Übereinkünften ausdrücklich geregelt worden. Gemäß Art. III werden einige Bestimmungen der Anlage A und des Schlußprotokolls zur Mannheimer Rheinschiffahrtsakte sowie der Modus Vivendi außer Kraft gesetzt. Die britische Erklärung von 1961 ist jedoch nicht darunter. Nach Art. V bilden die Bestimmungen der Mannheimer Akte und ihrer späteren Änderungen, soweit sie zum Zeitpunkt des Vertragsabschlusses galten und durch das vorliegende Revisionsabkommen nicht aufgehoben oder geändert wurden, einen integrierenden Bestandteil dieses Übereinkommens. Da die britische Erklärung vom Oktober 1961 nicht, wie die genannten Übereinkünfte, ausdrücklich aufgehoben wurde, ist davon auszugehen, daß sie weitergilt und einen Teil der geltenden internationalen Rechtsordnung für den Rhein bildet. Diesem Ergebnis stehen auch die einschlägigen Bestimmungen des Revisionsabkommens nicht entgegen, die vielmehr so abgefaßt sind, daß Großbritannien die eingegangenen Verpflichtungen erfüllen kann[45].

In Art. 44 Abs. 1 ist vorgesehen, daß der Vorsitz in der Rheinzentralkommission durch einen Bevollmächtigten wahrgenommen wird, der von einem jeden Vertragsstaat abwechselnd in der Reihenfolge des französischen Alphabets der Staatsnamen jeweils für die Dauer von zwei Jahren bezeichnet wird. Diese Bestimmung wird

[45] Auch der Commentaire du Secrétariat sur les amendements apportés à la Convention de Mannheim, C.C.R. 1963-III-3, S. 14 ff., ist so abgefaßt, daß er diese Interpretation zuläßt und die britische Erklärung von 1961 subsumiert werden kann. Vgl. auch die Ausführungen des britischen Delegierten Clarke auf der Tagung vom 24. April 1963 im Zusammenhang mit der Abfassung des Art. 46 über die Beschlußfassung in der Rheinzentralkommission, C.C.R. 1963-I-2, S. 8 sowie *Bernhardt:* Die Auslegung völkerrechtlicher Verträge insbesondere in der neueren Rechtsprechung internationaler Gerichte, S. 186 ff.

jedoch eingeschränkt durch Abs. 4, wonach jeder Staat auf die Besetzung des Amtes des Vorsitzenden oder des stellvertretenden Vorsitzenden verzichten kann. Diese Regelung trägt der britischen Erklärung Rechnung und ermöglicht es dem britischen Delegierten, gemäß der Erklärung von 1961 zu verfahren und auf das Präsidentenamt zu verzichten.

Die Beschlußfassung ist in Art. 46 so geregelt, daß jeder Vertragsstaat über eine Stimme verfügt und Beschlüsse der Einstimmigkeit bedürfen (Abs. 1 und 3). Gemäß Abs. 6 werden jedoch Stimmenthaltungen bei der Stimmenzählung nicht mitgerechnet. Auf diese Weise können Beschlüsse, die wesentliche, nur die Uferstaaten berührende Fragen betreffen, gefaßt werden, ohne daß Großbritannien sich an der Abstimmung beteiligt.

Die Rechtsstellung Großbritanniens nach der Ratifikation der sogenannten „kleinen Revision" des internationalen Rheinregimes von 1963 läßt sich abschließend wie folgt bestimmen:

Großbritannien hat durch Unterzeichnung und Ratifikation des Revisionsabkommens die volle Mitgliedschaft am internationalen Rheinregime erworben.

Durch seine Erklärung auf der Sitzung des Revisionsausschusses vom 2. Februar 1961 hat es selbst aus freien Stücken für seinen jeweiligen Delegierten auf die Wahl zum Präsidenten der Rheinzentralkommission verzichtet. Seine Bevollmächtigten werden sich auch an allen Abstimmungen, die wesentliche, nur die Uferstaaten berührende Fragen betreffen, nicht beteiligen. Die mit dieser Erklärung eingegangene Bindung wird durch das später abgeschlossene Revisionsabkommen in ihrer Geltung nicht berührt.

Großbritannien hat damit als Nichtuferstaat in der Zentralkommission für die Rheinschiffahrt eine Sonderstellung, die seiner Interessenlage entspricht, Makler zwischen den eventuell divergierenden Auffassungen der Uferstaaten zu sein und Wächter über die in der Akte niedergelegten Rechte der internationalen Rheinschiffahrt.

Exkurs

Die Frage der gewohnheitsrechtlichen Anerkennung Großbritanniens als Vertragspartner der internationalen Rheinschiffahrtsakte

Großbritannien hat nach dem Ersten und erneut nach dem Zweiten Weltkrieg als Mitglied der Zentralkommission für die Rheinschiffahrt an allen Tagungen und Beschlüssen dieses Organs teilgenommen. Es ist daher die Frage aufgeworfen worden, ob damit eine gewohnheitsrechtliche Anerkennung Großbritanniens als Vertragspartner der Mannheimer Akte begründet worden ist.

Für das Entstehen von Gewohnheitsrecht fordert die Völkerrechtslehre die Spezifizierung, Häufigkeit und Einheitlichkeit des Verhaltens der beteiligten Staaten (consuetudo) sowie deren Überzeugung, daß dieses Verhalten geltendes Recht sein soll (opinio juris sive necessitatis).

Die gewohnheitsrechtsbegründende Praxis der beteiligten Staaten muß von einer gewissen Dauer und Beständigkeit, klar erkennbar, einheitlich und gleichgerichtet sein, doch genügt die Praxis der Mehrheit, sofern die übrigen Staaten kein entgegengesetztes Verhalten gezeigt oder gar Rechtsverwahrung eingelegt haben. Im allgemeinen begründet positives Handeln ein Gewohnheitsrecht; es genügt aber auch ein Unterlassen, doch sind in diesem Falle strenge Maßstäbe an den Nachweis der Rechtsüberzeugung zu stellen. Die Praxis der beteiligten Staaten begründet Gewohnheitsrecht aber nur, sofern die Handelnden dabei von der Überzeugung geleitet werden, das rechtlich Gebotene zu tun; ein Verhalten, das unverbindlicher Courtoisie oder nur politischen Zweckmäßigkeitserwägungen entspricht, begründet kein Gewohnheitsrecht. Der Nachweis für das Vorliegen einer gewohnheitsrechtsbegründenden Überzeugung ist schwierig, da sich aus gleichgerichtetem Verhalten lediglich eine Vermutung für das Vorliegen einer Rechtsüberzeugung ableiten läßt. Diese Vermutung gilt jedoch nur solange, wie andere Beweggründe nicht erkennbar sind[1].

Während der Zeit zwischen den beiden Weltkriegen ist von Großbritannien der Anspruch auf gewohnheitsrechtliche Anerkennung als vollberechtigter und verpflichteter Partnerstaat des internationalen

---

[1] *Jaenicke:* Völkerrechtsquellen, 2. Gewohnheitsrecht, S. 769 f.

Rheinregimes nicht erhoben worden. Dies geht aus den Erklärungen der britischen Bevollmächtigten in der Zentralkommission für die Rheinschiffahrt und des zuständigen Vertreters des Foreign Office anläßlich der Verhandlungen über eine neue Rheinschiffahrtsakte eindeutig hervor[2].

Es fehlte aber auch an der gewohnheitsrechtsbegründenden Praxis und Rechtsüberzeugung aller Vertragsstaaten der Rheinschiffahrtsakte. Das Deutsche Reich hatte zwar der Aufnahme Großbritanniens als Mitglied der Rheinzentralkommission gemäß Art. 355 des Versailler Vertrages zustimmen müssen. Während der langen Jahre der Verhandlungen über ein neues Rheinstatut waren die Bemühungen der deutschen Delegation jedoch darauf gerichtet, die beiden Nichtuferstaaten Großbritannien und Italien aus der Zentralkommission wieder auszuschließen, zumindest aber ihren Rechtsstatus abzuwerten und eine klare Unterscheidung zwischen den umfassenden Rechten der Uferstaaten und den minderen Rechten der Nichtuferstaaten herbeizuführen[3]. Die rechtliche Handhabe dazu bot der Art. 254 des Versailler Vertrages, der dem Deutschen Reich zwar gemäß Abs. 4 die Zustimmung zu dem endgültig ausgehandelten Entwurf auferlegte, nach Abs. 3 jedoch gestattete, seinen Vorstellungen bei der Ausarbeitung einer neuen Rheinschiffahrtsakte Geltung zu verschaffen. Das Deutsche Reich hat demnach durch ein den übrigen Vertragsstaaten entgegengesetztes Handeln ein Verhalten gezeigt, daß eine gewohnheits-

[2] Vgl. die Erklärung des britischen Delegierten Baldwin anläßlich der Diskussion über die Vollstreckbarkeit und die Zustellung von Urteilen der Rheinschiffahrtsgerichte erster und zweiter Instanz im Dezember 1924, C.C.R., 1924-II-R, S. 20. Bericht Nr. 11 des Rheindelegierten an den Herrn Reichsminister des Auswärtigen vom 25. Februar 1925 über die Revision der Rheinschiffahrtsakte, Nr. 5, Rheinschiffahrtsgerichte, S. 10 f. Tgb. Nr. 188, AA, P. A., Handakten Seeliger 95, Akten betreffend Revision der Rheinakte, Bd. 5. Ebenso der Bericht des Botschaftsrates Fürst Otto Christian Bismarck über eine Unterredung mit dem zuständigen Referenten Green im Foreign Office anläßlich der Überreichung der deutschen Denkschrift zur Vorbereitung der Tagung von San Remo. Schreiben der deutschen Botschaft in London A 565 vom 15. Februar 1935, AA, Abteilung S, Akten betreffend Revision der Mannheimer Rheinschiffahrtsakte von 1868, 514 Flußschiffahrt, Nr. 151 — Rhein — Bd. 8. Vgl. auch die Erklärung des italienischen Delegierten, Graf Martin-Franklin, zum Status der Nichtuferstaaten auf der Tagung von San Remo, Zentralkommission für die Rheinschiffahrt, 1935, Tagung von San Remo, März, Protokolle der Revision der Mannheimer Akte, S. 92.

[3] So ungesichert war die Rechtsposition Großbritanniens und Italiens und so wenig war die für eine gewohnheitsrechtliche Anerkennung erforderliche Rechtsüberzeugung der übrigen Vertragsstaaten gefestigt, daß nach der Aufkündigung des Modus Vivendi durch das Deutsche Reich es in der Schweiz für möglich gehalten wurde, daß durch die Uferstaaten Deutschland, Frankreich und die Niederlande eine neue Rheinkommission ohne die Nichtuferstaaten bestellt und eine neue Rheinakte vereinbart werden könnte, die in ihren Hauptbestimmungen ungefähr der Mannheimer Akte gleichkommen sollte. *Frey:* Zur Kündigung der Schiffahrtsklauseln des Versailler Friedensvertrages durch Deutschland, S. 407.

rechtliche Anerkennung Großbritanniens als Vertragspartner des internationalen Rheinregimes für die Zeit zwischen den beiden Weltkriegen ausschließt[4].

Für die Zeit nach dem Zweiten Weltkrieg ist ein ausdrücklicher Anspruch Großbritanniens auf gewohnheitsrechtliche Anerkennung ebenfalls nicht bekannt.

Als im Sommer 1945 von der Regierung und dem Oberkommando der britischen Besatzungsarmee geprüft wurde, ob Großbritannien sich an einer Interim Rhine Navigation Agency beteiligen solle, wurde die Notwendigkeit eines derartigen Beitritts im Foreign Office mit der militärischen Besetzung der Rheinlande und der Vertretung im Alliierten Kontrollrat begründet. Die Frage, ob auf Grund einer früheren Partnerschaft an der internationalen Rechtsordnung für den Rhein Rechtsansprüche auf eine erneute Beteiligung abgeleitet werden könnten, wurde nicht einmal aufgeworfen. Offensichtlich war für das Foreign Office die Rechtslage völlig eindeutig. Das zeigt auch die Feststellung, man betrachte die eigene Position in der alten Rheinzentralkommission als die eines ehrlichen und unparteiischen Maklers und nehme an, die Uferstaaten würden wahrscheinlich den Wunsch haben, daß Großbritannien auch weiterhin in einem dauerhaften Rheinregime vertreten sei[5].

Einen Anspruch auf gewohnheitsrechtliche Anerkennung könnte man allenfalls aus der Erklärung des britischen Bevollmächtigten Clarke in seinem Beitrag „Why a Non-riparian Member?" in der Festschrift zum 150jährigen Bestehen der Rheinzentralkommission herleiten[6]. Als Grund für die Anwesenheit Großbritanniens in der Zentralkommission — die Teilhabe an dem ihrer Tätigkeit zu Grunde liegenden Rheinstatut blieb unerwähnt — wurde die Teilnahme an den Beratungen des Wiener Kongresses sowie der Wunsch angegeben: „We like to be there and others seem to like it too"[7]. Obwohl zu einem Zeitpunkt erschienen, als durch die Ratifizierung des Revisionsabkommens die Rechtslage Großbritanniens bereits eindeutig geklärt war und eine Berufung auf die Teilhabe an der internationalen Rechtsordnung für den Rhein näher gelegen hätte, wurde hier offensichtlich auf einen früheren Rechtsstatus Bezug genommen und in der vermeintlichen Ermangelung von Rechtsgründen die Mitgliedschaft in der Zentralkommission auf eine „philosophische Rechtfertigung"[8] gestützt.

---

[4] *Meißner:* Das Recht der Europäischen Wirtschaftsgemeinschaft im Verhältnis zur Rheinschiffahrtsakte von Mannheim, S. 22.

[5] FO Minute vom 4. August 1945, W 11231/142/803, PRO FO 371/50406.

[6] *Clarke:* Why a Non-Riparian Member?, S. 103 f.

[7] *Clarke:* Why a Non-Riparian Member?, S. 104.

[8] *Clarke:* Why a Non-Riparian Member?, S. 107.

Auch die Erklärung des britischen Bevollmächtigten Clarke auf der Tagung der Rheinzentralkommission vom 4. Oktober 1963, wonach die britische Regierung die Aufnahme des von der Schweiz vorgeschlagenen ursprünglichen Entwurfs von Art. V des Revisionsabkommens ablehne, weil sie die Rechtsstellung Großbritanniens in der Rheinzentralkommission, die durch den Versailler Vertrag begründet worden sei, nicht in Frage stellen wolle, kann als Argument nicht herangezogen werden. Die britische Regierung selbst rechtfertigte ihren Schritt mit dem Abbruch der Beitrittsverhandlungen Großbritanniens zur Europäischen Wirtschaftsgemeinschaft, die am Widerstand Frankreichs gescheitert seien. Dadurch habe sich die politische Lage in Europa so verändert, daß es ihr nicht ratsam scheine, den Rechtsstatus Großbritanniens in bezug auf die Rheinschiffahrtsakte zur Erörterung zu stellen. Von einem Anspruch auf gewohnheitsrechtliche Anerkennung ist auch in diesem Zusammenhang nicht die Rede[9]; viel eher könnte in dieser Haltung das Eingeständnis der eigenen unsicheren Rechtsposition gesehen werden.

Auch im Zusammenhang mit den deutschen Vorschlägen des Jahres 1957[10] über eine Differenzierung zwischen dem Rechtsstatus der Uferstaaten und der Nichtuferstaaten hat Großbritannien sich selbst niemals als Partner der Mannheimer Rheinschiffahrtsakte, sondern stets nur als Mitglied der Zentralkommission für die Rheinschiffahrt bezeichnet und auf seine 37jährige Tätigkeit in diesem Organ verwiesen. In dem bei dieser Gelegenheit geführten Schriftwechsel zwischen dem deutschen und dem britischen Delegationsleiter wurde von britischer Seite dieser Standpunkt eingehend begründet, ohne auf eine gewohnheitsrechtliche Anerkennung abzustellen. In einem späteren Stadium der Verhandlungen, am 2. und 3. Februar 1961, ist auf britische Initiative hin die Frage der Unterscheidung zwischen Uferstaaten und Nichtuferstaaten noch einmal aufgegriffen worden, wobei der britische Delegierte zusammen mit der Vertreterin der Vereinigten Staaten, die auch für ihre Nachfolger bindenden Erklärungen abgaben, eine Wahl zum Präsidenten der Zentralkommission abzulehnen und sich bei wesentlichen, die Uferstaaten allein berührenden Fragen der Stimme zu enthalten. Auch in diesem Zusammenhang ist von britischer Seite kein Anspruch auf gewohnheitsrechtliche Anerkennung als Partner des internationalen Rheinregimes erhoben worden.

Für die opinio juris der Vertragsstaaten liegen für die Zeit bis zur Unterzeichnung des Revisionsabkommens gleichfalls keine Äuße-

[9] C.C.R., 1961-III-2, S. 5.

[10] Schreiben der deutschen Delegation an den Präsidenten der Zentralkommission für die Rheinschiffahrt vom 6. November 1957, C.C.R., 1957-II-2, 13 f. und S. 16 sowie Schreiben des britischen Delegationsleiters vom 20. März 1959, IIT. 1/1/018, Ziffer 3.

rungen der Vertragsstaaten vor[11]. Wenn in der Erörterung der deutschen Differenzierungsvorschläge die Schweizer Bevollmächtigten demonstrativ für eine unveränderte Rechtsstellung Großbritanniens eingetreten sind, ist die Erklärung für diese Handlungsweise in der eigenen umstrittenen und ungesicherten Rechtsposition zu sehen[12]. Die Vertreter Frankreichs, Belgiens und der Niederlande wiesen auf den politischen Charakter des Problems hin und überließen es der britischen Regierung, ihren eigenen Standpunkt zu bestimmen. Ob ihr Verhalten von Courtoisie[13] oder politischen Zweckmäßigkeitsüberlegungen[14] beeinflußt war oder als Beweis für ihre Rechtsüberzeugung herangezogen werden kann[15], ist deshalb nicht eindeutig. Aus ihrem Verhalten eine unwiderlegbare Vermutung für das Vorliegen einer entsprechenden Rechtsüberzeugung abzuleiten, fällt indessen schwer. Die Tatsache, daß sie eine eindeutige Stellungnahme vermieden und es Großbritannien überließen, den eigenen Rechtsstandpunkt zu bestimmen, spricht gegen das Vorhandensein rechtsbezeugender und rechtsbegründender Motive. Für die Bundesrepublik Deutschland muß eine solche Rechtsüberzeugung im Hinblick auf ihre Differenzierungswünsche eindeutig bestritten werden. Unter Berücksichtigung der in meiner Untersuchung über die Rechtsstellung der Schweiz zum internationalen Rheinregime und den Verträgen über die Gründung der Europäischen Gemeinschaften[16] herangezogenen Rechtspraxis des Internationalen Gerichtshofes[17] kann man deshalb aus der Mitarbeit Großbritanniens in der Zentralkommission für die Rheinschiffahrt allein die Ausbildung eines Gewohnheitsrechtes, das die Teilhabe an der Mannheimer Rheinschiffahrtsakte begründen würde, nicht ableiten. Der Entstehung eines derartigen Gewohnheitsrechtes steht die opinio juris zumindest eines bedeutenden Vertragsstaates der Mannheimer Akte entgegen.

---

[11] Die Erklärung der Bundesregierung datiert von einem späteren Zeitpunkt; auf sie wird weiter unten eingegangen werden.

[12] *Hoederath:* Die Rechtsstellung der Schweiz zu der Mannheimer Rheinschiffahrtsakte und den Verträgen über die Gründung der Europäischen Gemeinschaft für Kohle und Stahl sowie der Europäischen Wirtschaftsgemeinschaft, S. 137 ff.

[13] Siehe *Blomeyer:* Courtoisie, S. 301 f.

[14] Haya de la Torre Fall, Cour Internationale de Justice, Recueil des Arrêts, Avis consultatifs et Ordonnances, 1950, S. 277 und 286.

[15] *Jaenicke:* Völkerrechtsquellen, S. 770.

[16] *Hoederath:* Die Rechtsstellung der Schweiz zu der Mannheimer Rheinschiffahrtsakte und den Verträgen über die Gründung der Europäischen Gemeinschaft für Kohle und Stahl sowie der Europäischen Wirtschaftsgemeinschaft, S. 145 f.

[17] Cour International de Justice, Recueil des Arrêts, Avis consultatifs et Ordonnances, 1950, S. 277 (Haya de la Torre Fall); 1951, S. 15 ff. (Konvention über Verhütung und Bestrafung des Völkermordes). Vgl. auch *Bernhardt:* Haya de la Torre Fall, S. 770 ff. *Hagemann:* Die Gewohnheit als Völkerrechtsquelle in der Rechtspraxis des Internationalen Gerichtshofes, S. 61 ff.

Solange wie die Zentralkommission für die Rheinschiffahrt als Not- und Übergangslösung tätig war und sich für ihre Arbeit nur auf die vorläufige Inkraftsetzung der Mannheimer Rheinschiffahrtsakte und der sie abändernden Bestimmungen des Versailler Vertrages stützen konnte, war die Frage einer gewohnheitsrechtlichen Anerkennung auch ohne politische und rechtliche Relevanz. Erst als nach Gründung der Europäischen Gemeinschaft für Kohle und Stahl 1951 und der Europäischen Wirtschaftsgemeinschaft 1957 sich eine Angleichung des internationalen Rheinregimes an die neuen politischen und wirtschaftlichen Verhältnisse als notwendig erwies, aber eine umfassende Revision der geltenden Rechtsordnung für den Rhein sich im Verlauf der 1957 begonnenen Verhandlungen auf Grund der politischen Konstellation als unmöglich herausstellte und man sich auf eine sogenannte kleine Revision beschränken mußte, konnte die Frage der gewohnheitsrechtlichen Anerkennung überhaupt erst politische und rechtliche Bedeutung erlangen. Sie spielte in der öffentlichen Diskussion der Bundesrepublik Deutschland zwischen der Unterzeichnung des Abkommens und seiner Ratifizierung eine nicht unerhebliche Rolle[18].

Die Gegner des Revisionsabkommens äußerten die Befürchtung, daß eine weitere Abänderung der Rheinschiffahrtsakte zwecks Anpassung an eine gemeinsame europäische Verkehrspolitik erschwert werden könnte, wenn als Vertragspartner der internationalen Rechtsordnung für den Rhein Staaten aufgenommen würden, die nicht gleichzeitig der Europäischen Wirtschaftsgemeinschaft angehörten, denn diese könnten mit Hilfe des in dem Revisionsabkommen geänderten Abstimmungsverfahrens für den Rhein alle ihnen nicht genehmen ordnungspolitischen Maßnahmen der europäischen Gemeinschaften auf dem Gebiet des Verkehrs verhindern[19]. Da diese Maßnahmen aber

---

[18] Vgl. *Müller:* Nach der Teilrevision der Mannheimer Akte, S. 4351. *Müller:* Politische Klärungen und Nebengeräusche zur Revision der Mannheimer Akte und zur Wirtschaftskonferenz der Rheinschiffahrt, S. 16. *Müller:* 20 Jahre Schweizerische Rheinschiffahrtspolitik, S. 244. *Schaller:* Zur Revision der internationalen Rheinschiffahrtsakte, S. 192 f. „Kleine Revision" der Rheinschiffahrtsakte, Industriekurier vom 14. Januar 1964.

[19] Noch zwei Tage vor der Unterzeichnung des Abkommens in Straßburg, am 18. November 1963, hat die Kommission der Europäischen Gemeinschaft, vertreten durch den für den Verkehr zuständigen Kommissar Schaus, die Ständigen Vertreter der Staaten der Gemeinschaft, die zugleich Vertragsstaaten der Mannheimer Akte waren, auf Bedenken der Kommission hingewiesen, denen das Abkommen im Hinblick auf eine „Zementierung der Mannheimer Akte" und auf die Durchführung einer gemeinsamen Verkehrspolitik begegne. In diesem Zusammenhang wurde die Kommission über die deutsche Absicht unterrichtet, das Revisionsabkommen mit Vorbehalt zu unterzeichnen. Der deutsche Versuch, auch die belgische, französische und niederländische Regierung für eine Unterzeichnung ad referendum zu gewinnen, scheiterte. Vgl. auch *Koeppen:* Das Rheinregime in seiner internationalen Stellung, insbesondere im Verhältnis der Revidierten Rheinschiff-

nicht allein für die Schiffahrt auf dem Rhein gelten, sondern auf den gesamten gemeinschaftlichen Verkehr Anwendung finden sollen und eine Ausnahme für die Rheinschiffahrt nicht möglich wäre, ohne eine Ordnung des gesamten Verkehrs in Frage zu stellen, wäre die Verwirklichung innergemeinschaftlichen Rechts von der Zustimmung eines nicht der Gemeinschaft angehörenden Staates insoweit abhängig, als damit die geltende Ordnung für den Rhein abgeändert werden müßte. Die Berechtigung eines solchen Einspruchsrechts hängt jedoch in erster Linie von der Rangfolge der abgeschlossenen Verträge und der Identität der Vertragspartner der Rheinschiffahrtsakte und der europäischen Gemeinschaften ab[20].

In dem Übereinkommen zur Revision der geltenden Rechtsordnung für den Rhein vom 20. November 1963 wird in der Präambel das Vereinigte Königreich von Großbritannien und Nordirland als Vertragspartner angeführt[21], obwohl es die Mannheimer Rheinschiffahrtsakte nicht unterzeichnet, sondern 1919 lediglich in die Zentralkommission für die Rheinschiffahrt berufen worden war[22]. Die Aufnahme in den Kreis der Unterzeichnerstaaten war deswegen von Bedeutung, weil damit die Klärung der bis dahin umstrittenen rechtlichen Stellung zum geltenden Rheinregime herbeigeführt wurde[23], erklärt doch Art. V die Bestimmungen der Mannheimer Akte und ihrer späteren Änderungen, soweit sie zum Zeitpunkt der Unterzeichnung galten und durch das vorgelegte Übereinkommen nicht aufgehoben oder geändert wurden, zum integrierenden Bestandteil des Abkommens. Während ein Teil der Literatur sowie das Bundesministerium des Innern die bisherige Teilhabe Großbritanniens am geltenden Rheinregime verneinte und die Aufnahme in den Kreis der Vertragspartner als konstitutiven Akt wertete[24], wurde in einem anderen Teil

---

fahrtsakte von 1868 zum EWG-Vertrag, S. 352. *Müller:* 20 Jahre Schweizerische Rheinschiffahrtspolitik, S. 244.

[20] *Zuleeg:* EWG-Vertrag und Rheinregime in Verkehr und Gemeinschaftsrecht, S. 27. *Meißner:* Das Recht der Europäischen Wirtschaftsgemeinschaft im Verhältnis zur Rheinschiffahrtsakte von Mannheim, S. 23. *Rittstieg:* Rheinschiffahrt und Gemeinsamer Markt, S. 27. *Matschl:* Die europäischen Gemeinschaften und die Freiheit der Rheinschiffahrt, S. 67 f.

[21] Bundesgesetzblatt, Jg. 1966, Teil II, S. 4351.

[22] *Koeppen:* Das Rheinregime in seiner internationalen Stellung, insbesondere im Verhältnis der Revidierten Rheinschiffahrtsakte von 1868 zum EWG-Vertrag, S. 351. *Koeppen:* Die Geschichte der Zentralkommission für die Rheinschiffahrt, S. 24 sowie Zeitschrift für Binnenschiffahrt, 93. Jg., 1966, S. 334. *Meißner:* Das Recht der Europäischen Wirtschaftsgemeinschaft im Verhältnis zur Rheinschiffahrtsakte von Mannheim, S. 22. *Rittstieg:* Rheinschiffahrt und Gemeinsamer Markt, S. 26.

[23] *Rittstieg:* Rheinschiffahrt und Gemeinsamer Markt, S. 27. Rheinschiffahrt und EWG, Deutsche Verkehrszeitung, 18. Jg., Nr. 9 vom 21. Januar 1964, S. 1.

[24] So das unveröffentlichte Rechtsgutachten des Bundesministeriums des

der Literatur und dem Bundesministerium für Verkehr die Ansicht vertreten, daß durch das Abkommen lediglich die bisherige Rechtslage bestätigt werde[25].

In einer Stellungnahme vor dem Bundestag am 15. November 1963 erklärte der damalige Bundesverkehrsminister Seebohm, daß Großbritannien zusammen mit Belgien und der Schweiz durch den Versailler Vertrag von 1919 in die Zentralkommission für den Rhein aufgenommen seien und seit jener Zeit von allen Vertragspartnern, also den Signatarstaaten der Mannheimer Akte, nicht nur als Mitglieder der Zentralkommission, sondern als gleichberechtigte Partner auch bei der Ausarbeitung neuer Vereinbarungen auf Grund und im Zusammenhang mit der Mannheimer Akte betrachtet würden. Diese Entwicklung lasse es nicht zu, einem dieser Staaten heute das Recht auf Unterzeichnung und Mitwirkung zu bestreiten[26]. In der Denkschrift der Bundesregierung, die dem Entwurf des Ratifikationsgesetzes beigegeben war, führte die Bundesregierung ergänzend dazu aus, daß es nicht möglich gewesen sei, Ansprüche, u. a. Großbritanniens, auf Beteiligung an der Fortentwicklung des Rheinregimes zu bestreiten, nachdem die betreffenden Regierungen auf ihre in 40jähriger unbestrittener Zusammenarbeit erworbenen Rechte hingewiesen hätten[27]. Es fällt auf, daß in beiden Erklärungen der Begriff gewohnheitsrecht-

---

Innern, S. 20 ff. und S. 50. Vgl. dazu: Torpedo gegen EWG-Verkehrspolitik?, Handelsblatt vom 21./22. Februar 1964.

[25] Unveröffentlichte Stellungnahme des Bundesverkehrsministeriums vom 4. Februar 1964 zu der im Bundesinnenministerium erstellten gutachtlichen Äußerung über die Vereinbarkeit des EWG-Vertrages vom 25. März 1957 mit der revidierten Rheinschiffahrtsakte vom 17. Oktober 1868 (MA) und der „sogenannten" kleinen Revision der Mannheimer Akte, S. 26 Ziffer f. *Koeppen:* Das Rheinregime in seiner internationalen Stellung, insbesondere im Verhältnis der Revidierten Rheinschiffahrtsakte von 1868 zum EWG-Vertrag, S. 354, wo sie sich kritisch mit dem Gutachten des Bundesinnenministeriums auseinandersetzt. *Meißner:* Das Recht der Europäischen Wirtschaftsgemeinschaft im Verhältnis zur Rheinschiffahrtsakte von Mannheim, S. 25. „Kleine Revision" der Rheinschiffahrtsakte, Industriekurier vom 14. Januar 1964. *Van Gunsteren:* Rotterdam, Pole de la Navigation rhénane internationale, S. 302.

[26] Erklärung des Bundesministers für Verkehr in der Fragestunde des Deutschen Bundestages am 15. November 1963, Deutscher Bundestag, 4. Wahlperiode, 97. Sitzung, S. 4462 (B). Seebohm zur Rheinschiffahrtspolitik, Industriekurier vom 16. November 1963, S. 17.

[27] Denkschrift der Bundesregierung zum Entwurf eines Gesetzes zu dem Übereinkommen vom 20. November 1963 zur Revision der am 17. Oktober 1868 in Mannheim unterzeichneten Revidierten Rheinschiffahrtsakte vom 4. November 1965, Deutscher Bundestag, 5. Wahlperiode, Drucksache V/18, S 14. So auch die unveröffentlichte Stellungnahme des Bundesverkehrsministeriums vom 4. Februar 1964 zu der im Bundesministerium des Innern erstellten gutachtlichen Äußerung über die Vereinbarkeit des EWG-Vertrages vom 25. März 1957 mit der revidierten Rheinschiffahrtsakte vom 17. Oktober 1868 (MA) und der „sogenannten" kleinen Revision der Mannheimer Akte, S. 23.

liche Anerkennung als Vertragspartner der Rheinschiffahrtsakte sorgfältig vermieden wurde, doch waren die Erklärungen so abgefaßt, daß sie den Eindruck hervorrufen mußten, die erforderlichen Voraussetzungen für eine gewohnheitsrechtliche Anerkennung seien vorhanden. In beiden Erklärungen wurde auf die Mitgliedschaft in der Zentralkommission auf Grund des Versailler Vertrages und die hieraus sich ergebende Berechtigung zur Mitwirkung an den Aufgaben der Rheinzentralkommission, also auf die consuetudo der Völkerrechtslehre, hingewiesen. Außerdem wurde hervorgehoben, daß diese Mitwirkung von den älteren Vertragsstaaten widerspruchslos hingenommen und Belgien, Großbritannien und die Schweiz als gleichberechtigte Mitglieder bei der Ausarbeitung und dem Inkrafttreten neuer Vereinbarungen auf Grund und im Zusammenhang mit der Mannheimer Akte behandelt worden seien. Es wurde also auf die opinio juris der Signatarstaaten abgestellt.

Nun hat Jaenicke unter Berufung auf den Lotus- und den Haya de la Torre-Fall auf die Praxis der internationalen Gerichte hingewiesen und festgestellt, daß gleichartiges Verhalten nur so lange eine Vermutung für das Vorhandensein einer entsprechenden Rechtsüberzeugung begründet, wie andere Motive nicht erkennbar sind[28]. Aus den Unterlagen über die Verhandlungen zur Revision der Rheinschiffahrtsakte geht indessen hervor, daß die Rechtsstellung der Nichtuferstaaten keineswegs unumstritten war, sondern von der deutschen Delegation zur Diskussion gestellt und mit den Betroffenen wie auch den übrigen Delegationen erörtert wurde. Der damalige britische Delegierte Clarke gibt für diese Diskussion eine einleuchtende Erklärung[29], indem er darauf hinweist, daß durch den vorgesehenen Beitritt Großbritanniens zur Europäischen Wirtschaftsgemeinschaft — in deren beabsichtigter umfassender Regelung des Verkehrs die Rheinschiffahrt eingeschlossen werden sollte — die Einflußmöglichkeiten Großbritanniens auf das internationale Rheinregime und seine Rechtsstellung in bezug auf die Wahrung der Grundsätze der Schiffahrtsfreiheit selbst dann voll gewährleistet worden wären, wenn es Rechte in der Zentralkommission aufgegeben hätte.

Eine aus gleichgerichtetem Verhalten sich begründende allgemeine Rechtsüberzeugung hat demnach bis zum Abschluß der Vertragsverhandlungen nicht vorgelegen. Die Erklärung des Bundesverkehrsministers vor dem Bundestag und die Begründung in der Denkschrift zum Ratifikationsgesetz sind — wie in der Denkschrift selbst ausgeführt — unter sorgfältiger Abwägung der jeweiligen politischen Interessenlage erfolgt, wurden dadurch doch einige die deutschen Interessen

[28] *Jaenicke:* Völkerrechtsquellen, S. 770.

[29] Schreiben Mr. Clarkes an den Verfasser vom 8. August 1975.

einseitig benachteiligende Bestimmungen des Versailler Vertrages beseitigt. Beide Stellungnahmen sind als politische Erklärungen anzusehen, die auf Grund innenpolitischer Zweckmäßigkeitserwägungen abgegeben wurden, um die reibungslose Ratifizierung zu ermöglichen. Dem gleichen Zweck diente die in der Literatur von Seiten des Bundesverkehrsministeriums vorgetragene Auffassung über den deklaratorischen Wert der Aufnahme in den Kreis der Vertragspartner[30]. Nachdem die Bundesregierung zunächst das Revisionsabkommen ad referendum unterzeichnet hatte, weil ihr die Rechtslage keineswegs so eindeutig erschien, wie die Erklärung des Bundesverkehrsministers im Nachhinein glauben machen wollte, ist dann die Ratifizierung ohne Komplikationen „in aller Stille über die Bühne gegangen“[31]. Die Erklärungen hatten ihren politischen Zweck erreicht, an dem der Bundesregierung im Hinblick auch auf gewisse Parallelen in der Zwischenkriegszeit besonders gelegen sein mußte[32].

Das Problem der Vertragskonkurrenz zwischen der Rheinschiffahrtsakte und den Verträgen der europäischen Gemeinschaften, das die Ursache für die Auseinandersetzung über die gewohnheitsrechtliche Anerkennung gewesen war, wurde durch das Revisionsabkommen nicht beseitigt. Es blieb auch bestehen, als Großbritannien den fusionierten europäischen Gemeinschaften beitrat, und führte zu einer weitgehenden Lahmlegung der europäischen Verkehrspolitik. Sie wird erst dann überwunden werden können, wenn eine Anpassung der internationalen Rheinschiffahrtsakte an die veränderten wirtschaftlichen und politischen Verhältnisse in Europa vorgenommen worden ist, die nach britischer Ansicht[33] verwirklicht werden kann, ohne daß die tragenden Grundsätze, die auf dem Wiener Kongreß erarbeitet wurden, aufgegeben werden müssen.

---

[30] *Koeppen:* Das Rheinregime in seiner internationalen Stellung, insbesondere im Verhältnis der Revidierten Rheinschiffahrtsakte von 1868 zum EWG-Vertrag.

[31] So die Deutsche Verkehrszeitung vom 15. März 1966, S. 1 unter dem Titel: Revision der Mannheimer Akte.

[32] Unveröffentlichte Stellungnahme des Bundesverkehrsministeriums vom 4. Februar 1964 zu der im Bundesinnenministerium erstellten gutachtlichen Äußerung über die Vereinbarkeit des EWG-Vertrages vom 25. März 1957 mit der revidierten Rheinschiffahrtsakte vom 17. Oktober 1868 (MA) und der „sogenannten“ kleinen Revision der Mannheimer Akte, S. 10, Ziffer cc iii.

Anläßlich der Unterzeichnung wurde aus dem Kreis der anderen Delegationen auf eine Parallelität des deutschen Verhaltens 1936 und 1963 angespielt, das in der aktiven Mitarbeit bei den Revisionsverhandlungen und den dann plötzlich auftauchenden unvorhersehbaren Vorbehalten der jeweiligen deutschen Regierung gegen die ausgehandelten Abkommen gesehen wurde.

[33] *Despicht:* Great Britain and the Integration of Transport in Europe, S. 296.

Zusammenfassung

1. Großbritannien hatte sich in den rd. 20 Jahre währenden Kriegen der Revolutionszeit und der napoleonischen Ära die Voraussetzungen für seine künftige Rolle als Weltmacht geschaffen. Diese neue dominierende Stellung ermöglichte es seinem Außenminister, Lord Castlereagh, auf den Friedenskonferenzen von Paris 1814 und Wien 1814/15 eine den britischen Interessen entsprechende europäische Friedensordnung zu begründen. Sie beruhte auf der schon in dem Memorandum: In considering alliances and the ballance of power best calculated to preserve the peace of Europe[1] aus dem Jahre 1812 geforderten Ausbalancierung der Macht zwischen den kontinentalen Staaten.

Bei der Schaffung dieser europäischen Nachkriegsordnung spielte die Kodifizierung des Prinzips der Schiffahrtsfreiheit eine nicht unbedeutende Rolle, sollte diese doch der britischen Wirtschaft die Möglichkeit zur Durchdringung des europäischen Marktes schaffen und damit zur Lösung der schwierigen wirtschaftlichen Nachkriegsprobleme Großbritanniens beitragen. Die britischen Interessen fanden Berücksichtigung in Art. V des ersten Pariser Friedens, durch den eine allgemeine Schiffahrtsfreiheit für den Rhein postuliert, dem nachfolgenden Kongreß aber die weitere Ausgestaltung übertragen wurde. Der Wiener Kongreß beschränkte jedoch die Schiffahrtsfreiheit auf die Uferstaaten und ließ die britischen Interessen an einer auch für die Nichtuferstaaten freien Schiffahrt auf dem Rhein unberücksichtigt.

Neben den schiffahrtsrechtlichen Bestimmungen der Art. 108—117 war der Wiener Schlußakte in Anhang XVI B als integraler Bestandteil des Vertrages eine Besondere Ordnung für den Rhein angefügt.

Die Frage, ob mit der Unterzeichnung der Wiener Schlußakte ein Garantierecht der europäischen Mächte verbunden war, ist im Hinblick auf eine Garantenstellung der außerdeutschen Großmächte in bezug auf die deutsche Bundesakte von Zeitgenossen und in der Literatur mit kontroversem Ergebnis erörtert worden. Für die britische Haltung in dieser Frage ist die Grundsatzentscheidung von Lord Castlereagh maßgebend gewesen und für die Folgezeit richtungweisend geblieben. Danach war die britische Regierung bereit, Abkommen als

[1] Londonderry Papers D/Lo/F 418, Durham County Record Office, zitiert nach *Gruner:* Europäischer Friede als nationales Interesse, S. 99, Anm. 7.

bindend anzuerkennen, die sie selbst unterzeichnet hatte. Sie lehnte aber die Übernahme von Garantieverpflichtungen ab; denn bei Abkommen, die sie garantiere, habe sie sich auch für die Einhaltung der Garantie durch andere Mächte einzusetzen[2]. Bezogen auf die schifffahrtsrechtlichen Bestimmungen der Wiener Schlußakte und die im Anhang XVI B angefügte Besondere Ordnung für den Rhein bedeutet dies, daß Großbritannien trotz der Mitwirkung an der Ausarbeitung des neuen Flußschiffahrtsrechts keine Garantieverpflichtungen einging. Eine Garantenstellung für die Freiheit der Rheinschiffahrt hat Großbritannien demnach weder angestrebt noch erlangt. Seine Absicht, die Schiffahrt auf dem Rhein den Flaggen aller Staaten zu öffnen, scheiterte zu diesem Zeitpunkt noch am Widerstand der Uferstaaten.

2. Die von Castlereagh formulierte Maxime britischer Außenpolitik erschloß Großbritannien die Möglichkeit, sich an der Regelung internationaler Konflikte zu beteiligen und seine neu gewonnene Führungsrolle dort zur Geltung zu bringen, wo wichtige britische Interessen auf dem Spiele standen. Als wenige Jahre später die britischen Wirtschaftsinteressen am Rhein durch die Zoll- und Handelspolitik der Niederlande beeinträchtigt wurden, unternahm Großbritannien den Versuch, sich die Rolle eines Wahrers der in Wien vereinbarten Grundsätze der Schiffahrtsfreiheit für den Rhein anzueignen, um diesen Beeinträchtigungen seines Handels wirkungsvoller entgegentreten zu können. Dieses Vorgehen fand auf dem Kongreß von Verona nicht die ungeteilte Billigung der übrigen Großmächte, doch gelang es der britischen Diplomatie schließlich, eine den britischen Interessen förderliche gemeinsame Haltung der meisten von ihnen gegenüber den Niederlanden zu erreichen.

Im nachfolgenden Jahrzehnt hat Großbritannien infolge der Isolationspolitik seines Premierministers Canning und auf Grund seiner Stellung als Nichtuferstaat auf die weitere Ausgestaltung des internationalen Rheinregimes nur indirekten Einfluß durch die Einwirkung auf Preußen ausgeübt. In den für die Entstehung der Mainzer Rheinschiffahrtsakte von 1831 entscheidenden Jahren war der politische Entscheidungsspielraum der britischen Regierung außerdem durch andere außenpolitische Faktoren und innenpolitische Krisen in erheblichem Maße eingeschränkt[3]. Sie sah sich deshalb zur Tolerierung des Ergebnisses der preußisch-niederländischen Rheinschiffahrtsverhandlungen gezwungen. Wenn Großbritannien keine Beanstandungen vornahm, kann daraus allerdings nicht abgeleitet werden, daß es die in

---

[2] Broadlandpapers GC/BE 74, zitiert nach *Gruner:* Europäischer Friede als nationales Interesse, S. 104.

[3] *Gruner:* Frieden, Krieg und politisch-soziales System, S. 931 f. *Hobsbawm:* Industrie und Empire, Bd. 1, S. 73, 77 und 95.

der Mainzer Rheinschiffahrtsakte vereinbarte Beschränkung der Schiffahrtsfreiheit auf die Uferstaaten billigte[4].

Der Ausschluß Großbritanniens von den Beratungen zur Abänderung der Mainzer Akte in den Jahren 1867/68 erklärt sich ebenfalls aus seinem Status als Nichtuferstaat, der ihm eine direkte Beteiligung an den Konferenzen im Rahmen der Rheinzentralkommission verwehrte. Eine indirekte Einwirkung auf die Verhandlungen durch die Einflußnahme auf einen der Vertragspartner — wie noch wenige Jahrzehnte zuvor — ist zu jener Zeit nicht festzustellen. Offensichtlich war das Interesse der britischen Regierung auf innen- und andere außenpolitische Probleme gerichtet[5]. Auch kamen die weitgehende Anerkennung des Prinzips der Schiffahrtsfreiheit und ihre extensive Auslegung durch die Völkerrechtslehre der damaligen Zeit den britischen Wünschen entgegen[6]. Eine Duldung der getroffenen Vereinbarung schien um so mehr geraten, als die Revidierte Mannheimer Akte von 1868, die an die Stelle der Mainzer Akte getreten war, den Belangen der britischen Wirtschaft entgegen kam. Sie gestattete das Befahren des Rheins durch Schiffe von Nichtuferstaaten dann, wenn diese sich eines Schiffsführers bedienten, der seinen Wohnsitz in einem der Uferstaaten hatte.

3. Auf der vorbereitenden Pariser Friedenskonferenz im Jahre 1919 sah sich Großbritannien bei der Neuordnung des europäischen Staatensystems ähnlichen Problemen gegenüber wie am Ende der Napoleonischen Kriege. Ziel der britischen Politik war u. a. die erneute Ausbalancierung des Machtgefüges in Europa, durch welche die im Kriege mit britischer Hilfe erworbene Vormachtstellung Frankreichs eingedämmt, dem Sicherheitsbedürfnis Großbritanniens Rechnung getragen und die Prosperität der britischen Wirtschaft durch einen funktionsfähigen europäischen Markt abgesichert werden sollte. In diesem Konzept kam dem Ausgleich mit Deutschland eine wesentliche Rolle zu, da man sich von einem wirtschaftlichen Aufschwung der nach der militärischen Niederlage immer noch größten kontinentalen Wirtschaftsmacht einen günstigen Einfluß auf die Lösung der internen britischen wie auch der kontinentalen wirtschaftlichen Schwierigkeiten versprach. Mit dieser Friedensstrategie geriet Großbritannien in Gegensatz zur französischen Sicherheitspolitik, die eine Entmachtung Deutschlands zum Ziel hatte.

---

[4] *De Martens:* Nouveau Recueil Général de Traités, Bd. 16, II, S. 48.

[5] *Gruner:* Frieden, Krieg und politisch-soziales System, S. 938. *Hobsbawm:* Industrie und Empire, Bd. 1, S. 128.

[6] z. B. *Bluntschli:* Das moderne Völkerrecht der civilisierten Staaten als Rechtsbuch dargestellt, Ziffer 314, S. 183 f. *Caratheodory:* Das Stromrecht und die internationale Flußschiffahrt, S. 299 und Anm. 2. *Wheaton:* Eléments des Droit International, § 11 ff, S. 180 ff.

Die Erschließung des europäischen Marktes für die britische Wirtschaft sollte durch die Proklamierung einer allgemeinen Transitfreiheit für ausländische Waren und die Internationalisierung von Eisenbahnlinien und Wasserstraßen gefördert werden. In dem von der vorbereitenden Friedenskonferenz eingesetzten Ausschuß für Häfen, Wasserstraßen und Eisenbahnen wurde jedoch die von Großbritannien vorgesehene universale Anwendung des Prinzips der Transitfreiheit derart eingeschränkt, daß die britischen Vertreter zusammen mit den amerikanischen Delegierten die Aufnahme einer Klausel erzwangen, welche erneute Verhandlungen über eine allgemeine Transitfreiheit auf einem nachfolgenden Kongreß in Barcelona im Jahre 1921 ermöglichte. Dieser Kongreß sollte auch eine allgemeine Vereinbarung über die Internationalisierung von Wasserstraßen treffen.

Neben der Internationalisierung von Donau, Elbe, Memel und Oder sah ein von Frankreich auf der vorbereitenden Friedenskonferenz vorgelegter Entwurf eine besondere Ordnung für den Rhein vor, die eine Hegemonie Frankreichs im internationalen Rheinregime begründen sollte. Diese französische Absicht widersprach den britischen Interessen an einem Ausgleich mit Deutschland und an einer auch im internationalen Rheinregime ausgewogenen Kräftekonstellation. Die britische Delegation war deshalb bemüht, die ihrer Ansicht nach übersteigerten französischen Forderungen so zu reduzieren, daß sie mit den britischen Zielvorstellungen zu vereinbaren waren. Nachdem der Ausschuß für Häfen, Wasserstraßen und Eisenbahnen sich für die vorläufige Weitergeltung der Mannheimer Rheinschiffahrtsakte entschieden hatte, setzte sich die britische Delegation insbesondere für die Stärkung der Stellung der Neutralen und der Nichtuferstaaten in der Rheinzentralkommission ein sowie für die Aufhebung aller Beschränkungen, die einer allgemeinen Schiffahrtsfreiheit im Wege standen.

Durch den Vertrag von Versailles wurde Großbritannien in die Zentralkommission für die Rheinschiffahrt berufen und als Wahrer der Freiheit der Rheinschiffahrt anerkannt. Vertragspartner der internationalen Rechtsordnung für den Rhein wurde es jedoch nicht. Seine schon auf dem Wiener Kongreß vertretene Forderung, die Schiffahrt auf dem Rhein allen Staaten zu öffnen, konnte es im Versailler Vertrag durchsetzen.

4. Die britische Regierung hatte auf der vorbereitenden Pariser Friedenskonferenz ihre Vorstellungen über die Internationalisierung der Wasserstraßen nicht in allen strittigen Punkten durchsetzen können. Die schiffahrtsrechtlichen Bestimmungen des Versailler Vertrages waren deshalb in Großbritannien umstritten und galten — ebenso wie andere Teile des Vertrages — als nicht verteidigungswürdig. Diese Haltung förderte die Bereitschaft, die in Versailles geschaffene Ord-

nung auch auf dem Verkehrssektor zu revidieren und die Berechtigung der auf Gleichstellung zielenden deutschen Abänderungswünsche anzuerkennen. Dazu bot die im Versailler Vertrag vorgesehene Neufassung der Mannheimer Rheinschiffahrtsakte die Rechtsgrundlage. Als Mitglied der Zentralkommission für die Rheinschiffahrt hat Großbritannien an der Weiterentwicklung der internationalen Rechtsordnung für den Rhein mitgewirkt, soweit die tragenden Prinzipien des internationalen Rheinregimes dadurch nicht berührt wurden. Im Rahmen ihrer allgemeinen Appeasementpolitik hat sich die britische Regierung für einen Ausgleich der divergierenden Bestrebungen Deutschlands und Frankreichs eingesetzt und so zu einem erfolgversprechenden Abschluß der Verhandlungen beigetragen. Selbst als erkennbar wurde, daß das nationalsozialistische Deutschland gewillt war, die bestehenden Verhältnisse einseitig zu ändern, war Großbritannien bestrebt, durch Verhandlungen mit den übrigen beteiligten Mächten die einvernehmliche Abänderung der in Versailles geschaffenen Rechtsordnung für die internationalisierten deutschen Wasserstraßen zu erreichen. „Die Strategie des ‚peaceful change‘ aber vermochte nur dann zu reüssieren, wenn Konsens über Gestaltung und Qualität des internationalen Systems bestand oder diplomatisch hergestellt werden konnte[7].“ An einem derartigen Konsens aber war Hitler nicht gelegen. Vielmehr wollte er durch die rechtlich zulässige Kündigung des Modus Vivendi und die einseitige Erklärung der Nichtverbindlichkeit der schiffahrtsrechtlichen Bestimmungen des Versailler Vertrages sowie der Mannheimer Rheinschiffahrtsakte zu einem ihm geeignet erscheinenden Zeitpunkt den Bruch mit der Versailler Friedensordnung in diesem Bereich vollziehen. Die Politik der britischen Regierung, auf dem Verhandlungswege eine „modernisierende Reform“[8] der internationalen Rechtsordnung für den Rhein herbeizuführen, war damit gescheitert. In Frage gestellt war zugleich der Ordnungsanspruch Großbritanniens, der angesichts der unzureichenden wirtschaftlichen, militärischen und politischen Machtmittel[9] nur aufrechterhalten werden konnte, wenn es gelang, das bestehende internationale System der Zwischenkriegszeit mit friedlichen Mitteln umzugestalten. Ein „European settlement and appeasement“[10], wie es Außenminister Eden wenige Monate zuvor im Unterhaus als Ziel der britischen Außenpolitik formuliert hatte, war angesichts der Expansionspolitik Hitlers nicht zu verwirklichen. Die Schwäche der britischen Appeasement-

[7] *Hildebrand:* Imperialismus, Wettrüsten und Kriegsausbruch 1914 (I), S. 185.

[8] *Hildebrand:* Innenpolitische Antriebskräfte der nationalsozialistischen Außenpolitik, S. 636.

[9] *Niedhart:* Weltherrschaft versus World Appeasement, S. 290 f.

[10] 313 H. C. Deb. 5 s. Sp. 1211.

politik, die trotz unvereinbarer außenpolitischer Konzeptionen an einem friedenserhaltenden Ausgleich mit Deutschland festhielt, konnte eindeutiger nicht zum Ausdruck kommen als in der Verbindung des Protestes gegen das einseitige Vorgehen Hitlers mit der gleichzeitigen Erklärung weiterer Verhandlungsbereitschaft.

Mit der Unterzeichnung des Modus Vivendi hat Großbritannien sich zur Anwendung des dem Abkommen im Anhang beigefügten neuen Rheinstatuts verpflichtet. Da der Modus Vivendi von den Vertragsstaaten des internationalen Rheinregimes jedoch gekündigt bzw. nicht unterzeichnet wurde, ist auch das neue Rheinstatut bedeutungslos geblieben. Dadurch ist eine Aufwertung der Rechtsstellung Großbritanniens im internationalen Rheinregime nicht erfolgt.

5. Auch nach dem Zweiten Weltkrieg, in dem Großbritannien die Herrschaft des Großdeutschen Reiches über den europäischen Kontinent nur mit der Hilfe der beiden Flügelmächte USA und Sowjetunion hatte verhindern können, lag eine erneute Ausbalancierung des kontinentalen Kräfteverhältnisses im britischen Interesse. Angesichts des Schwundes an wirtschaftlichen und politisch-militärischen Machtmitteln war allerdings der Ordnungsanspruch Großbritanniens nicht mehr in dem gleichen Umfang aufrechtzuerhalten, wie dies in der Zwischenkriegszeit bei freilich auch damals schon nachlassender wirtschaftlicher und politischer Potenz noch möglich gewesen war. Die Dominanz der beiden Flügelmächte, die auch in Europa eine Abgrenzung ihrer Interessensphären vornahmen, ließ Großbritannien zu einer Macht zweiter Ordnung absinken. Über diese Statusminderung konnte auch die Teilnahme Großbritanniens an der Potsdamer Konferenz und anschließend an der Außenministerkonferenz in London als gleichberechtigter Partner nicht hinwegtäuschen, auf denen der amerikanisch-britische Vorschlag einer erneuten Internationalisierung und gemeinsamen Verwaltung der deutschen Ströme am russischen Widerstand scheiterte. Nach der Weigerung der Sowjetunion, den Westmächten einen Einfluß auf die Verwaltung der in ihrem Machtbereich gelegenen Wasserstraßen, insbesondere der Donau, einzuräumen, gelang es der britischen Politik jedoch trotz anfänglicher amerikanischer Bedenken, die Sowjetunion ihrerseits von der zunächst vorgesehenen Beteiligung an einer internationalen Verwaltung des Rheins auszuschließen.

Durch einen Notenwechsel des Foreign Office im Herbst 1945 wurde auf französische Anregung die vorläufige Weitergeltung der Mannheimer Rheinschiffahrtsakte mit einem geänderten Stimmrecht vereinbart und auf dieser Rechtsgrundlage die Wiedereinsetzung der Rheinzentralkommission in ihre alten Funktionen beschlossen. Die Vereinigten Staaten wurden für den in ihrer Besatzungszone gelegenen Teil des Rheins in die Zentralkommission berufen. Durch den Notenwechsel lebte auch die Mitgliedschaft Großbritanniens wieder auf. Ein Beitritt zum internationalen Rheinregime war damit nicht verbunden.

6. Im Jahre 1945 wurde die Rheinzentralkommission als Not- und Übergangsregelung in ihre durch die Mannheimer Akte und den Versailler Vertrag festgelegten Zuständigkeiten und Funktionen wiedereingesetzt, wobei ihre Zusammensetzung und das Stimmrecht ihrer Mitglieder neu geregelt wurden. In Anknüpfung an die Revisionswünsche des Deutschen Reiches in der Zwischenkriegszeit griff die Bundesrepublik Deutschland — nachdem sie im Jahre 1950 als vollberechtigtes Mitglied unter Anerkennung der geltenden Rechtsordnung für den Rhein in die Zentralkommission aufgenommen worden war — diese Revisionspolitik wieder auf mit dem Ziel, die einseitig belastenden Bestimmungen des Versailler Vertrages einer einvernehmlichen Abänderung durch die Mitgliedstaaten der Rheinzentralkommission unterziehen zu lassen. Gleichzeitig sollte die Rheinakte den veränderten wirtschaftlichen und politischen Verhältnissen angepaßt werden. Insbesondere der neugeschaffene Gemeinsame Markt änderte die Rahmenbedingungen für die Rheinschiffahrtspolitik. In dieser Situation wollte die deutsche und die französische Regierung auch für das internationale Rheinregime eine Anpassung an die Erfordernisse des Gemeinsamen Marktes vornehmen. Sie stießen dabei auf den entschiedenen Widerstand der britischen Regierung, die eine Einschränkung der Nationalstaatlichkeit zugunsten einer supra-nationalen Organisation nicht hinnehmen und die in der Mannheimer Rheinschiffahrtsakte gewonnenen Freiheiten nicht durch eine gemeinsame europäische Verkehrspolitik eingeengt sehen wollte. Nach mehreren Jahren erfolglosen Ringens um eine neue Konzeption des internationalen Rheinregimes verständigten sich die Vertragspartner auf eine sogenannte „kleine Revision", die nur die nicht mehr zeitgemäßen Bestimmungen des Versailler Vertrages abändern sollte. Dieser Vertrag kam nach weiteren zähen Verhandlungen im Oktober 1963 zur Unterzeichnung. Mit diesem Abkommen wurde auch der Modus Vivendi aus dem Jahre 1936 für Großbritannien und die Schweiz außer Kraft gesetzt und damit der Realität Rechnung getragen.

Durch die Unterzeichnung und Ratifikation des Revisionsabkommens von 1963/65 zur Mannheimer Rheinschiffahrtsakte ist Großbritannien — über seine Mitgliedschaft in der Zentralkommission für die Rheinschiffahrt hinaus — Vertragspartner der internationalen Rechtsordnung für den Rhein geworden. Sein Rechtsstatus unterscheidet sich aber von dem der übrigen Mitgliedstaaten durch die von der britischen Regierung zu einem früheren Zeitpunkt abgegebene einseitige Erklärung, daß seine Bevollmächtigten eine Wahl zum Präsidenten der Rheinzentralkommission nicht annehmen und sich an allen Abstimmungen, die wesentliche, nur die Uferstaaten berührende Fragen betreffen, nicht beteiligen werden. Die hiermit eingegangene Bindung wurde durch die Unterzeichnung des Revisionsabkommens zur Mannheimer Rheinschiffahrtsakte von 1963/65 in ihrer Geltung nicht berührt.

7. Großbritannien hat weder zu irgendeinem Zeitpunkt eine gewohnheitsrechtliche Anerkennung als Vertragspartner des internationalen Rheinregimes gefordert, noch ist sie Großbritannien durch die Vertragsstaaten des Rheinstatuts zuerkannt worden. Die Erklärung der Bundesregierung vor dem Deutschen Bundestag anläßlich der Ratifizierung des Revisionsabkommens der Mannheimer Rheinschiffahrtsakte im Jahre 1965, wonach die Rechtsstellung Großbritanniens durch die Beteiligung an diesem Abkommen keine Änderung erfahre, diente lediglich innenpolitischen Zwecken und kann zum Beweis einer gewohnheitsrechtlichen Anerkennung nicht herangezogen werden.

Quellenverzeichnis

I. Ungedruckte Quellen

Public Record Office London

Foreign Office:

Continent Paris Visct. Castlereagh	PRO FO 92/4	
Instructions to Clancarty	PRO FO 92/17	
Verona	PRO FO 92/48-50	
General Political Correspondance	PRO FO 371/18851	
International Rivers	PRO FO 371/6151	PRO FO 371/6157
	PRO FO 371/7645	PRO FO 371/9924
	PRO FO 371/13677	PRO FO 371/13678
	PRO FO 371/15246	PRO FO 371/15976
	PRO FO 371/15977	PRO FO 371/18417
	PRO FO 371/18843	PRO FO 371/19527
	PRO FO 371/19528	PRO FO 371/19576
	PRO FO 371/19977	PRO FO 371/20400
	PRO FO 371/50406	PRO FO 371/50407
	PRO FO 371/50408	PRO FO 371/50409
	PRO FO 371/50496	PRO FO 371/7
Peace Conference of 1919—1920	PRO FO 608/72	PRO FO 608/73
	PRO FO 608/74	PRO FO 608/77
	PRO FO 608/151	PRO FO 608/161

Politisches Archiv des Auswärtigen Amtes Bonn (P. A.)

Abteilung Sonderreferat Schiffahrt:

Akten betreffend Revision der Mannheimer Akte, Rheinschiffahrtsakte von 1868, 514—516 Flußschiffahrt Nr. 151 — Rhein —

Akten betreffend letzte Verhandlungen bezl. Revision der Rheinschiffahrtsakte, die zum Modus Vivendi geführt haben, 520/2 Flußschiffahrt Nr. 151 adh. IV — Rhein —

Akte betreffend Press-Stimmen zur Revision der Rheinschiffahrtsakte, 516/1 Flußschiffahrt Nr. 151 adh. I — Rhein —

Akten betreffend die Internationale Rheinschiffahrtskommission, 493 Flußschiffahrt Nr. 148 — Rhein —

Akten betreffend Häfen, Wasserstraßen, Eisenbahnen — Rhein —, VM 94/2 und 4

Akten betreffend Stromkommissionen (Rhein, Elbe, Oder, Donau, usw.), 392/1 und 2 Flußschiffahrt Generalia 3

Akten betreffend Neuregelung der Vertretung des Deutschen Reiches in den internationalen Stromkommissionen, 393/4 und 5, 394/1 und 2 Flußschiffahrt Generalia adh. V

Akten betreffend Deutsche Note vom 14. November 1936 betr. Kündigung der deutschen Mitarbeit in den internationalen Stromkommissionen, 394/1 und 3 Flußschiffahrt Generalia Nr. 3 adh. VI

Handakten Seeliger:

Akten betreffend Revision der Rhein-Kommission

Akten betreffend Revision der Rhein-Akte

Abteilung III, Pol. II, England:

Akten betreffend Politische Beziehungen zwischen England und Deutschland

Ministère des Affaires Etrangères de la France

Archive des Affaires Etrangères:

Boislecomte: Résumé historique des Congrès de: Troppau: Laibach, et Vérone, Vol. 720

II. Gedruckte Quellen

1. Dokumente, Dokumentensammlungen und Urteile

Akten zur Deutschen Auswärtigen Politik 1918—1948, Serie C: 1933—1937, Das Dritte Reich: Die ersten Jahre, Bd. I, 1 und 4, Göttingen 1971/1975

D'Angebert (Pseudonym für Leonard Chodzko): Le Congress de Vienne et les traités de 1815, précédé et suivi des actes diplomatiques qui s'y rattachent, Paris 1863

British and Foreign State Papers, Bd. 1—10, London, 1828—1840

Bundesgesetzblatt, Jg. 1966, Teil II

Castlereagh: Correspondence, Despatches, and other Papers of Viscount Castlereagh, Second Marquess of Londonderry, hrsg. von Charles William Vane, Marquess of Londonderry, London 1848—1853

Commission Central pour la Navigation du Rhin (C.C.R), Protocoles de Séances, 1921—1965 und Einzeldokumente, Revision de l'Acte de Navigation du Rhin 1831 (Septembre 1867—Octobre 1868)

Conférence de la Paix 1919—1920, Recueil des Actes de la Conférence, Partie IV, Commissions de la Conférence, (Procès-Verbaux, Rapports et Documents), B Questions Générales, (5) Commission du Régime International des Ports, Voies d'eau et Voies férrées, Paris 1925

Cour Permanente de Justice Internationale
Série C, Actes et Documents relatives aux arrêts et aux avis consultatifs de la Cour, Affaire relative à la jurisdiction territoriale de la Commission Internationale de l'Oder, Leyden 1929
Série A/B, Arrêts, Ordonnances et Avis consultatifs de la Cour, Fascicule No. 63, Affaire Oscar Chinn, Leyden 1934

Cour Internationale de Justice
Recueil des Arrêts, Avis consultatifs et Ordonnances, Affaire colombo — peruvienne relative au droit d'asile, Leyden 1950
Convention sur le Génocide, Leyden 1951
Affaire des Essais Nucléaires, Leyden 1974

Deutscher Bundestag, 4. und 5. Wahlperiode, Drucksachen

Documents Diplomatiques Français 1932—1939, 2e Série (1932—1939), Bd. III und IV, Paris 1966/67

Domarus, Max: Hitler, Reden und Proklamationen 1932—1945, Bd. I, 2: 1935—1938, Wiesbaden 1973

Foreign Relations of the United States, Diplomatic Papers, The Conference of Berlin (The Potsdam Conference) 1945, Washington 1960

Hansard, Parliamentary Debates, Vol. XXXI, 5 series Vol. 281, 313, 317 und 894

Wilhelm von *Humboldts* Gesammelte Schriften, Akademieausgabe, Bd. 11 und 12, Berlin 1903/04

Keesings Archiv der Gegenwart, Bd. 33, 1963

Klüber, D. Johann Ludwig: Acten des Wiener Congresses in den Jahren 1814 und 1815, Neudruck, Osnabrück 1966

Klueber, D. Johann Ludwig: Schluß Acte des wiener Congresses, vom 9. Juni 1816 und Bundes Acte oder Grundvertrag des teutschen Bundes vom 8. Juni 1815[2], Frankfurt 1818

Lapradelle, Albert Geouffre de: Le Paix de Versailles, La Conférence de la Paix et la Société des Nations, Bd. 6, Régime des Ports, Voies d'eau et Voies férrées, La Documentation Internationale, Paris 1929

De Martens, Charles: Recueil Manuel et Pratique de Traités, Conventions et autres Actes diplomatiques, Bd. 3, Leipzig 1846

De Martens, Georg Friedrich: Nouveau Recueil des Traités, Bd. 2, 4 und 9, Göttingen 1818—1833

— Recueil des principaux Traités. Bd. 6 und 8, Göttingen 1829 und 1835

— Nouveau Recueil Général de Traités, Bd. 16, II und Bd. 20, Göttingen 1860 und 1875

— Nouveau Recueil Général de Traités, Troisième Série, Bd. 12, 18, 36 und 37, Leipzig 1923—1939

Metternich-Vinneburg, Richard Fürst / *Klinkowström,* Alfons Freiherr: Oesterreichs Teilnahme an den Befreiungskriegen, Ein Beitrag zur Geschichte der Jahre 1813 bis 1815 nach Aufzeichnungen von Friedrich von Gentz nebst einem Anhang: Briefwechsel zwischen den Fürsten Schwarzenberg und Metternich, Wien 1887

Moniteur, Bd. 4, Paris 1792

Nau, Bernhard Sebastian von: Beitraege zur Kenntniss und Beförderung des Handels und der Schiffahrt, Mainz 1818—1823

Pallain, G.: Correspondance inédité du Prince de Talleyrand et du Rois Louis XVIII pendant le Congrès de Vienne, Paris 1881

— La Correspondence diplomatique de Talleyrand, Le Ministère de Talleyrand sous le Directoire, Paris 1891

Papers relating to the Foreign Relations of the United States, The Paris Peace Conference 1919, Washington 1919—1947

Rheinurkunden, Sammlung zwischenstaatlicher Vereinbarungen, landesrechtlicher Ausführungsverordnungen und sonstiger wichtiger Urkunden über die Rheinschiffahrt, hrsg. von der Zentralkommission für die Rheinschiffahrt, S'Gravenhage, München und Leipzig 1918

Société des Nations, Recueil des Traités, Traités et Engagements Internationaux, enregistrés par le Secretariat de la Société des Nations, Vol. VII und CXCVI, Genève 1921/22 und 1939

Stapleton, Edward J.: Some official correspondence of George Canning, London 1887

Treaties and other International Acts, Series 1571, Washington 1947, Central Commissions of the Rhine, Arrangements providing for the participation by the United States of America, Effected by Exchange of Notes signed at London, October 4 and 29, and November 5, 1945 (Department of State)

United Nations Treaty Series, Treaties and International Agreements, registered or filed and recorded with the Secretariat of the United Nations, Vol. 138, New York 1952

United States Statutes, at large containing the laws and concurrent resolutions enacted during the second session of the seventy ninth congress of the United States of America 1946 and proclamations, treaties, international agreements other than treaties, and reorganization plans, compiled, edited, indexed and published by authority of law under the direction of the Secretary of State Volume 60 in two parts, part 2, Private laws, concurrent resolutions, proclamations, treaties, and other international agreements other than treaties, Washington 1947

Webster, Charles: British Diplomacy 1813—1815, Select documents dealing with the reconstruction of Europe, London 1921

Wellington: Despatches, Correspondence, and Memoranda of Field Marshal Arthur Duke of Wellington, K. G., edited by his son A. R. Wellesley Duke of Wellington, K. G., London 1867—1880

Wollstein, Günter: Eine Denkschrift des Staatssekretärs Bernhard von Bülow vom März 1933, Wilhelminische Konzeption der Außenpolitik zu Beginn der national-sozialistischen Herrschaft, Militärgeschichtliche Mitteilungen, Bd. 13, Freiburg 1973, S. 77 ff.

2. Memoiren und Tagebücher

Chateaubriand, François Réné: Congrès de Vérone, Leipzig 1838

Dalton, Hugh: High Tide and After, Memoirs 1945—1960, London 1962

Eden, Anthony: Earl of Avon, Angesichts der Diktatoren, Memoiren 1923—1938, Bd. 1, Köln — Berlin 1964

Hardinge, Charles: Old Diplomacy, The Reminiscences of Lord Hardinge of Penthurst, London 1947

Headlam-Morley, James: A Memoir of the Paris Peace Conference 1919, hrsg. von Agnes Headlam-Morley, Russel Bryant, Anna Cienciala, London 1972

Lloyd George, David: The Truth about the Peace Treaties, Memoirs of the Peace Conference, London 1938

Mantoux, Paul: Les déliberations du Conseil des Quatres (28 mars—28 juin 1919), Notes de l'Officier Interprête Paul Mantoux, Bd. 1, Paris 1955

Miller, David Hunter: My Diary at the Conference of Peace, New York 1932

Nicolson, Harold: Friedensmacher 1919[4], Berlin 1933

Literaturverzeichnis

Aigner, Dietrich: Das Ringen um England, Das deutsch-britische Verhältnis, Die öffentliche Meinung 1933—1939, Tragödie zweier Völker, München — Esslingen 1969

— Das deutsch-britische Verhältnis 1933—1939 im Licht der publizistischen Auseinandersetzung, Anmerkungsband, Diss. phil. Tübingen 1969

Ardens, Peter: Zum Modus Vivendi in der Rheinschiffahrt, Völkerbund und Völkerrecht, Bd. 3, Berlin 1936, S. 388—393

— Deutsche Wasserstraßen, Bemerkungen zur deutschen Note vom 14. 11. 36, Völkerbund und Völkerrecht, Bd. 3, Berlin 1936, S. 518—523

Bacon, Ruth: British policy and the regulation of European rivers of international concern, The British Yearbook of International Law 1929, Bd. 10, London 1929, S. 158—170

— British and American policy and the right of fluvial navigation, The British Yearbook of International Law 1932, Bd. 13, London 1932, S. 76—92

Baker, Ray Stannard: Woodrow Wilson and World Settlement, 3 Bd., London — New York 1923

Barlett, Christophe John: Castlereagh, London — Melbourne — Toronto 1966

Belga: La rivalité hollando — belge pour le partage du traffic rhénan, Bruxelles 1936

Beloff, Nora: The General says no, Penguin Special, London, July 1963

Beloff, Max: New dimentions in foreign policy, A study in British administrative experience, London, 1961, Deutsche Übersetzung: Neue Dimensionen in der Außenpolitik, Köln 1961

Berber, Fritz: Prinzipien der britischen Außenpolitik, Schriften des Deutschen Instituts für Außenpolitische Forschung und des Hamburger Instituts für Auswärtige Politik, hrsg. in Gemeinschaft mit dem Deutschen Auslandswissenschaftlichen Institut Hamburg, Heft 6, Berlin 1939

Bernhardt, Rudolf: Die Auslegung völkerrechtlicher Verträge, insbesondere in der neueren Rechtsprechung internationaler Gerichte, Beiträge zum ausländischen öffentlichen Recht und Völkerrecht, Bd. 40, Köln — Berlin 1963

— Haya de la Torre Fall, Strupp / Schlochauer, Wörterbuch des Völkerrechts, Bd. 1, Berlin 1960, S. 776—778

Biays, Philippe: La Commission du Rhin, Revue général de Droit International Public, Bd. LVI, 1952, Paris 1952, S. 223—278

Blomeyer, Horst: Courtoisie, Strupp / Schlochauer, Wörterbuch des Völkerrechts, Bd. 1, Berlin 1960, S. 301—302

Blunschli, Johann Caspar: Das moderne Völkerrecht der civilisierten Staaten als Rechtsbuch dargestellt, Nördlingen 1868

Böhme, Hans: Die völkerrechtliche Stellung der Elbe unter besonderer Berücksichtigung der Situation nach dem Zweiten Weltkrieg, Diss. jur. Erlangen 1959

Borel, Eugène: Freedom of navigation on the Rhine, The British Yearbook of International Law 1921—22, Bd. 2, London 1922, S. 75—89

Brabo: Où en est le problème hollando — belge?, La Navigation du Rhin, 9. Jg., Strasbourg 1931, S. 131—135

Brandenburg, Erich: Die Reichsgründung[2], 2 Bd., Leipzig 1922

Brissonnière, Yves G.: Commonwealth d'abord, Vorw. von André Siegfried, Paris 1955

Broodbank, Joseph Guiness: History of the Port of London, 2 Bd., London 1921

Brunner, Hans: Das Rheinschiffahrtsrecht nach Maßgabe der Staatsverträge, Diss. staatsw. Würzburg 1919

Bruns, Victor: Deutschlands Gleichberechtigung als Rechtsproblem, Schriften der Akademie für Deutsches Recht, Nr. 3, Berlin 1934

Bülck, Hartwig: Verwaltungsabkommen, Strupp / Schlochauer, Wörterbuch des Völkerrechts, Bd. 3, Berlin 1962, S. 562—564

Bussmann, Otto: Der völkerrechtliche Garantievertrag insbesondere seit Entstehung des Genfer Völkerbundes, Frankfurter Abhandlungen zum Kriegsverhütungsrecht, hrsg. von Fritz Giese / Karl Strupp, Heft 3, Leipzig 1927

Bynkershoek, Cornelis van: De Dominio Maris, Dissertatio[2], Leiden 1744, Classics in International Law, hrsg. von James Brown Scott, Bd. 11, New York 1923

Caratheodory, Etienne: Das Stromrecht und die internationale Flußschiffahrt, in Franz von Holtzendorff, Handbuch des Völkerrechts, Bd. 2, Hamburg 1887, S. 279—406

Chamberlain, Joseph Perkins: The Regime of international Rivers: Danube and Rhine, Studies in History, Economics and Public Law, edited by the Faculty of Political Science of the Columbia University, Vol. CV number 1, whole number 237, New York 1923

Chiesa, Pierre: Le régime international du Rhin et la participation de la Suisse, Diss. jur. Genève, Nr. 490, 1952

Clarke, A. W.: Why a non-riparian member?, 150 Jahre Zentralkommission für die Rheinschiffahrt, hrsg. von der Zentralkommission für die Rheinschiffahrt, Duisburg — Ruhrort o. J., S. 103—104 und 107—108

Corthésy, Fernand: Etude de la Convention de Barcelone sur le régime des voies navigables d'interêt international, Paris 1927

Crome, August Friedrich Wilhelm: Ueber Deutschlands und Europens Staats- und National-Interesse bey und nach dem Kongresse zu Wien, Germanien, hrsg. von Crome / Jaup, Gießen 1814

— Deutschlands und Europens National-Interesse vorzüglich in Betreff des germanischen Staaten-Bundes und der in Deutschland allgemein einzuführenden landständischen Verfassung, Gießen 1817

— Selbstbiographie, Stuttgart 1833

Czernin, Ferdinand: Die Friedensstifter, Männer und Mächte um den Versailler Vertrag, Bern — München — Wien 1968

Dahm, Georg: Völkerrecht, 3 Bd., Stuttgart 1958—1961

Despicht, Nigel: Great Britain and the integration of transport in Europe, Gemeinsamer Markt und Verkehr, hrsg. von Robert Wijffels / Wolfgang Stabenow / Léon van Huffel, Antwerpen 1969, S. 283—301

Dixon, Peter: Canning, Politician and Statesman, London 1976

Dökert, Walter: Die englische Politik auf dem Wiener Kongreß, Diss, phil. Leipzig 1911

Dommermuth, Nikolaus: Das angebliche europäische Garantierecht über den Deutschen Bund von 1815 bis 1866, Diss. phil. Frankfurt 1928

Duchhardt, Heinz: Gleichgewicht der Kräfte, Convenance, Europäisches Konzert, Erträge der Forschung, Bd. 56, Darmstadt 1976

Dülffer, Jost: Zum „decision-making process" in der deutschen Außenpolitik 1933—1939, in Manfred Funke (Hrsg.), Hitler, Deutschland und die Mächte, Studien zur Außenpolitik des Dritten Reiches, Bonner Schriften zur Politik und Zeitgeschichte, Bd. 12, Düsseldorf 1976, S. 186—204

Dupuis, Charles: Le Ministère de Talleyrand en 1814, 2 Bd., Paris 1919/1920

— Liberté des Voies de Communication, Recueil des Cours de l'Académie de Droit international 1924, Bd. 2, I, Paris 1925, S. 128—285

Eckert, Christian: Rheinschiffahrt im XIX. Jahrhundert, Staats- und sozialwissenschaftliche Forschungen, hrsg. von Gustav Schmoller, Bd. 18, Leipzig 1900

Eichhoff, J. J.: Pragmatisch-Geschichtliche Darstellung der Verhandlungen und Beschlüsse des Congress-Comité für die Freiheit der Flüsse so wie der Beratungen der, in Gefolge jener Beschlüsse in Mainz niedergesetzten Central-Commission, Mainz 1819

Elbe, Joachim von: Die Wiederherstellung der Gleichgewichtsordnung in Europa durch den Wiener Kongreß, Zeitschrift für ausländisches öffentliches Recht und Völkerrecht, Bd. 4, Berlin — Leipzig 1934, S. 226—260

Elz-Rübenach, Paul Freiherr und Edler Herr von und zu: Gegenwartsaufgaben der Reichsverkehrspolitik, Zeitschrift für Binnenschiffahrt, 65. Jg., Duisburg 1933, S. 283—290

Engelhardt, Eduard: Du régime conventionnel des fleuves internationaux, Etudes et projet de règlement général, Paris 1879

— La liberté de la navigation fluviale, Revue de Droit international et de Législation Comparé, Bd. XI, Gent 1879, S. 363—381

— Histoire du droit fluvial conventionnel, précédée d'une Etude sur le régime de la navigation intérieure aux temps de Rome et au Moyen Age, Nouvelle Revue Historique, 12. Jg., 1888, S. 735—770 und 13. Jg., Paris 1889, S. 66—135

Eysinga, Willem Jan Mari van: Evolution du droit fluvial international du Congrès de Vienne au Traité de Versailles, 1815—1919, Leiden 1919

— Les fleuves et canaux internationaux, Bibliotheca Visseriana, Bd. 2, Leiden 1924, S. 123—157

— Die Zentralkommission für die Rheinschiffahrt, Leiden 1936

— Sparsa Collecta, Een Aatal der verspreide Geschriften, heruitgegeven door Mr. F. M. Baron van Asbeck / Mr. E. N. van Kleffens / Mr. van der Mandele / Mr. J. R. Stellinga, Leiden 1958

Feuerhahn, Hans: Entwicklung und Abstieg der Kommissionen für die zentraleuropäischen Flüsse, Diss. jur. Hamburg 1941

Fleskes, Gerhard: Der internationale Rechtsstatus der Mosel, Diss. jur. Bonn 1969

Fortuin, H.: The regime of navigable waterways of international concern and the statute of Barcelona, Nederlands Tijdschrift voor Internationaal Recht, Bd. VII, Leiden 1960, S. 125—143

Frey, Jean Richard: Die erweiterte Zentralkommission für den Rhein, Separatabdruck aus Nr. 396 und 398 der Basler Nachrichten vom 15. und 17. September 1920, Basel 1920

J. R. F. (Jean Richard Frey): Die Rheinzentralkommission, Holland und die französisch-belgische Rheinpolitik, Die Rheinquellen, XXVIII. Jg., Basel 1933, S. 57—58

Frey, Jean Richard: Die Revision der Rheinschiffahrtsakte als politisches Rüstzeug, Sonderdruck aus Schweizer Nationale Hefte, 1. Jg., Juni 1934, S. 1—21

— Zur Kündigung der Schiffahrtsklauseln des Versailler Vertrages durch Deutschland, Schweizerische Monatshefte, 16. Jg., Zürich 1936, S. 393—409

Fuhrmann, Hans: Die völkerrechtlichen Grundlagen der Rheinschiffahrt, Diss. jur. Köln 1954

Furtner, Michael: Die Organisation des Verkehrs im Völkerbund, insbesondere die Verkehrskonferenz von Barcelona 10. März bis 20. April 1921, Diss. staatsw. Würzburg 1923

Gerlache, Etienne Constantin de: Histoire du Royaume des Pays-Bas depuis 1814 jusqu'en 1850², Bd. 1 und 2, Bruxelles 1842

Giesecke, Gerhard: Die völkerrechtliche Stellung der internationalen Wasserläufe des deutschen Stromgebietes in Geschichte und Gegenwart, dargestellt mit besonderer Berücksichtigung des Statuts von Barcelona, Diss. jur. Breslau 1936

Gladwyn, Herbert Lord: Großbritannien und Europa, Aus Politik und Zeitgeschichte, Beilage zur Wochenzeitung „Das Parlament", B 45/62 vom 7. November 1962, Bonn, S. 561—568

Glück, Gebhard: Die britische Mitteleuropapolitik nach dem 1. Weltkrieg, von der Unterzeichnung des Waffenstillstands bis zum Ende des Jahres 1920, Diss. phil. Erlangen — Nürnberg 1962

Gönnenwein, Otto: Die Freiheit der Flußschiffahrt, Stuttgart — Berlin 1940

Gothein, Eberhard: Die Schiffahrt der deutschen Ströme, 2. Bd.: Geschichtliche Entwicklung der Rheinschiffahrt im XIX. Jahrhundert, Schriften des Vereins für Sozialpolitik CI, Leipzig 1903

— Verfassungs- und Wirtschaftsgeschichte der Stadt Cöln vom Untergang der Reichsfreiheit bis zur Errichtung des Deutschen Reiches, Die Stadt Cölln im ersten Jahrhundert unter Preußischer Herrschaft 1815—1915, Bd. 1, I. Teil, Cöln 1916, S. 1—443

Grewe, Wilhelm: Peaceful Change, Strupp / Schlochauer, Wörterbuch des Völkerrechts, Bd. 2, Berlin 1961, S. 752—757

Griewank, Karl: Die europäische Neuordnung 1814/15, Historische Zeitschrift, Bd. 168, München — Berlin 1943, S. 82—112

— Der Wiener Kongreß und die europäische Restauration 1814/15², Leipzig 1954

Gruner, Wolf, D.: Die Interaktion von britischer Deutschland- und Europapolitik zur Zeit des Wiener Kongresses und in der Anfangsphase des Deutschen Bundes, in Großbritannien und Deutschland, Europäische Aspekte der politisch-kulturellen Beziehungen beider Länder in Geschichte und Gegenwart, Festschrift für John William Patrick Bourke, München, hrsg. von Ortwin Kuhn, München 1974, S. 93—138

— „British Interest" in der Zwischenkriegszeit, Aspekte britischer Europa-Politik 1918—1938, in Gleichgewicht — Revision — Restauration, Die Außenpolitik der Ersten Tschechoslowakischen Republik im Europasystem der Pariser Vororteverträge, hrsg. von Karl Bosl, München — Wien 1976, S. 85—151

— Europäischer Friede als nationales Interesse, Die Rolle des Deutschen Bundes in der britischen Politik 1814—1832, Bohemia, Jahrbuch des Collegium Carolinum, Bd. 18, München — Wien 1977, S. 96—128

— „British Interest" und Friedenssicherung, Zur Interaktion von britischer Innen- und Außenpolitik im frühen 19. Jahrhundert, Historische Zeitschrift, Bd. 224, München 1977, S. 92—104

— Frieden, Krieg und politisch-soziales System, Überlegungen zu den britisch-deutschen Beziehungen im 19. und 20. Jahrhundert, Zeitschrift für bayerische Landesgeschichte, Bd. 41, München 1978, S. 921—958

Gunsteren, W. F. van: Rotterdam, pole de la navigation rhénane internationale, Revue de la Navigation Intérieure et Rhénane, 36. Jg., Strasbourg 1964, S. 297—303

h: Die Ziele der französischen Rheinschiffahrtspolitik, Deutsche Allgemeine Zeitung vom 21. Januar 1931, Morgenausgabe

Hagemann, Max: Die Gewohnheit als Völkerrechtsquelle in der Rechtspraxis des Internationalen Gerichtshofes, Schweizerisches Jahrbuch für Internationales Recht, hrsg. von der Schweizerischen Vereinigung für Internationales Recht, Bd. 10, Zürich 1953, S. 61—88

Haller, Johannes: Epochen der deutschen Geschichte, Stuttgart 1950

Hampe, Karl: Das belgische Bollwerk, Eine aktenmäßige Darlegung über Barrierestellung, Neutralität und Festungspolitik Belgiens, Stuttgart — Berlin 1918

Hankey, Maurice Lord: The supreme control at the Paris Peace Conference 1919, A commentary, London 1963

Harrod, Roy: Britain and the Common Market, Foreign Affaires, Bd. 35, New York 1957, S. 225—237

Hauser, Oswald: England und das Dritte Reich, Eine dokumentierte Geschichte der englisch-deutschen Beziehungen von 1933—1939 auf Grund unveröffentlichter Akten aus dem britischen Staatsarchiv, Bd. 1, Stuttgart 1972

Haussherr, Hans: Rußland und Europa in der Epoche des Wiener Kongresses, Jahrbücher für Geschichte Osteuropas, Neue Folge Bd. 8, München 1960, S. 10—31

Headlam-Morley, James: The problem of security II, England and the Low Countries, Studies in Diplomatic History, London 1930, S. 156—171

— Treaties of Guarantee, Studies in Diplomatic History, London 1930, S. 105—125

Heiser, Hans-Joachim: British policy with regard to the unification efforts on the European continent, European Aspects, A collection of studies relating to European integration published under the auspices of the Council of Europe, Series C: Studies on Politics No 3, Leyden 1959

Henke, Josef: England in Hitlers politischem Kalkül 1935—1939, Schriften des Bundesarchivs 20, Boppard 1973

Hennig, Richard: Rechtliche Widersprüche zwischen dem Versailler Friedensvertrag und der Mannheimer Rheinakte von 1868, Niemeyers Zeitschrift für Internationales Recht, Bd. XXIX, München und Leipzig 1921, S. 20—26

— Ist der Rhein ein internationaler Strom?, Der Rhein, Zeitschrift für die westdeutschen Wasserstraßen, 30. Jg., Duisburg 1931, S. 149 f.

— Ein Kampf ums Völkerrecht, Versuchte Politisierung der Rheinschifffahrtsakte, Deutsche Juristenzeitung, 38. Jg., Berlin 1933, S. 1587

Herzfeld, Hans: Zur Problematik der Appeasementpolitik, in Geschichte und Gegenwartsbewußtsein, Festschrift für Hans Rothfels zum 70. Geburtstag, hrsg. von W. Besson / F. Frhr. Hiller v. Gaertringen, Göttingen 1963, S. 161—197. Neudruck in Kriegsbeginn 1939, Entfesselung oder Ausbruch des Zweiten Weltkrieges, hrsg. von G. Niedhart, Wege der Forschung, Bd. CCCXXIV, Darmstadt 1976, S. 237—284

Hildebrand, Klaus: Deutsche Außenpolitik 1933—1945, Kalkül oder Dogma?[2], Stuttgart — Berlin — Köln — Mainz 1973

— Innenpolitische Antriebskräfte der nationalsozialistischen Außenpolitik, in Sozialgeschichte Heute, Festschrift für Hans Rosenberg zum 70. Geburtstag, Kritische Studien zur Geschichtswissenschaft, Bd. 11, Göttingen 1974, S. 635—651

— Wettrüsten und Kriegsausbruch 1914 (I), Zum Problem von Legitimität und Revolution im internationalen System, in Neue Politische Literatur, XX. Jg., Wiesbaden 1975, S. 160—194, (II) S. 339—364

Hinde, Wendy: George Canning, London 1973

Hobsbawm, Eric John Ernest: Industrie und Empire, Britische Wirtschaftsgeschichte seit 1750, 2 Bd., edition suhrkamp Nr. 315 und 316, Wiesbaden 1975

Hoederath, Roland: Die Rechtsstellung der Schweiz zu der Mannheimer Rheinschiffahrtsakte und den Verträgen zur Gründung der Europäischen Gemeinschaft für Kohle und Stahl sowie der Europäischen Wirtschaftsgemeinschaft, Archiv des Völkerrechts, 11. Bd., Tübingen 1963, S. 137—154

Hohl, Reinhardt: Die Revision der Mannheimer Akte, Die Rheinquellen, XXXI. Jg., Basel 1936, S. 107—114

Hoop, Jean-Mari d': Talleyrand et l'Europe, in Le Congrès de Vienne et l'Europe, mit einem Vorwort von Emile Lousse, Bruxelles — Paris 1964, S. 35—56

Hostie, Jean: Notes sur le statut relatif au régime des voies navigables d'intérêt international, Revue de Droit International et de Législation comparée, Bd. 48 (Troisième Série Bd. II), Paris 1921, S. 532—567

— Le Statut International du Rhin, Recueil des Cours de l'Académie de Droit International, Bd. 28, 1929 III, Paris 1930, S. 109—227

Hoyt, Edwin: The unanimity rule in the revision of treaties, A re-examination, The Hague 1959

Huber, Ernst Rudolf: Deutsche Verfassungsgeschichte seit 1789, Bd. 1, Reform und Restauration 1789 bis 1830, Stuttgart 1957

Jaenicke, Günther: Völkerrechtsquellen, Strupp / Schlochauer, Wörterbuch des Völkerrechts, Bd. 3, Berlin 1962, S. 766—775

Kaeckenbeeck, Georges Silvain François Charles: International Rivers, Hugo Grotius Publications No. 1, New York — London 1962

Kägi, Werner, Garantie, Strupp / Schlochauer, Wörterbuch des Völkerrechts, Bd. 1, Berlin 1960, S. 613—615

— Garantievertrag, Strupp / Schlochauer, Wörterbuch des Völkerrechts, Bd. 1, Berlin 1960, S. 608—613

Kaiser, Karl: Die Verhandlungen über eine europäische Freihandelszone 1955—1958, betrachtet als ein Abschnitt der Bemühungen zwischen Anbahnung institutionell verankerter Dauerverbindungen zwischen den westeuropäischen Staaten, Diss. rer. pol. Köln 1962, gedruckt unter dem Titel: EWG und Freihandelszone, England und der Kontinent in der europäischen Integration, Europäische Aspekte, Eine Schriftenreihe zur europäischen Integration, hrsg. mit Förderung des Europarates, Reihe C: Politik No. 15, Leiden 1963

Keynes, John Maynard: Die wirtschaftlichen Folgen des Friedensvertrages, übersetzt von M. J. Bonn und C. Brinkmann, München — Leipzig 1921

Kiersch, Gerhard / *Höhne,* Roland A.: Frankreich — Innerer und äußerer Machtverfall einer bürgerlichen Demokratie, in E. Forndran / F. Golczewski / D. Riesenberger, Innen- und Außenpolitik unter nationalsozialistischer Bedrohung, Determinanten internationaler Beziehungen in historischen Fallstudien, Opladen 1977, S. 32—57

Kissinger, Henry A.: Großmacht Diplomatie, Von der Staatskunst Castlereaghs und Metternichs, Berlin — Darmstadt — Wien 1962

Klueber, D. Johann Ludwig: Uebersicht der diplomatischen Verhandlungen des wiener Congresses überhaupt, und insonderheit über wichtige Angelegenheiten des teutschen Bundes, Erste Abtheilung, Frankfurt 1816

— Öffentliches Recht des teutschen Bundes und der Bundesstaaten[4], Frankfurt 1840

Koenigs, Gustav: Das Ende der Internationalisierung der deutschen Ströme, Der Weg zur Freiheit, Monatsschrift des Arbeitsausschusses deutscher Verbände, Zeitschrift für Außenpolitik, hrsg. von Heinrich Schnee / Hans Draege, 16. Jg., Nr. 12 vom 15. Dezember 1936, S. 174.

— Die Staatshoheit über die deutschen Ströme, Zeitschrift der Akademie für deutsches Recht, 4. Jg., München — Berlin 1937, S. 9—11

Koeppen, Ursula von: Die Geschichte der Zentralkommission und die Rechtsordnung der Rheinschiffahrt, 150 Jahre Zentralkommission für die Rheinschiffahrt, hrsg. von der Zentralkommission für die Rheinschiffahrt, Duisburg — Ruhrort. o. J., S. 21—29, Zeitschrift für Binnenschiffahrt, 93. Jg., Duisburg — Ruhrort 1966, S. 331—337

— Das Rheinregime in seiner internationalen Stellung, insbesondere im Verhältnis der Revidierten Rheinschiffahrtsakte von 1868 zum EWG-Vertrag, Zeitschrift für Binnenschiffahrt, 93. Jg., Duisburg — Ruhrort 1966, S. 350—357

Koffka, Johannes: Das Ende der internationalen Gerichtsbarkeit in Rheinschiffahrtssachen, Deutsche Justiz, Rechtspflege und Rechtspolitik, 98. Jg., Nr. 30, Berlin 1936, S. 1111—1114

Kordt, Erich: Wahn und Wirklichkeit², hrsg. unter Mitwirkung von Karl Heinz Abshagen, Stuttgart 1948

Kraus, Herbert / *Scheuner*, Ulrich: Rechtsfragen der Rheinschiffahrt, Schriften des Instituts für ausländisches und internationales Wirtschaftsrecht, Frankfurt am Main, Bd. 6, Frankfurt 1956

Lademacher, Horst: Die belgische Neutralität als Problem der europäischen Politik 1830—1914, Bonn 1971

Laenge, Carl-Eugen: Der Garantievertrag des modernen Völkerrechts, Diss. jur. Würzburg 1928

Lang, Helmut: Die Binnenwasserstraßen in Deutschland, Diss. rer. pol. Berlin 1940

Lederle, Alfred: Das Recht der internationalen Gewässer unter besonderer Berücksichtigung Europas, Mannheim — Berlin — Leipzig 1920

— Die Rechtsverhältnisse der internationalen Ströme auf Grund der Friedensverträge, Zeitschrift für Völkerrecht, XIII. Bd., Breslau 1926, S. 64—76

— Die Zukunft der deutschen internationalisierten Ströme, Zeitschrift für Völkerrecht, XX. Bd., Berlin 1936, S. 65—80

— Die Rechtslage der deutschen Ströme nach ihrer Befreiung, Zeitschrift für Völkerrecht, XXI. Bd., Berlin 1937, S. 308—325

Libal, Gisela: Aspekte der britischen Deutschlandpolitik 1919—1922, Diss. phil. Tübingen 1972

Lichtenstein, Erwin: Die Verkehrskonferenz von Barcelona (10. März bis 20. April 1921), Diss. jur. Königsberg 1923

Malanowski, Wolfgang: Der Widerstreit von Tradition und Doktrin in der deutschen Außenpolitik von der Revisionspolitik zur einseitigen Liquidation des Vertrages von Versailles 1932—1936, Diss. phil. Hamburg 1956, (masch.)

Mance, Sir Harry Osborne, assisted by J. E. *Wheeler:* International River and Canal Transport, International Transport and Communications, Bd. 3, issued under the auspices of the Royal Institut of International Affaires, London — New York — Toronto 1945

Mann, Golo: Friedrich von Gentz, Geschichte eines europäischen Staatsmannes, Zürich — Wien 1947

Marston, Frank Swain: The Peace Conference of 1919, Organization and Procedure, London — New York — Toronto 1944

Martin, Horst: Die Rechtslage des Rheins seit dem Westfälischen Frieden, Diss. jur. Königsberg 1939

Martin, Viktor: Frankreichs Rechte aus der revidierten Rheinschiffahrtsakte vom 17. Oktober 1868 nach der Abtretung Elsaß-Lothringens an das Deutsche Reich, Diss. jur. Leipzig 1913

Matschl, Gustav: Die Europäischen Gemeinschaften und die Freiheit der Rheinschiffahrt, Diss. jur. Köln 1965

Maupas, Jacques: La jurisdiction sur le Rhin après la dénonciation allemande du régime international, Journal du Droit International, 64. Bd., Paris 1937, S. 462—482

Mayer, Arno J.: Politics and Diplomacy of Peacemaking, Containment and Counterrevolution at Versailles, 1918—1919, London 1967

Mayr, Josef Karl: Aufbau und Arbeitsweise des Wiener Kongresses, Archivalische Zeitschrift, Bd. 45 (Neue Folge 12. Bd.) München 1939, S. 64—127

Meinecke, Friedrich: Weltbürgertum und Nationalstaat, Studien zur Genesis des deutschen Nationalstaates[8], München 1962

Meißner, Friedrich: Das Recht der Europäischen Wirtschaftsgemeinschaft im Verhältnis zur Rheinschiffahrtsakte von Mannheim, Ein Beitrag zur völkervertragsrechtlichen Bedeutung des Art. 234 EWGV, Diss. jur. Bonn, Schriften zum Völkerrecht, Bd. 27, Berlin 1973

Meyers, Reinhard: Sicherheit und Gleichgewicht, Das britische Kabinett und die Remilitarisierung des Rheinlandes 1936, Rheinische Vierteljahresblätter, 38. Jg., Bonn 1974, S. 406—449

Michalka, Wolfgang: Die nationalsozialistische Außenpolitik im Zeichen eines „Konzeptionen-Pluralismus", Fragestellungen und Forschungsaufgaben, in Manfred Funke (Hrsg.), Hitler, Deutschland und die Mächte, Studien zur Außenpolitik des Dritten Reiches, Bonner Schriften zur Politik des Dritten Reiches, Bonner Schriften zur Politik und Zeitgeschichte, Bd. 12, Düsseldorf 1976, S. 46—62

Milich, Günter: Die deutsche Binnenschiffahrt seit dem Jahre 1929, Diss. rer. pol. Berlin 1937

Miller, David Hunter: The international regime of ports, waterways and railways, The American Journal of International Law, Bd. 13, New York 1919, S. 669—686

Moore, John Basset: A Digest of International Law, Bd. 1, Washington 1906

Mosler, Hermann: Die internationale Rechtslage der Rheinschiffahrt nach der deutschen Note vom 14. November 1936, Niemeyers Zeitschrift für Internationales Recht, Bd. 52, Berlin 1937, S. 144—158

Müller, Walter: Die Rechtsstellung der Schweiz in bezug auf die revidierte Rheinschiffahrtsakte vom 17. Oktober 1868, Schweizerisches Jahrbuch für internationales Recht, hrsg. von der Schweizerischen Vereinigung für Internationales Recht, Bd. 15, Zürich 1958, S. 153—186

— Nach der Teilrevision der Mannheimer Akte, Internationale Transportzeitschrift, 25. Jg., Basel 1963, S. 4349—4351

— Politische Klärungen und Nebengeräusche zur Revision der Mannheimer Akte und zur Wirtschaftskonferenz der Rheinschiffahrt, Strom und See, 59. Jg., Basel 1964, S. 16—20

— 20 Jahre Schweizerische Rheinschiffahrtspolitik, Strom und See, 59. Jg., Basel 1964, S. 235—247

Münch, Fritz: Küstengewässer, Strupp / Schlochauer, Wörterbuch des Völkerrechts, Bd. 2, Berlin 1961, S. 388—391

Nebenius, Carl Friedrich: Bemerkungen über den Zustand Großbritanniens in staatswirthschaftlicher Hinsicht. Nebst einem Worte über Deutschlands auswärtige Handelsverhältnisse. Mit einer Übersetzung der französischen Schrift: über England und die Engländer von J. B. Say, Karlsruhe — Baden 1818

Nelson, Harold I.: Land and Power, British and allied policy on Germany's frontiers 1916—1919, London — Toronto 1963

Nichols, Irby C.: The European Pentarchy and the Congress of Verona, 1822, The Hague 1971

Niedhart, Gottfried: Friede als nationales Interesse: Großbritannien in der Vorgeschichte des Zweiten Weltkriegs, Neue Politische Literatur, XVII. Jg., Wiesbaden 1972, S. 451—470

— Britische Deutschlandpolitik vor dem Zweiten Weltkrieg, Friedensbedürfnis und gescheiterte Friedenssicherung, Aus Politik und Zeitgeschichte, Beilage zur Wochenzeitung „Das Parlament", B 13/77 vom 2. April 1977, Bonn, S. 26—39

— Appeasement: Die britische Antwort auf die Krise des Weltreiches und des internationalen Systems vor dem Zweiten Weltkrieg, Historische Zeitschrift, Bd. 226, Stuttgart 1978, S. 67—88

— Weltherrschaft versus World Appeasement, Konkurrierende Friedensmodelle und außenpolitisches Konfliktverhalten europäischer Großmächte im 20. Jahrhundert, Neue Politische Literatur, XXIII. Jg., Wiesbaden 1978, S. 281—291

N. N.: Les eaux intermédiaires neerlandaises, L'élargissement du canal via Zuid-Beveland, La Gazette de Hollande, Nr. 3271 vom 12. Januar 1934

Northedge, Frederick Samuel: British Foreign Policy, The process of readjustment 1945—1961, London 1962

Nys, Ernest: Une clause des traités de 1814 et de 1839 „Anvers, Port de Commerce", Bruxelles 1911

Oncken, Wilhelm: Lord Castlereagh und die Ministerkonferenz zu Langres am 29. Januar 1814, Historisches Taschenbuch, hrsg. von Wilhelm Mauerbrecher, 4. Jg., 6. Folge, Leipzig 1885, S. 1—51

Op den Hooff, D. I.: Bemerkungen gegen die Deutsche Schrift über die Handelsschiffahrt auf dem Rheinstrome, besonders in Beziehung auf das Königreich der Niederlande, Amsterdam 1827

Oppenheim, Heinrich Bernhard: Der freie deutsche Rhein, Geschichtliche und staatsrechtliche Entwickelung der Gesetzgebung des Rheins, Stuttgart — Tübingen 1842

Oppenheim, L. / *Lauterpacht*, H.: International Law[8], Bd. 1, London 1955

Ott, Johann: Botschafter Sir Eric Phipps und die deutsch-englischen Beziehungen, Studien zur britischen Außenpolitik gegenüber dem Dritten Reich, Diss. phil. Erlangen 1968

Otto, Hans-Werner: Das Wesen und die innere Berechtigung der Internationalisierung der Ströme unter besonderer Berücksichtigung der Bestimmungen des Versailler Friedensvertrages, Diss. jur. Breslau 1934

Parker, R. A. C.: Ökonomie, Aufrüstung und Außenpolitik Großbritanniens vor 1939, in Friedrich Forstmeier / Hans Erich Volkmann, Wirtschaft und Rüstung am Vorabend des Zweiten Weltkrieges, Düsseldorf 1975, S. 264—274

Phillips, W. Alison: Great Britain and the continental alliance 1816—1822, The Cambridge History of British Foreign Policy 1783—1919, hrsg. von A. W. Ward / G. P. Gooch, Cambridge 1923, Bd. 2, 1815—1866, S. 1—50

Pirenne, Jacques-Henri: La Sainte-Alliance, Organisation européenne de la paix mondiale, Bd. 1, Les traités de paix 1814—1815, Neuchatel 1946

— La Sainte-Alliance, in La Paix, Recueils de la Société Jean Bodin pour l'Histoire Comparative des Institutions, Bd. XV/2, Bruxelles 1961, S. 465—480

Poland, Sir Harry: Mr. Canning's ryming ‚despatch' to Sir Charles Bagot, in Royal Historical Society, Transactions, New Series No 20, London 1906, S. 49—60

Quabbe, Georg: Die völkerrechtliche Garantie, Abhandlungen aus dem Staats- und Verwaltungsrecht mit Einschluß des Kolonialrechts und des Völkerrechts, hrsg. von Siegfried Brie / Max Fleischmann, 24. Heft, Breslau 1911

Ränk, Richard: Einwirkung des Krieges auf die nichtpolitischen Staatsverträge, Publications de l'Institut suédois de Droit International Nr. 8, Uppsala 1949

Recker, Marie Luise: England und der Donauraum 1919—1929, Probleme einer europäischen Nachkriegsordnung, Veröffentlichungen des Deutschen Historischen Instituts in London, Bd. 3, Stuttgart 1977

Reibstein, Ernst: Völkerrecht, Eine Geschichte seiner Ideen in Lehre und Praxis, Bd. 1, Vom Ausgang der Antike bis zur Aufklärung, Orbis Academicus 1/5, Freiburg — München 1958

Renouvin, Pierre: Le traité de Versailles, questions d'histoire No 9, Paris 1969

Rheindorf, Kurt: Englische Rheinpolitik 1813—1815, Elsaß-Lothringisches Jahrbuch, 7. Bd., Berlin — Leipzig 1928, S. 158—193

Rhenus: Le problème de l'Escaut et les négociations hollando — belges, Les communications fluviales entre Anvers et le Rhin, La Navigation du Rhin, 7. Jg., Strasbourg 1929, S. 192—198

Rittstieg, Helmut: Rheinschiffahrt und Gemeinsamer Markt, Eine Untersuchung zur Kollision zwischenstaatlicher Rechtsordnungen, Schriftenreihe Europäische Wirtschaft, hrsg. von Heinrich Riemer, Bd. 62, Baden-Baden 1971

Rudhart, Ignaz von: Das Recht des deutschen Bundes, Stuttgart — Tübingen 1822

Ruzié, David: Le régime juridique de la Moselle, Annuaire Français de Droit International, Bd. X, Paris 1964, S. 764—812

Sandberger, Dietrich: Die englische Politik bei den Pariser Friedensverhandlungen 1919, Beiträge zur Geschichte der nachbismarckischen Zeit und des Weltkrieges, hrsg. von Fritz Kern unter Mitwirkung von Hans Hallmann, Heft 39, Stuttgart 1938

Sargent, Orme G.: Phipps, Sir, Eric Clare Edmund, Dictionary of National Biography 1941—1950, Oxford 1959, S. 670—671

Scaldis, P.: Le problème de communications fluviales hollando-belges, La Navigation du Rhin, 9. Jg., Strasbourg 1931, S. 468—472, 10. Jg., 1932, S. 178—181

— Les questions de Terneuzen, de Bath et de Lanaye, Le problème des communications fluviales hollando-belges, Strasbourg 1933

Sch.: Die Geschichte der Rheinschiffahrtsakte, Zu den Beratungen der Zentralkommission über einen neuen Entwurf, Westdeutsche Schiffahrtszeitung Nr. 47 und 48, Beilage der Düsseldorfer Nachrichten vom 25. und 27. April 1935

Schaller, Alfred: Zur Revision der internationalen Rheinschiffahrtsakte, Strom und See, 57. Jg., Basel 1962, S. 192—193

Schawacht, Jürgen Heinz: Schiffahrt und Güterverkehr zwischen den Häfen des deutschen Niederrheins (insbesondere Köln) und Rotterdam vom Ende des 18. bis zur Mitte des 19. Jahrhunderts (1794—1850/51), Schriften zur Rheinisch-Westfälischen Wirtschaftsgeschichte, hrsg. vom Rheinisch-Westfälischen Wirtschaftsarchiv zu Köln, Bd. 26, Köln 1973

Scheuner, Ulrich: Rhein, Strupp / Schlochauer, Wörterbuch des Völkerrechts, Bd. 3, Berlin 1962, S. 117—124

Schlenke, Manfred: Die Westmächte und das nationalsozialistische Deutschland: Motive, Ziele und Illusionen der Appeasementpolitik, Mitteilungen der Gesellschaft der Freunde der Wirtschaftshochschule Mannheim, Bd. 16, Mannheim 1967, S. 35—43. Neudruck in Kriegsbeginn 1939, Entfesselung oder Ausbruch des Zweiten Weltkrieges, hrsg. von G. Niedhart, Wege der Forschung, Bd. CCCXXXIX, Darmstadt 1976, S. 285—301

Schluckebier, Ullrich: Internationales Rheinschiffahrtsrecht, Studien zum internationalen Wirtschaftsrecht und Atomenergierecht, hrsg. von Georg Erler, Bd. 18, Göttingen 1965

Schneider, Herbert: EWG-Diskussion in England und im Commonwealth, Außenpolitik, Jg. XIII, Stuttgart 1962, S. 11—17

— Großbritanniens Weg nach Europa, Eine Untersuchung über das Verhalten und die Rolle der britischen Handels- und Industrieverbände, Gewerkschaften und Farmerorganisationen zwischen 1955/56 (Spaak-Komitee) und 1961 (EWG-Beitrittsverhandlungen), Freiburg 1968

Simeonov, Ilia Konstantinov: Die Donaufrage im völkerrechtlichen Verkehr der europäischen Staaten, Diss. jur. Berlin 1943

Smith, Adam: An inquiry into the nature and causes of the wealth of nations, London 1776

Srbik, Heinrich von: Deutsche Einheit, Idee und Wirklichkeit vom Heiligen Reich bis Königsgrätz[3], München 1940

— Metternich, Der Staatsmann und der Mensch[2], Darmstadt — München 1954/57

Stahl, Gerhard: Deutsche Ströme, Der Volkswirt, 11. Jg., Nr. 8 vom 20. November 1936, S. 377—378

Stapleton, Augustus Granville: The political life of the right honourable George Canning from his acceptance of the Seals of the Foreign Department, in September 1822, to the period of his death, in August, 1827, London 1831

— George Canning and his time, London 1859

Sybel, Heinrich von: Die Begründung des Deutschen Reiches durch Wilhelm I.[4], München — Leipzig 1892/94

Telders, Benjamin M.: Der Kampf um die neue Rheinschiffahrtsakte, Öffentlich-rechtliche Vorträge und Schriften, hrsg. von Ernst Wolgast, Heft 17, Königsberg 1934

— Affaires rhénanes, Aperçu des faits internationaux d'ordre juridique, Verzamelde Geschriften, Deel III, 'S-Gravenhage 1948, S. 45—47

— La révision de l'Acte de Mannheim, Aperçu des faits internationaux d'ordre juridique, Verzamelde Geschriften, Deel III, 'S-Gravenhage 1948, S. 112—113

— La dénonciation du régime rhénan par le Reich allemand, Aperçu des faits internationaux d'ordre juridique, Verzamelde Geschriften, Deel III, 'S-Gravenhage 1948, S. 113

— De huidige Stand van het internationale Rijnregime, Verzamelde Geschriften, Deel IV, 'S-Gravenhage 1947, S. 21—30

Temperley, Harold William Vazeille: The Life of Canning, London 1905

— The foreign policy of Canning 1820—1827, The Cambridge History of British Foreign Policy 1783—1919, hrsg. von A. W. Ward / G. F. Gooch, Cambridge 1923, Bd. 2, 1815—1866, S. 51—118

— The foreign policy of Canning 1822—1827[2], England, the Neo-Holy-Alliance, and the New World, with a new introduction by Herbert Butterfield, London 1966

— A History of the Peace Conference of Paris[2], Bd. 2: The settlement with Germany, London 1969

Thierry, George de: Rheinschiffahrt und Versailler Friede, Zeitschrift für Binnenschiffahrt, Bd. XXIX, Duisburg 1922, S. 143—144

Thiessen, Renate: Englands Stellung zum Dritten Reich im Jahre 1933, Diss. phil. Hamburg 1957 (masch.)

Thomas, D. H.: The use of the Scheldt in British plans for the defence of Belgian neutrality 1831—1914, Revue Belge de Philologie et d'Histoire, Bd. CLI, 1963, Bruxelles 1963, S. 449—470

Totzek, Werner: Das Wesen und die innere Berechtigung der Strominternationalisierung unter besonderer Berücksichtigung der Bestimmungen des Versailler Vertrages, Diss. jur. Breslau 1933

Treitschke, Heinrich von: Deutsche Geschichte im neunzehnten Jahrhundert[8], Leipzig 1909

Triepel, Heinrich: Internationale Wasserläufe, Völkerrechtsfragen, 35. Heft, Berlin 1931

Vandenbosch, Amry: Dutch foreign policy since 1815, A study in small power politics, The Hague 1959

Viratlly, Michel: L'administration internationale de l'Allemagne du 8 mai 1945 au 24 avril 1947, Baden-Baden 1948

V. K.: England und der Rhein, Zeitschrift für Binnenschiffahrt, Bd. XXVII, Duisburg 1920, S. 241—242

Vogel, Walter: Besatzungspolitik in Westdeutschland nach dem Zweiten Weltkrieg im Spannungsfeld zwischen Ideologie und Macht, Geschichte in Wissenschaft und Unterricht, 27. Jg., Stuttgart 1976, S. 129—145

Vomhoff, Hans: Die Revision der Mannheimer Rheinschiffahrtsakte, Völkerrechtsfragen, hrsg. von Heinrich Pohl / Max Wenzel, 3. Heft, Berlin 1925

Walther, Henri: Le statut international de la navigation du Rhin, Annuaire Européenne, Bd. 2, The Hague 1956, S. 3—33 und S. 278—280

— La révision de la Convention de Mannheim pour la navigation du Rhin, Annuaire Français de Droit International, Bd. XI, Paris 1965, S. 810—822

Webster, Charles: The pacification of Europe 1813—1815, The Cambridge History of British Foreign Policy 1783—1919, hrsg. von A. W. Ward / G. F. Gooch, Cambridge 1939, Bd. 1, 1783—1815, S. 392—521

— The Congress of Vienna 1814—1815, London 1963

— The foreign policy of Castlereagh 1812—1822², London 1950/1963

Wegener, Wilhelm: Probleme der völkerrechtlichen Ordnung der internationalen Binnenschiffahrt in geschichtlicher und systematischer Bedeutung, Diss. jur. Göttingen 1939

— Die internationale Donau, Göttinger rechtswissenschaftliche Studien, hrsg. von Wilhelm Wegener, Heft 2, Göttingen 1951

Wehle, Louis B.: International administration of European inland waterways, The American Journal of International Law, Bd. 40, New York 1946, S. 100—120

Weisweiler, Reiner: 30 Jahre Wasser- und Schiffahrtsdirektion Duisburg, Zeitschrift für Binnenschiffahrt und Wasserstraßen, 102. Jg., Duisburg 1975, S. 369—374

Wendt, Bernd Jürgen: Economic Appeasement, Handel und Finanz in der britischen Deutschland-Politik 1933—1939, Studien zur modernen Geschichte, hrsg. von Fritz Fischer / Klaus Detlef Grothusen / Günter Moltmann, Bd. 3, Düsseldorf 1971

— Großbritannien — Demokratie auf dem Prüfstand: Appeasement als Strategie des Status Quo, in E. Forndran / F. Golczewski / D. Riesenberger, Innen- und Außenpolitik unter nationalsozialistischer Bedrohung, Determinanten internationaler Beziehungen in historischen Fallstudien, Opladen 1977, S. 11—31

Wheaton, Henry: Elèments des Droit International, Leipzig 1858

Wollstein, Günter: Eine Denkschrift des Staatssekretärs Bernhard von Bülow vom März 1933, Wilhelminische Konzeption der Außenpolitik zu Beginn der nationalsozialistischen Herrschaft, in Militärgeschichtliche Mitteilungen hrsg. vom Militärgeschichtlichen Forschungsamt durch F. Forstmeier / M. Messerschmidt, Bd. 13, 1973, S. 77—95

— Vom Weimarer Revisionismus zu Hitler, Das Deutsche Reich und die Großmächte in der Anfangsphase der nationalsozialistischen Herrschaft in Deutschland, Diss. phil. Marburg 1973, Bonn 1973

WTB: Belgische und französische Machtpolitik, Holland wendet sich gegen den Entwurf der neuen Rheinschiffahrtsakte, Magdeburger Zeitung vom 20. Juli 1933

Wurm: Christian Friedrich: Fünf Briefe über die Freiheit der Flußschiffahrt und über die Donau-Akte vom 7. November 1857, Leipzig 1858

Zaaijer, J.: Der „französische Rhein" in Bedrängnis, Der Rhein, Zeitschrift für die westdeutschen Wasserstraßen, 31. Jg., Duisburg 1932, S. 17—19

— Hollands Kampf um den Rhein, Die Rheinquellen, XXVIII. Jg., Basel 1933, S. 89—91

— Der Entwurf einer neuen Rheinschiffahrts-Akte, Der Rhein, Zeitschrift für die westdeutschen Wasserstraßen, 32. Jg., Duisburg 1933, S. 184—187

Zachariae, Karl Salomo: Entwurf zu dem Grundvertrag des durch den Pariser Frieden vom 30. Mai 1814 verheißenen Staatenbundes, Heidelberg 1814

Ziebura, Gilbert: Die Krise des internationalen Systems 1936, Historische Zeitschrift, Bd. 203, München 1966, S. 90—98

Zuleeg, Manfred: EWG-Vertrag und Rheinregime, Verkehr und Gemeinschaftsrecht, Kölner Schriften zum Europarecht, hrsg. vom Institut für das Recht der Europäischen Gemeinschaften der Universität Köln, Bd. 18, Köln o. J. (1972), S. 25—44

FSC
www.fsc.org
MIX
Papier | Fördert
gute Waldnutzung
FSC® C083411

Kolibri 360 GmbH
Ferdinand-Jühlke-Straße 7
99095 Erfurt, Deutschland
produktsicherheit@kolibri360.de

Druck:
CPI Druckdienstleistungen GmbH
im Auftrag der
Kolibri 360 GmbH
Ferdinand-Jühlke-Str. 7
99095 Erfurt